PUBLICATIONS
DE LA SOCIÉTÉ HISTORIQUE ET ARCHÉOLOGIQUE DU PÉRIGORD

ESSAI
DE
Bibliographie Périgourdine

PAR

A. DE ROUMEJOUX
VICE-PRÉSIDENT
DE LA SOCIÉTÉ HISTORIQUE ET ARCHÉOLOGIQUE DU PÉRIGORD,
INSPECTEUR DE LA SOCIÉTÉ FRANÇAISE D'ARCHÉOLOGIE
POUR LA DORDOGNE,
MEMBRE DE L'INSTITUT DES PROVINCES.

SAUVETERRE
LIBRAIRIE DE J. CHOLLET, IMPRIMEUR-EDITEUR

MDCCCLXXXII

Bibliothèque Nationale
hommage de l'auteur
A. de Roumejoux

ESSAI

DE

BIBLIOGRAPHIE

PÉRIGOURDINE

ESSAI

DE

Bibliographie Périgourdine

PAR

A. DE ROUMEJOUX

VICE-PRÉSIDENT
DE LA SOCIÉTÉ HISTORIQUE ET ARCHÉOLOGIQUE DU PÉRIGORD,
INSPECTEUR DE LA SOCIÉTÉ FRANÇAISE D'ARCHÉOLOGIE
POUR LA DORDOGNE,
MEMBRE DE L'INSTITUT DES PROVINCES.

SAUVETERRE
LIBRAIRIE DE J. CHOLLET, IMPRIMEUR-ÉDITEUR

MDCCCLXXXII

AVERTISSEMENT

CE travail entrepris sous les auspices de la Société historique et archéologique du Périgord, ne peut être une œuvre d'imagination ni charmer le lecteur par le style; c'est sec comme un dictionnaire qui ne joue pas à l'encyclopédie. Tel qu'il est, il rendra je l'espère, d'utiles services, c'est pourquoi je me suis décidé à le livrer à l'imprimeur et au public plus effrayant encore que l'imprimeur, ce qui n'est pas peu dire.

C'est un devoir pour moi, dont je m'acquitte ici, de remercier toutes les personnes qui m'ont aidé de leurs avis ou fourni des renseignements : M. Galy, notre zélé et savant président, MM. Villepelet, Machenaud, de Montégut, de Bosredon, G. de Gérard et bien d'autres. C'est dire que ce travail n'est pas absolument personnel.

J'ai cru devoir aux noms des auteurs d'origine périgourdine, ajouter ceux qui ont écrit sur le Périgord, mais seulement à titre de memento, *sans trop m'inquiéter de savoir si la liste est complète parce qu'on ne peut dire qu'ils sont périgourdins et que je pouvais négliger de les indiquer. Le lecteur voudra bien consulter les ouvrages bibliographiques de Brunet et de Quérard au sujet des auteurs dont les œuvres ont eu un grand nombre d'éditions, tels que* Brantôme, Montaigne, Fénelon, *etc., il y trouvera des renseignements précieux qui compléteront ces notes.*

A. DE ROUMEJOUX

ESSAI

DE

BIBLIOGRAPHIE PÉRIGOURDINE

ACHÉRY (dom Jean-Luc d'), de la congrégation de Saint-Maur. 1609—1685. — *Spicilegium* (recueil d'anciennes pièces inédites sur l'histoire de France). Parisiis, 1653-1677, 13 vol. in-4. — Réimprimé par de la Barre. Paris, 1723, 3 vol. in-folio.

AIMOIN, moine de Fleury-sur-Loire, vivait au XIe siècle, né à Villefranche-de-Longchapt. — *Aimoini Monachi, qui antea Aunonii nomine editus est, Historiæ Francorum lib. V.* Paris, And. Wechelum, 1567, in-8.

Cette Histoire de France est contenue dans le tome III de la collection Duchesne. La première édition est de Paris, 1517, in-folio.

ALCIATOR (Pseudonyme. Fourteau, à Marseille). — *La nouvelle Atala, Daïla, l'Art dans la poésie.* Paris, Dentu, 1865, in-18.

— *Vie et aventures de Jean Mathias le voyageur.* 5 vol. in-18.

— *Paul et Marie,* roman suisse. In-18.

ALLOU (Charles-Nicolas), célèbre archéologue. 1787—1843. — *Observations sur les mines et usines du département de la Dordogne.* (Journal des Mines, tome XXXVI, p. 68.)

Alphabet des Abbayes de la France, indiquant l'ordre et le diocèse. 1658, in-12.

ALPHONSE ***. — *Les Agonies de la Pologne.* Périgueux, Bounet, 1868, in-8.

AMANIEU D'ALBRET. — *Amanei d'Albret S. R. E. Cardinalis, titeris S*[t] *Nicolai in carcere Tulliano, episcopique Vasatensis funebris panegyricus, auctore J. D. N. ecclesiæ Vasatensis canonicus.* In-8.

Le cardinal d'Albret gouverna l'abbaye de Branthôme de 1504 à 1520; l'opuscule du chanoine de Bazas ne se trouve ni à la Bibliothèque nationale, ni à la Bibliothèque Sainte-Geneviève, ni à celle de Bordeaux.

AMBROISE (Père). — *Le livre de la vie intérieure.* Périgueux, Bounet, 1868, in-18.

— *Un prêtre modèle, ou la vie de J.-B. Macerouze, curé de Bergerac.* Bergerac, Rooy, 1873, in-8.

AMELIN (Jean de) né à Sarlat au XVIe siècle. — *Histoire de France.* Perdue?

— *Les Concions et Harengues de Tite-Live.* Nouuellement traduictes en françois. Paris, Vascosan, 1567, in-8.

Cet ouvrage est dédié à Henry II, par J. de Amelin, qui l'année précédente avait offert au roi, alors au camp de Crévecœur, des vers de sa composition. Cette traduction fut faite au milieu des batailles sous la tente de M. de Biron. « L'éloquence est toujours désirée au camp et à la ville : s'il y a guerre, les fifres et les tambourins ne pourront pas émouvoir les courages comme l'oraison, qui contrainct les plus lâches de mépriser tous dangers, et de jetter la teste baissée, dans les bataillons des ennemis... » Voilà pourquoi Jean de Amelin offre à son roi des harangues militaires toutes prêtes et propres à être adaptées aux circonstances de son époque, pour enflammer l'ardeur guerrière des armées françaises. Ce volume est un chef-d'œuvre de typographie et se joint souvent au Plutarque de Vascosan si recherché des amateurs.

AIMERY, troubadour, né à Sarlat au XIIe ou XIIIe siècle, a laissé deux ou trois chansons. La première est appelée par lui-même : *Chansonnette gaie* (*Périgord illustré*, page 81).

Annales de la Société d'Agriculture, Sciences et Arts de la Dordogne. Périgueux, Dupont, 37 vol. in-8.

ANONYMES. — *Histoire de la guerre de Guyenne, commencée sur la fin du mois de septembre 1651 et continuée jusqu'à l'année 1653.* Sans lieu, ni date, in-8 de 126 p.

Edition originale des Mémoires de Balthazar.

— *Le Gentilhomme étranger voyageant en France* (sic), par le Bon G. D. N. Leyde, Beaudouin Vandevaa, 1699, in-12.

— *La Sybille gallicane* ou les destinées de la France prédites par une villageoise de Périgord. S. l. 1790, in-8. Figure coloriée.

— *Coup d'œil général sur la monarchie française.* Périgueux, Dupont, 1814, in-8.

— *Avis à la petite église et aux ennemis de Pie VII* (par un prêtre de la Dordogne). Périgueux, Danède, 1819, in-8.

— *Quelques mots sur l'épiscopat de Mgr Baudry, évêque de Périgueux et de Sarlat.* Périgueux, Bounet, 1863, in-8.

— *Appréciation sur les ouvrages de M. l'abbé Combrouse, curé de Carlux.* Périgueux, Dupont, 1869, in-8.

— *Le Système du monde d'après Moïse.* Périgueux, Dupont, 1869, in-8.

— *Poésies républicaines.* Nontron, Deschamps, 1871, in-8.

— *Quelques pages de vers et de prose sur des évènements ou des personnages contemporains.* Périgueux, Rastouil, 1873, in-8.

— *Réponse à un ouvrage sur les Intolérances de Fénelon.* Périgueux, Dupont, 1873, in-8.

ANSELME (Père), mort en 1694. — *Histoire généalogique de la Maison de France et des Grands Officiers de la Couronne*, par le P. Anselme de Sainte-Marie. Paris, 1674, 2 vol. in-4. — Continuée par les PP. Ange de Sainte-Rosalie et Simplicien. Paris, 1726, 9 vol. in-f°.

ANQUETIL (Louis-Pierre). 1723—1808. — *Histoire de France*. Paris, 1820, 15 vol. in-18.

La première édition est de Paris, 1807, 14 vol. in-12.

ARBELLOT (abbé), curé de Rochechouart (Haute-Vienne) et chanoine honoraire de Limoges. — *Félix de Verneilh;* notice biographique. Limoges, Chapoulaud, 1865, in-8 de 16 pages.

M. l'abbé Arbellot est aujourd'hui chanoine titulaire de Limoges.

A. R. C. instituteur. — *Grammaire française*. Périgueux, Lavertujon, 1860, in-8.

ARNAUD (abbé), de Villefranche. — *Poésies nationales*. Ribérac, Delecroix, 1870, in-8.

ASTRUC (Jean), médecin de Montpellier. 1684—1766. — *Mémoires pour servir à l'histoire naturelle du Languedoc*. Paris, 1737, in-4.

AUBIGNÉ (François d'). — *Histoire universelle de 1533 à 1601*. Maillé (Saint-Jean d'Angély), 1616-1618-1620, 3 vol. in-folio. — Nouvelle édition. Amsterdam, 1626, in-folio.

AUBERTIN (Anthonin R. P.), Prieur de l'abbaye d'Estival, de la Congrégation de l'ancienne rigueur de l'ordre des Prémontrés. — *La Vie de Sainct Astier*. Nancy, Anthoine Charlhot, imprimeur devant la primatiale, 1656, pet. in-4 de 118 pages.

AUDIERNE (abbé), né à Sarlat. — *Du Druidisme*, ou de l'état religieux du Périgord avant le christianisme. Périgueux, Dupont, 1834, brochure in-8.

— *Notice historique sur l'abbaye de Cadouin*. Périgueux, Dupont, 1840, brochure in-8.

— *Notice historique sur la ville de Saint-Astier, son église, et une ancienne chapelle*. Périgueux, Dupont, 1841, brochure in-8.

— *Notice historique sur Saint Front, apôtre du Périgord, et sur la cathédrale de Périgueux*. Périgueux, Dupont, 1841, broc. in-8.

— *Notice historique sur l'abbaye de Brantôme*. Périgueux, Dupont, 1842, brochure in-8.

— *Notice historique sur la ville de Saint-Cyprien, son église et son ancien monastère*. Périgueux, Dupont, 1844, brochure in-8, avec gravures.

— *Le Périgord illustré*, avec gravures. Périgueux, Dupont, 1851, in-4.

— *Les Arènes de Vésone*. Périgueux, Dupont, 1857, broc. in-8.

— *Ban et arrière-ban de la sénéchaussée de Périgord en 1557*, ou la noblesse de France au XVI° siècle. Périgueux, Dupont, 1857, br. in-8.

— *Epigraphie de l'antique Vesone*. Périgueux, Dupont, 1858, brochure in-8.

— *De l'origine et de l'enfance des arts en Périgord*, ou de l'âge de la pierre dans cette province. Périgueux, Dupont, 1863, brochure in-8, avec planches.

— *Indication des grottes du département de la Dordogne*. Périgueux, Dupont, 1864, broc. in-8.

— *Oraison funèbre de Mgr de Lostanges de Saint-Alvère, évêque de Périgueux*. Paris, 1872.

— *Un mot sur La Boëtie, sa famille, etc.* Sarlat, Michelet, 1875, br. in-8. Armes de La Boëtie.

B*** (comtesse de). — *Amour et Repentir*. Paris, Dentu, 1870, in-18 jésus.

BALLOIS (Louis-Joseph-Philippe), secrétaire et fondateur de la Société de Statistique de Bordeaux, membre de l'Académie de Bordeaux, né à Périgueux en 1778, mort à Paris, le 4 décembre 1803. — *Annales statistiques*. Paris, 1802-1804, 8 vol. in-8.

BALTASAR (colonel). *Histoire de la guerre de Guyenne*. Cologne, Egmont, 1694, in-12. — Dans les *Pièces fugitives* du marquis d'Aubais. Paris, 1659, in-4. — Edition de C. Moreau dans la *Bibliothèque elzévirienne*, Paris, 1858. — Réimpression textuelle sur l'unique original, par Charles Barry. Bordeaux, Lefebvre, 1876, in-8.

— *La deffaite des troupes du comte d'Harcourt dans le Périgord, par le colonel Balthazard*. Paris, 1652, in-4 de 8 pages.

Rare.

— *La défaite des troupes du marquis de Sauvebœuf par celles de M. le Prince, sous la conduite du sr Balthazard*. Paris, 1652, in-4, 8 p.

Rare.

BARBANCEYS (docteur E.). — *Etude sur la coagulation du sang dans les veines*. Paris, Parent, 1870, in-8.

BARDON père, ancien instituteur à Périgueux. — *Catéchisme de la raison*, opuscule élémentaire et moral pour les jeunes enfants. A Périgueux, de l'imprimerie..... Dupont, an IV de la République française, 34 pages.

— *Le Retour de la paix sur le continent*, églogue dramatique. Périgueux, B. M. Faure, s. d. 2 pag.

BARDON aîné, fils du précédent. — *Cours élémentaire, pratique et normal de dessin linéaire*. Paris, Dupont, 1838, in-8.

BARDY DE FOURTOU, conseiller honoraire à la cour d'appel de Bordeaux, etc., né à Ribérac. —

Notice nécrologique et discours prononcé sur la tombe de M. François Meynard, le 12 août 1828. Ribérac, Bounet, br. in-8 de 6 pages.

— Traduction en vers français des *Psaumes* et des *Hymnes*. 1866 ou 1867.

— *Les Géorgiques, les Bucoliques et le quatrième livre de l'Enéide*, traduits en vers français. Paris, Garnier frères, 1877.

BARDY-DELISLE (Alfred) médecin de l'hôpital de Périgueux, né à Périgueux en 1825, mort dans cette ville en 1878. — *Observation d'opérations césariennes*. Périgueux, 1876, br. in-8.

BARRAUD (Lucien), docteur-médecin. *Le principe d'autorité en matière de foi jugé par le modérateur du synode*. Bergerac, Faisandier, 1874, in-8.

BASTON et BERTHEVIN. *Les Pavots*. Bergerac, Faisandier, 1872, in-8.

BAUDOT DE JULLY (Nicolas), subdélégué de l'Intendance du département de Sarlat, né à Paris le 17 avril 1668, mort à Sarlat le 27 août 1759. — *Histoire de Catherine de France, reine d'Angleterre*. Paris, 1696, in-12. — Paris, de Luyne, 1701, in-12.

— *Histoire secrète du connétable de Bourbon*. Paris, 1706, in-12.

— *Histoire de Charles VII*. Paris, 1696, 2 vol. in-12. — Paris, Didot, Nyon, Damenonville, Savoye, 1754, 2 vol. in-12.

— *Relation historique et galante de l'invasion de l'Espagne par les Maures*. Paris, 1699, 4 vol. in-12.

— *Germaine de Foix*. Amsterdam, Haas Henry, 1700, in-12.

— *Histoire de la conquête d'Angleterre par Guillaume II duc de Normandie*. Paris, Beugnic, 1701, in-12.

— *Histoire de Philippe-Auguste*. Paris, 1702, 3 vol. in-12.

— *Histoire des hommes illustres* tirés de Brantôme.

Tous ces ouvrages sont sans nom d'auteur.

— *Histoire de la vie et du règne de Charles VI*. Paris, Pissot, 1753, 9 vol. in-12.

— *Histoire du règne de Louis XI*. Paris, Pissot, 1755, 6 vol. in-12.

— *Histoire des Révolutions de Naples*. Paris, 1757, 4 vol. in-12.

Ces trois ouvrages sont sous le nom de Mademoiselle de Lussan.

— *Dialogue entre MM. Patru et d'Ablancourt sur les plaisirs*. Paris, Guill. de Luyne, 1701, 2 vol. in-12. — Amsterdam, 1714, 2 vol. in-12.

Attribué par Bayle à l'abbé Genest.

— *Anecdotes ou Histoire secrète de la maison ottomane*. Paris, 1722, 2 vol. in-12. — Paris, 1724, 4 vol. in-12.

Ouvrage attribué aussi à Mme de Gomez.

BAUSSET (L. François de), cardinal, évêque d'Alais, membre de l'Académie française, né en 1748, mort en 1824. — *Histoire de Fénelon*. Paris, 1808, 3 vol in-8. — 3me édition. Versailles, Lebel, (Paris, Ferra jeune), 1821, 4 vol. in-8. — 4me édition. Versailles, Lebel (Paris, Ferra jeune), 1823, 4 vol. in-12.

BAYLE, de Villefranche de Longchapt. *Dioclétien à Salone*, tragédie. Périgueux, Dupont, 1870, in-4.

BEAU DE VERDENEY. *Les Ames incomprises*. Périgueux, Boucharie, 1869, in-16.

BEAUFORT (de). *Recherches sur la prothèse des membres*.

BEAUMONT (de). — *Extrait de l'histoire généalogique de la maison de Beaumont, suivi de l'histoire d'Amblart de Beaumont, ministre de Humbert II, dernier Dauphin, et de François de Beaumont, baron des Adrets.* Sans nom de lieu, Petit, 1757, in-8.

BEAUMONT (Christophe de), archevêque de Paris, né en 1703 au château de La Roque en Périgord, mort en 1781. — *Mandements et Instructions pastorales.* Paris, 1747 à 1779, in-4.

— *Mandement portant condamnation d'un livre qui a pour titre :* Emile, ou de l'éducation, *par J. J. Rousseau*, etc. Amsterdam, J. Néaulme; Paris, Simon, 1762, in-4.

— *Oraison funèbre de Mgr Christophe de Beaumont, archevêque de Paris*, par Edme Ferlet, professeur de belles-lettres à l'université de Nancy, chanoine de Saint-Louis du Louvre, etc. Paris, 1784, in-8.

— *Eloge de Mgr Christophe de Beaumont, archevêque de Paris*, par P. Pichot. Paris, 1822, in-8.

BEAUMONT (vicomte de). — *Discours de M. de Beaumont, député de la Dordogne, sur l'art. 4 du projet de loi de finances en 1827*, prononcé le 13 juin 1826. Paris, 1826, br. in-8.

BEAUMONT (de). *Château de Michel Montaigne*, gravure. Périgueux, 1868.

BEAUPOIL DE SAINT-AULAIRE (Martial-Louis de), évêque de Poitiers, député à l'assemblée nationale, né en 1720, mort à Fribourg en 1798. — *Rituel du diocèse de Poitiers.* Poitiers, Faulcon, 1766, pet. in-4.

— *Processionnal du diocèse de Poitiers.* Poitiers, Faulcon, 1771, pet. in-4.

BEAUPOIL DE SAINT-AULAIRE. — *Histoire d'une détention de trente-neuf ans, écrite par le prisonnier lui-même.* Amsterdam (Paris), 1787, in-8.

— *Lettre à M. Bergasse sur M. de Latude.* Paris, 1787, in-8.

— *De l'unité du pouvoir monarchique.* Paris, 1788, in-8.

— *Considérations sur quelques intérêts de l'Europe.* La Haye, 1792, in-8.

— *Des Destinées de l'Europe.* Londres, 1797, in-8.

— *Observations d'un gentilhomme sur la soumission proposée au clergé de France par la République.* Londres, Dulau, 1800, in-8.

BEAUPOIL DE SAINT-AULAIRE (Ed.), officier tué en duel à Paris en 1818. — *Le Cri de l'armée française ou du licenciement en 1816 et de l'organisation de la nouvelle armée.* Paris, Plancher, 1818, in-8 de 48 pages.

— *Oraison funèbre de M. le duc de Feltre, pair et maréchal de France, ex-ministre de la guerre.* Paris, chez les marchands de nouveautés, 1818, in-8.

La publication de ce pamphlet fut la cause de deux duels et par suite celle de la mort de l'auteur.

— *Sur la nécessité d'abroger les anciennes lois rendues contre le duel, à l'occasion de celui qui a eu lieu entre MM. Dufay et Saint Morys.* Paris, Renaudière, 1818, in-8 de 40 pages.

— *Iwanewa ou la fille de Moscou.* Traduit de l'anglais.

— *Relation des évènements arrivés à Sainte-Hélène.* Traduit de l'anglais.

— Plusieurs brochures politiques anonymes.

BEAUPUY (Michel), général de division, né à Mussidan en Périgord en 1796. A laissé des *Mémoires*.

BEAUREGARD (Bernard), chanoine régulier de Chancelade, né à Montignac en Périgord, le 2 juin 1735, d'après le *Périgord illustré*; à Montpont, la même année, d'après la *Biographie* de Feller. *Poëme sur la guerre d'Allemagne*. 1758.

— *Ode sur la mort de Lagrange-Chancel*. 1759.

— *Ode sur les progrès de la philosophie*. 1760.

— *Epître à M. Baudeau*, etc.

Voir : la *France littéraire* de 1769; le *Périgord illustré*, p. 98.

BEAUVEAU (François de), évêque de Sarlat de 1688 à 1701. *Proprium sanctorum ecclesiæ et diocœsis Sarlatensis supre Illi et Ri Petri Francisci de Beauveau*, suivi d'un supplément *ad Breviarium romanum*. Sarlati, apud Iacobum Coulombet, M.D.C.XCIX (1699), in-12. — Paris, 1697, par les soins d'Armand de Gérard-Latour, chanoine de Sarlat.

BELLEFOREST (François de), né en 1530, mort en 1583. *Annales ou Histoire générale de France*, continuées par G. Chapuis. Paris, 1600, 2 vol. in-folio. *Vue de Périgueux*.

C'est pour cette histoire qu'ont été pour la première fois reproduites par la gravure les principales villes de France.

BELLET (abbé). *Catalogue des différentes espèces de raisins qu'on cultive à Sainte-Foi en Périgord, en Languedoc, à Cadillac et aux environs de Bordeaux*.

Ce catalogue est conservé dans le dépôt de l'Académie de Bordeaux. Il fait partie de la relation d'un Voyage littéraire adressé par l'auteur à cette Académie le 4 juin 1756.

BELLEYME (Pierre de), géographe, né à Beauregard en Périgord le 14 mars 1747, mort en 1819. *Carte topographique de la Guienne*, 52 feuilles grand-aigle.

— *Cartes de la Corse, de la Hollande et des Pays-Bas*.

BELLEYME (Adolphe de), député de la Dordogne au Corps législatif. *La France et le Mexique*. Paris, Dentu, 1863, br. in-8.

BELZUNCE DE CASTELMORON (Henri-François-Xavier de), évêque de Marseille, né au château de La Force le 4 décembre 1671, mort le 4 juin 1755. — *Abrégé de la vie de Suzanne de Foix-Candale*, sa tante. Agen, Gayau, 1707, in-12. — Agen, 1709, in-12.

— *Statuts synodaux du diocèse de Marseille, lus et publiés, etc., le 18 avril 1712*. Marseille, Brébion, 1712, in-4.

— *Lettre à M. Colbert, évêque de Montpellier*. 1730, in-4.

— *Pratique pour se préparer à la mort*. 1733, in-12.

— *Recueil de prières*. 1738, in-12.

— *Antiquité de l'église de Marseille, et la succession de ses evêques*. Marseille, 1745-1751, 3 vol. in-4.

— *Instruction pastorale sur l'incrédulité*. 1754, in-12.

— *Abrégé de la manière de bien vivre*, traduit du latin de Saint Bernard.

— *L'Art de bien mourir*, traduit du latin de Bellarmin.

— *Le Combat du Chrestien*, traduit du latin de Saint Augustin.

— *Le Livre de la grâce et du libre-arbitre*, traduit du latin de Saint-Augustin.

— *Méditations et considérations affectueuses pour tous les jours*, traduit de l'espagnol de Roxas.

— *De l'Unité de l'Eglise*, traduit du latin de Saint Cyprien.

— *Œuvres choisies*, recueillies par l'abbé Jauffret. Metz, Collignon, 1822, 2 vol. in-8, deux planches, un fac-simile.

— *Lettres inédites de Mgr de Belzunce et autres documents sur la peste de Marseille*, avec notes par Julliot. Sens, in-8 de 49 pages et fac-simile.

— *Eloge de Mgr de Belzunce*, par l'abbé de Pontchevron.

— *Eloge de Mgr de Belzunce*, par Barbet. Paris, 1821, in-8.

BÉRAUDIÈRE (François de la), évêque de Périgueux, né vers la fin du XVIe siècle, mort en 1646. — *Otium episcopale*. Périgueux, 1635, in-4.

— *Notice historique de F. de la Béraudière, évêque de Périgueux*, par M. Dreux du Radier. (*Bibliothèque historique du Poitou*, t. III, p. 454.

BERGERAC (Pierre de), de Bergerac, troubadour (XIIIe siècle).

BERGERAC. — *Le Livre des Jurades*. Collection de registres originaux qui commence en 1352 et finit dans le courant du XVe siècle. (Mairie de Bergerac.)

— *Statuts et Coutumes de la ville de Bragerac*, en latin et en françois, par E. Trélier. Bragerac, Courtaneuve, 1598, in-4. — Bergerac, Antoine Vernoy, 1627, in-4.

— *Le Pèlerin d'Amour, diuise en quatre iournées*. Dédié à Monsieur le duc de Guyse, par O. D. L. G. G. Par Gilbert Vernoy, à Bergerac, tenant sa boutique à Bourdeaus devant le Palais. M. DI.IX (1609), pet. in-12.

Voir la p. 83 du t. IV du *Bulletin de la Société historique et archéologique du Périgord*.

— *Catulli, Tibulli et Propertii*. Nova editio avec une dédicace à André Charron, lieutenant du roi. Bergerac, Gilbert Vernoy, 1611, in-16.

— *Juvenalis et Persi Satiræ opera et judicio viri docti emendata....* Bergerac, Gilbert Vernoy, 1611, in-12. (Bibliothèque de Bordeaux. *Belles-Lettres*, n° 210.)

— *Ovidii Fastorum libri V. — Tristium libri IV. — De Ponto libri IV*. Bergerac, Gilbert Vernoy, 1612, in-12. (Bibliothèque de Bordeaux. *Belles-Lettres*, n° 204.)

— *Horatii Flaccii Poëmata omnia*. Brageraci, apud Gilbertum Vernoy, 1612, in-12.

— *La Dodécade de l'Evangile*, par Estienne de Sanguinet. Bergerac, Gilbert Vernoy, 1614, in-8 (Bibliothèque de Bordeaux. *Belles-Lettres*, n° 256.)

— *Lettre du Roi à M. le Premier Président touchant la véritable réduction des villes de Nérac et de Bergerac, en l'obéissance de Sa Majesté*, datée du 11 juillet 1621. In-8.

— *Brevis enarratio proventus spiritualis quem dedit Dominus ecclesiæ catholicæ per Patres Recolletos in unione Brageracensi et circum vicinis*. Brageraci, apud A. Vernoy, 1627, in-4 (Bibliothèque nationale).

— *La Prise de Bergerac en 1637*. Paris, 1637, in-4.

— *Factum du procès entre MM. du Parlement de Bourdeaux, demandeurs, en réparation de l'honneur de la Saincte Vierge Marie, mère de Dieu, contre M. Jean*

Sauvage, *ministre de Bergerac en Périgord*, *défendeur*. 1644, 4 pages in-4.

— *La Bouffonnerie de Bergerac où toute la cabale de la rébellion des protestants de Guyenne est deschiffrée*. La Rochelle, chez Toussaint de Guy, 1644. — Bergerac, chez Vernoy, 1661, in-12.

— *Medulla Theologiæ moralis*, *opera et studio Johannis Fleur de Montagne*. Brageraci, 1617, in-8. (Bibliothèque de Bordeaux. *Théologie*, n° 230.)

— *Histoire abrégée des Martyrs François du temps de la Reformation*. Amsterdam, André de Hoogenhuisen, 1684, in-8.

Protestants de Bergerac.

La Force. *Relation et dessein du feu d'artifice fait à La Force le 21 décembre 1699*, *par la justice et le peuple du Duché*, *nouuellement réunis à la religion catholique*, *apostolique et romaine*. Rouen, Macheul, s. d. in-4 (Bibliothèque nationale).

— *Mémoire à consulter pour les consuls et habitants de la ville de Bergerac*.... 177....

— *Correspondance entre M. le colonel Gallois et M. le colonel Lebeau*, *à l'occasion d'une allocution de ce dernier contre les réfugiés polonais et la population de Bergerac*. Paris, Fournier, s. d. in-8.

Extrait du *National* du 22 mai 1833.

— *Note sur deux établissements d'utilité publique fondés à Bergerac par M. La Kanal*, *pendant sa mission comme représentant du peuple de 1793 à 1794*, lue à l'Académie des sciences morales et politiques, le 24 mai 1845, par M. Berryat Saint Prix. Paris, Bouchard-Huzard, 1846, in-8.

Extrait des *Annales* de la Société royale d'horticulture de Paris.

— *Le Livre de Vie*, écrit en patois (Lo libre de vita), trouvé récemment, manuscrit contenant des documents de 1378 à 1382.

Voir *Bergerac sous les Anglais*, par M. Labroue. Avant-propos, page 4.

BERNARD. — *Premier recueil de Chansons patoises*. Bergerac, Rooy, 1876, in-8.

BERNARET (René), chanoine de Saint-Front de Périgueux, vice-président de la Société archéologique du Périgord, mort en 1876. — *Liste des Ouvrages à consulter pour l'histoire du Périgord*. Périgueux, Dupont, 1875. (*Bulletin de la Société archéologique et historique du Périgord*, t. II, 6e livraison. Novembre et décembre 1875.)

— *Tournées pastorales de Mgr Dabert*, *évêque de Périgueux et de Sarlat*, *dans les années de 1875—1876*.

Extrait de la *Semaine religieuse*.

BERTIN (famille de). Bibliothèque Lapeyre à la Bibliothèque de Périgueux. — *Notice sur Henri-Léonard-Jean-Baptiste de Bertin*, *précédé du Testament de J.-B. de Bertin*, avec notes. Périgueux, Boucharic, 1856, br. in-8 de 24 p.

— *Histoire de M. de Bertin*, *marquis de Frateaux*.

— *Histoire de M. de Bertin*. avec notes.

BERTIN (Charles-Jean), évêque de Vannes de 1746 à 1774. — *Instructions pour l'adoration perpétuelle*.

Bibliothèque de l'Ecole des Chartes. Paris, 1839 à 1876 (Se continue).

T. II, p. 123 et suiv. Les Routiers au XIIe siècle, par Giraud. — Id. p. 417 et suiv. Les Routiers au XIIIe siècle, par Giraud.

T. III, p. 59. Quittance donnée par Arnaud d'Anglars et plusieurs autres au Trésorier du Ro. dans la sénéchaussée de Périgord et de Quercy, des frais d'un voyage fait à Paris pour témoigner en justice (10 octobre 1344).

T. VIII, p. 245. Lettre sur la bataille de Castillon en Périgord (19 juillet 1453).

T. XXIII, p. 236 et suiv. Inventaire des manuscrits conservés à la Bibliothèque impériale sous les nos 8823 — 11503, du fonds latin (Extrait d'un travail de M. Léopold Delisle). No 9135. Rôles des revenus dus par les églises du diocèse de Bordeaux au XIIIe siècle. — Nos 9137 à 9145. Recueil de pièces relatives au Périgord, du XIIIe au XVIIIe siècle. — No 9146. Copie des titres de la maison de Taleyrand, 1245 — 1723, faite en 1741. — No 9937. Extraits du Cartulaire de Chancelade, XVIIIe siècle, en parchemin.

T. XXXI, p. 235-463. Recueil de pièces la plupart en copies ou en extraits avec des dessins de sceaux et de tombeaux pour servir à l'histoire des archevêques et évêques de France, par Roger de Gaignières. XVIIe et XVIIIe siècles (Bibliothèque nationale). Num. 17028. Art. Périgueux et Sarlat. — Nos 17105 — 17106. Titres de l'abbaye de Saint-Amand, diocèse de Sarlat (XIIIe au XVIe siècle). — No 17210. Extrait du Cartulaire et des Archives de l'abbaye de Dalon.

T. XXXIV, p. 155 et 445. Registrum Curiæ ou recueil des actes de Simon et d'Amauri de Montfort. (Au Trésor de l'Ecole des Chartes.) 12 septembre 1214. Domme. Hélie, abbé de Sarlat, atteste que c'est au nom des bourgeois et des chevaliers de Laroque-Gaujeac, qu'il a prêté serment à Simon de Montfort (*Reg. Curie.* A. 35. — *Doat*, v. 75, fo 57, d'après le *R. Cur.*). — Sept. 1214. Domme. Raimond, vicomte de Turenne reçoit à fief et hommage-lige de Simon de Montfort les biens de R. de Cosnac et de sa femme Héliz, dépossédés pour leurs forfaits, en s'engageant à indemniser les victimes des anciens possesseurs, suivant les décisions de l'évêque de Périgueux et de l'abbé de Cadouin (*Reg. Cur.* A. 10. — *Doat*, v. 75, fo 55, d'après le *R. Cur.*). — Sept. 1214. Simon de Montfort après la prise de Castelnau en Périgord, donne à l'abbé de Cadouin une rente de 25 livres de Périgord sur ce château. Son fils Amauri augmenta plus tard cette fondation de 100 sous et y ajouta la dîme de la pêche de la châtellenie. Cette donation ne fut jamais exécutée et donna lieu plus tard à une contestation entre Aimeri de Castelnau et l'abbé de Cadouin, portée au Parlement de Pentecôte 1258; l'abbé fut débouté de ses prétentions (*Bcugnot*, t. I, p. 33, no III).

BIRON. — *Certificat de l'incendie arrivée en la tour de l'horloge à Biron, où estaient les papiers et documents appartenant à Messire Jean de Gontaut, seigneur et baron de Biron, Montaut, etc., etc., lequel certificat fut fait à la requête du dit seigneur d'authorité de iustice en présence de maistre Ant. de la Boëtie, lieutenant de M. le Sénéchal de Périgord au siége de Sarlat, etc.* Manuscrit in-fol. sur vélin de 24 pages (1539).

— *De la Duché-pairie de Biron, érigée en 1598.* Dans l'*Histoire généalogique* du P. Simplicien, t. IV, p. 115. — T. V, p. 426.

BIRON. — *La Conspiration, prison, jugement et mort du duc de Biron.* Jouxte la copie imprimée à Honnefleur par Jean Petit, 1607, pet. in-8 de 80 p.

— *Correspondance intime d'Armand Gontaut-Biron, maréchal de France*, publiée par E. de Barthélemy. Bordeaux, 1874, in-4.

— *Le Maréchal de Biron, sa vie, son procès, sa mort*, par Ch. de Montigny.

— *Procès du Maréchal de Biron*, par J. de La Guesle.

BIRON (Armand-Louis de Gontaut, duc de), connu sous le nom de duc de Lauzun, général français, né le 15 avril 1747, à Paris, décapité le 31 décembre 1793. — *Mémoires.* Paris, 1822, 2 vol. in-18. — Nouvelle édition, par Louis Lacour. Paris, 1858, in-12.

— *Lettres sur les Etats-généraux de 1789* ou détail des séances de l'assemblée de la noblesse et des trois ordres du 4 mai au 15 novembre, précédées d'une notice historique sur Biron et publiées par Maistre de Roger de la Lande. Paris, Mme Bachelin-Deflorenne, 1865, in-8, br.

— *Eloge d'A. Gontaut de Biron*, par Vigneron. Bordeaux, 1789, in-8.

BIZONNET (Edmond), de Mareuil. — *Le Songe de Kosciusko.* 1863.

BOHYRE (Arnaud), Vicaire-Provincial de la Compagnie de Jésus pour la province de Toulouse, né à Périgueux dans le courant du XVIe siècle. — *Recueil d'anciens*

Brefs et Bulles des SS. Pères, Lettres-patentes et missives des Roys très chrestiens, arrests du Grand Conseil et autres titres concernant la réformation de Saint François en France et nommément en la province de Guyenne, etc. Tolose, R. Colomiez, 1613, in-4 (Catalogue de la Bibliothèque de Bordeaux. *Histoire*, p. 596, n° 6590).

— *Arnaldi Bohyrœi, Aquitani, Vesunensis, ex Soc. Jesu. Elegiœ.* Tolosæ, typis viduæ Iacobœi Colomerii, 1618, in-4.

— *Theatrum Perseii, seu Perseum francum, gallici* (*Bibliothèque des écrits de la Société de Jésus*, par le P. Alegambe, p. 46).

BOISSARIE, docteur-médecin à Sarlat. — *Notes sur quelques cas de phlegmon péri-utérin.* Paris, 1874, in-8.

BONNAR (Théophile). — *Une Révolution à Forville*, comédie en 3 actes. Bergerac, Faisandier, 1873, brochure in-12 de 80 pages.

BONNEFIN (abbé), ancien supérieur du collège de Montignac. — *Mélanges religieux, politiques et littéraires.* Périgueux, Bounet, 1875, in-18.

BORDAS-DEMOULIN (Jean), écrivain philosophe, né à Labertinie (Montagnac La Crempse) en 1798, mort en 1859. — *Eloge de Pascal et histoire du Cartésianisme.* Paris, 1842, in-4.

— *Le Cartésianisme ou la véritable rénovation des sciences.* Paris, 1843, 2 vol. in-8.

— *Mélanges philosophiques et religieux.* Paris, Ladrange, 1846, in-8.

— *Les Pouvoirs constitutifs de l'Eglise.* Paris, Ladrange, 1855, in-8.

— *Essai sur la réforme catholique.* Paris, 1856, in-12.

— *Théories de l'infini et de la substance.*

— *Œuvres posthumes.* Paris, 1861, 2 vol. in-8.

— *Histoire de la vie et des ouvrages de Bordas-Demoulin*, par Huet. Paris, 1861, in-12.

BORDIER et CHARTON. — *Histoire de France par les Monuments.* Paris, 1859, 2 vol. in-4. Figures.

BOREL D'HAUTERIVE, archiviste-paléographe. — *Annuaire de la Noblesse de France.* Paris, Dentu et Diard, 1843 à 1873, 30 vol. in-8 (Se continue).

1855	Galard Béarn	p. 399
1846	Gontaut Biron	202
1865	id.	91
1845	Bourdeilles	412
1843	Boysseuilh	266
1845	Brantôme	312
1856	Caumont La Force	92
1856	Chantérac (La Cropte de)	195
1862	Chapt de Rastignac	366
1847	Cremoux	196
1858	Cugnac	193
1859	id.	174
1848	Damas	124
1845	Fénelon (Salignac de)	193
1848	id.	255
1844	Gentils de Laugallerie	243
1859	Hautefort	183
1863	id.	407
1864	Isly (Bugeaud d')	89
1844	Jorie (Malet de La)	254
1843	Lapanouse	309
1854	Lapeyrouse et Bonfils	256
1847	Lasteyrie du Saillant	221
1866	Lavalette (Welles de)	276
1844	Lentilhac	252
1852	Lostanges	241
1844	Malet	244
1848	id.	212
1847	Maleville	343
1865	Pinoteau	167
1851	Roffignac	298
1855	Sainte-Aulaire	249

BORIE (François-Arnault, sieur de La), chanoine de Saint-Front à Périgueux, mort à Périgueux en 1607. — *Anti-Druzac, ou Apologie des femmes bonnes, nobles et honnestes.* Toulouse, 1564.

— *Antiquités du Périgord.* 1577.

Très-rare.

— *Traicté des Anges et Démons*, de Maldonat, mis en françois par F. de la Borie, chanoine à Périgueux. Rouen, Besongne, 1616, pet. in-12. — Rouen, chez Louys Loudet, 1619, in-12. Figure sur le titre.

Voir dans le supplément de Moréri et dans le Moréri de 1750 la généalogie des Arnault de Périgord; voir le *Bulletin de la Société archéologique du Périgord*, t. 1, p. 79.

BORN (Bertrand de), seigneur de Hautefort en Périgord, vivait au XIIe siècle, a laissé plusieurs *Sirventes.* — Publication en préparation de ses *Poésies* d'après le manuscrit de Florence, par M. Clédat, professeur à la faculté des lettres de Lyon.

— *Bertrand de Born*, par Mary-Lafon. Paris, Ambroise Dupont, 1839, 2 vol. in-8.

— *Le Tyrtée du Moyen-âge* ou Histoire de Bertrand de Born, vicomte d'Hautefort, par V. A. Laurens, membre de l'Institut historique de France. Paris, Gedalge jeune, 1863, in-8.

BORNEILH (Géraud de), troubadour, surnommé le *Maître* des *Troubadours*, né à Excideuil en Périgord, vivait au XIIe siècle. — On lui compte, selon l'abbé Millot, jusqu'à quatre-vingt-treize pièces.

BOST, pasteur protestant. — *Les Œuvres de La Force.* Bergerac, Faisandier, 1869, br. in-16.

BOUCHET (Jean). 1476—1550. — *Annales d'Aquitaine*, finissant en 1535. Paris, 1537, in-fo. — Continuées par Abraham Mounin. Poitiers, 1644, in-fo.

BOUFFANGES, né à Sarlat. — *Documents historiques sur le pays Sarladais*, 1833.

BOUILHAC (Pierre), de Montignac, membre de plusieurs sociétés savantes. — *Causeries champêtres.* Périgueux, Dupont, 1878, in-8.

BOUILLON (Pierre), élève de Monsiau, né à Thiviers en 1776, mort à Paris en octobre 1831. — *Musée des Antiques dessiné et gravé à l'eau-forte*, avec des notices par Bins de Saint-Victor. Paris, 1811-27, 3 vol. gr. in-folio.

BOUILLON, fils du précédent. — *Principes de dessin linéaire.* Paris, 1859, in-4. Figures.

BOUQUIER (Gabriel), peintre, conventionnel, né à Terrasson le 10 novembre 1739, mort à Terrasson en 1810. — *Epître à Vernet, peintre du roi.* Amsterdam, 1773.

— *Plaintes, doléances et remontrances des habitants de Terrasson.* 8 mars 1789.

— *Mémoire sur l'injuste assiette de l'impôt.* 1791.

— *Poëme séculaire aux amis de la Constitution.* Brive, Joseph Robin, 1791.

— *Opinion dans le procès du roi.* 1792, in-8.

— *La Réunion du 10 août 1793, ou l'Inauguration de la République française sans-culottide*, en 5 actes, par Bouquier et Moline. 1794, in-8.

Très-rare.

— *Rapport et projet de décret relatifs à la restauration des tableaux et autres monuments des arts formant la collection du Muséum national*, par G. Bouquier, au nom du Comité d'instruction publique. Paris, s. d. br. in-8.

— *Réflexions sur la Révolution.*

BOURDEILLES (Hélie de), cardinal, évêque de Périgueux, archevêque de Tours, né en 1410, mort en 1484. — *Opus pro pragmaticæ sanctionis abrogatione.* Romæ, 1486 in-4. — Tolosæ, 1518.

— *Concordata inter Leonem papam X et sedem apostolicam et christianissimum regem Franciscum I et regnum Galliæ*, pub. anno 1517. Parisiis, Gerlier, 1520, in-4. — Eadem, 1534, in-8. — Cum interpretatione Petri Rebossi. Parisiis, 1538-1546, in-4. — Eadem, 1540, in-8. — Sexta editio ab auctore recognita. Parisiis, 1555-1561, in-8. — Lugduni, 1580, in-8. — Parisiis, 1613, in-4. — Eadem, 1620-1660, in-f°.

— *Defensorium concordatorum*, etc. *Tractatus editus tempore Ludovici XI regis Franciæ*, etc. Se trouve dans : *Pragmatica sanctio Caroli VII Francorum regis, cum glosis Cosmæ Guymier, reedita studio Francisci Pinsonii.* Paris, Clousier, 1666, in-f°.

— *Traité latin sur la Pucelle d'Orléans* qui se trouve à la fin du Procès de Jeanne d'Arc.

Il y déclare qu'elle n'était pas justiciable de l'évêque de Beauvais.

— *In laudem Eminentissimi sanctissimi que viri Eliæ de Bourdeilles S. R. E. Cardinalis. Elegia authore Antonio Durroux sacerdote Tutellæ.* Apud Petrum Chirac solum Regis, D. D. Episcopi, cleri, urbis et collegii typographum et bibliopolam, prope Palatium, 1763, in-4 de 12 pages.

BOURDEILLES (Pierre de), abbé de Brantôme. 1527—1614. — *Œuvres complètes.* Londres, 1739, 5 vol. in-12. — Nouvelle édition, considérablement augmentée et accompagnée de remarques critiques et historiques. La Haye, 1740, 15 vol. in-12. Figures. — Londres (Maëstricht), 15 vol. in-12. — Paris, Bastien, 1787, 8 vol. in-8. — Dans les Mémoires relatifs à l'Histoire de France, de Petitot. Paris, 1819 à 1824. — Edition Buchon. Paris, Desrez, 1838, 2 vol. gr. in-8. — Paris, 1855, 2 vol. gr. in-8.

— *Œuvres complètes du seigneur de Brantôme*, accompagnées de remarques historiques et critiques. Paris, Foucault, 1822, 8 vol. in-8.

Rare, les exemplaires ayant été détruits après la mort de l'éditeur.

— *Œuvres.* Nouvelle édition par M. Monmerqué. Paris, Foucault, 1823, 7 vol. in-8.

— *Œuvres complètes*, publiées d'après les manuscrits, avec variantes et fragments inédits, pour la Société de l'Histoire de France, par Ludovic Lalanne. Paris, Ve J. Renouard, 1864-1876, 9 vol. in-8.

Le dixième complètera la publication avec les Poésies inédites de Brantôme, d'après le manuscrit de M. le docteur Galy.

— *Vies des hommes illustres et grands capitaines français de son temps.* Leyde, Jean Sambix, 1666, 4 vol. pet. in-12.

— *Vies des hommes illustres et grands capitaines étrangers.* Leyde, Jean Sambix, 1666, pet. in-12. — Leyde (à la sphère), 1692, 2 vol. pet. in-12. — Leyde, 1699, 4 vol. pet. in-12. — Leyde, 1722, 2 vol. pet. in-12.

— *Vies des hommes illustres et des grands capitaines français et étrangers du XVIe siècle.* Nouvelle édition. Paris, Demonville, 1810, 3 vol. in-8.

— *Les Vies des dames galantes.* Leyde, Jean Sambix, 1665, 2 vol. pet. in-12. — Leyde, Jean de la Tourterelle, 1666, 2 vol. pet. in-12. — Amsterdam, Jean de la Tourterelle, 1689, 2 vol. pet. in-12. — Amsterdam. 1693, 2 vol. pet. in-12. — Amsterdam, 1699, 2 vol. pet. in-12. — Amsterdam, 1721, 3 vol. in-12. — Londres, 1721, 2 vol. in-18. — Paris, Ledoux, 1834, 2 vol. in-8. — Paris, Garnier, 1841, 1848,

1849, 1852, 1868, in-12. — Paris, Delahays, 1857, in-16.

— *Les Vies des Dames illustres de France.* Leyde, Jean Sambix, le jeune, 1665, pet. in-12. — Leyde, J. Sambix, 1699, pet. in-12. — Leyde, 1722, pet. in-12.

— *Vies des Dames illustres françaises et étrangères.* Paris, 1868, in-18.

— *Anecdotes de la Cour de France touchant les Duels.* Leyde, Jean Sambix, 1722, pet. in-12.

— *Mémoires de Marguerite de Valois, avec son éloge*, etc. Liége, Broncard, 1713, in-8.

— *Dialogues, ou Entretiens des femmes savantes.* Amsterdam, Foppens, 1709, 2 part. in-12.

Cet ouvrage obscène n'est autre que l'*Académie des dames*, faussement attribuée sous ce titre à Brantôme.

BOURDEILLES (Claude de), comte de Montrésor, gouverneur du Périgord, mort en 1668. — *Mémoires*, imprimés dans un Recueil de Pièces servant à l'histoire moderne. Cologne, P. Marteau, 1663, in-12 — Cologne et Leyde, Sambix, 1664-65, 2 vol. in-12.

— *Mémoires.* Manuscrit in-folio en 4 volumes.

Ces Mémoires que l'on dit bien plus amples en manuscrit, sont côtés au n° 3186 du catalogue de M. Leblanc.

— *Discours fait par M. de Montrésor touchant sa prison* et autres pièces curieuses pour servir d'éclaircissement à ce qui est contenu dans ce 1er volume.

Ce recueil est imprimé au tome II de ses *Mémoires*, Leyde, 1665, in-12. Il contient plusieurs pièces depuis 1632 à 1643.

— *Lettres originales de M. de la Vieilleville et de M. de Montrésor*, du règne de Louis XIV.

Ces deux pièces sont conservées par M. de Gaignières.

BOURDEILLES (André de). — *Maximes de la guerre*, imprimées au tome XIII des Œuvres de Brantôme. La Haye, 1740, 15 vol. in-12.

— *Lettres d'André de Bourdeilles aux rois Charles IX et Henri III, comme à la reine Catherine de Médicis, leur mère;* avec leurs réponses.

Elles sont imprimées dans le tome XIV des Œuvres de Brautôme. La Haye, 1740, 15 vol. in-12.

BOURDEILLES. — *Deux Requêtes de M. d'Aguesseau, procureur-général au parlement de Paris, sur la mouvance de la seigneurie de Bourdeilles, à trois lieues de Périgueux* (T. VI des *Œuvres de M. le chancelier d'Aguesseau.* Paris, 1769, in-4, p. 473-720.)

— *Mémoire servant de salvation pour messire Louis Le Prêtre de Vauban, abbé commandataire de Saint-Pierre de Branthôme, contre M. le procureur-général, les directeurs et créanciers de M. de Thou et le fermier du domaine de Guyenne*, par M. Capon.

Il s'agissait de savoir si la terre de Bourdeilles relève en tout ou en partie de l'abbaye de Branthôme.

BOURDEILLETTE (A.), docteur-médecin à Périgueux. — *Les Pyrénées: eaux thermales sulfureuses de Bagnères-de-Luchon.* Luchon, Lafon, 1874, in-18.

BOURGOING-LAGRANGE. — *Appel aux propriétaires français. — Le sol caution de l'Etat* (Notice explicative). 1873, broc. in-8.

BOYER DE PRÉBANDIER, médecin, né à Montplaisant près Belvés (XVIIIe siècle). — Traductions d'ouvrages de médecins anglais.

BRANCHU DU PILON. — *Mémoire justificatif contre le maire et procureur de la commune d'Echourgnac.* Périgueux, Berger et Chalmas, imprimeurs de la république, s. d. br. in-8.

BRANDON (Philibert de), évêque de Périgueux de 1648 à 1655. — *Ordonnances faites dans son premier synode, tenu l'an 1649.* Périgueux, Dalvy, 1649, in-8.

BRARD (Cyprien-Prosper), ingénieur-civil des mines, né à Laigle (Orne), le 21 novembre 1786, mort à Périgueux le 28 novembre 1839. — *Manuel du Minéralogiste et du Géologue voyageur.* Paris, Puigneray, 1805, in-18.

— *Traité des Pierres précieuses, des Porphyres, des Granits, Marbres et autres roches propres à recevoir le poli, et à orner les monuments publics et les édifices particuliers*, etc. Paris, Schœll, 1808, 2 vol. pet. in-8. Figures.

— *Mémoire sur le Natrolithe*, imprimé dans les *Annales du Muséum d'histoire naturelle.* 1808.

— *Mémoire sur les Coquilles fossiles qui semblent avoir appartenu aux genres qui sont aujourd'hui terrestres et fluviatiles*, imprimé dans les *Annales du Muséum d'histoire naturelle.* 1810.

— *Histoire des Coquilles terrestres et fluviatiles qui vivent aux environs de Paris.* Paris, Paschoud, 1815, in-12. Figures.

— *Minéralogie appliquée aux arts*, ou Histoire des Minéraux qui sont employés dans l'agriculture, l'économie domestique, la médecine, etc. Paris, Levrault, 3 vol. in-8. Figures.

— *Mémoire sur un nouveau procédé tendant à reconnaître immédiatement les pierres gélives.* Périgueux, Dupont, 1821, in-8.

Ce Mémoire a été réimprimé en 1823 dans le Bulletin de la Société d'encouragement et a valu à son auteur la médaille d'or de première classe.

— *Eléments de Minéralogie, ou Manuel du Minéralogiste voyageur.* Paris, Méquignon-Marvis, 1824, in-8. — Paris, même éditeur, 1838, in-8.

— *Description de la grande Ecole gratuite en plein air de M. Brard*, à l'usage des ouvriers et de leurs enfants. Paris, Colas, 1824, br. in-8. Figures.

— *Compte-rendu des travaux de la première année de l'Ecole fondée en faveur des pauvres ouvriers de la mine et de la verrerie du Lardin.* Paris, Fain, 1825, br. in-8.

— *Minéralogie populaire.* Paris, Colas, 1826, in-18.

— *Plan d'un Musée public de Technologie.* Périgueux, Dupont, 1827, br. in-8.

— *Maître Pierre, ou le Savant du village*, entretiens sur l'industrie. Paris, 1831, in-18.

— *Description historique d'une Collection de Minéralogie appliquée aux arts.* Paris, 1833, in-8.

— *Maître Pierre, ou le Savant du village*, entretiens sur l'art de bâtir à la campagne. Paris, 1834, in-18.

— *Dictionnaire usuel de Chimie, de Physique et d'Histoire naturelle.* Paris, Dupont, 1839, in-8.

— *Notice historique sur Cyprien-Prosper Brard, ingénieur civil des mines*, par F. Jouannet. Périgueux, Dupont, 1839, br. in-8. Portrait.

BRIFFAULT (Eugène-Victor), écrivain, né à Périgueux en 1799, mort en 1854. — *Paris dans l'eau.* Paris, Hetzel, 1844, beau vol. in-8 illustré.

BRUNIE (L.). — *Observations sur les Etats du Périgord*, et pièces justificatives. 1788, in-8.

BRUN (Pierre), jésuite, né à Périgueux, mort en 1629. — *Institution chrétienne.*

BUCIGNAC (Pierre de) ou ROSIGNAC, troubadour, clerc et gentilhomme d'Hautefort. — *Satire contre les femmes*, dans l'*Histoire des Troubadours.*

BUGEAUD DE LA PICONNERIE, duc d'Isly, né à Limoges le 15 octobre 1784, mort du choléra à Paris le 10 juin 1849 (Famille originaire du Périgord). — *De l'établissement de légions de colons militaires dans les possessions françaises du nord de l'Afrique*, suivi d'un projet d'ordonnance adressé au gouvernement et aux chambres. Paris, Didot, 1838, in-8.

— *Les Socialistes et le travail en commun.* Paris, 1848, broc. in-12.

— *Veillées d'une chaumière de la Vendée.* Paris, Ledoyen, 1849, in-18.

Bulletin monumental, etc., publié sous les auspices de la Société française d'Archéologie, collection de 42 vol. in-8, plus 1 vol. de table des matières; figures. Paris, Derache; Caen, Le Blanc-Hardel. (Se continue.)

Rechercher dans la collection les articles des archéologues périgourdins, ou ayant trait à des monuments du Périgord.

BUSSIÈRE (Georges), avocat, membre du conseil d'arrondissement, membre de la Société historique et archéologique du Périgord, né à Branthôme le 4 septembre 184.. — *Etudes historiques sur la Révolution en Périgord.* Première partie. (1789). Bordeaux, Lefebvre, 1877, in-8.

Cabinet (le) *historique*, revue mensuelle, sous la direction de M. Louis Paris. — Voir l'article placé à la fin du volume, pour plus amples détails.

Calendrier du département de la Dordogne. Périgueux, Dupont, 67 vol. in-16 (Se continue).

CALVET (A.). — *Une Promenade en Périgord*. Cahors, 1841, in-8.

CALVIMONT (Jean-Baptiste-Albert, vicomte de), littérateur, préfet, maître des requêtes au Conseil d'Etat, né à Saint-Antoine d'Auberoche en 1804, mort à Paris en 1858. — *L'Amarante; Causeries du soir*. Paris, Urbain Canel, 1832, in-8. Dessin d'Henri Monnier.

— *Le Dernier des Condé*. Paris, 1832, in-8, orné d'un beau portrait.

— *L'Honnête Homme*, épisode sans date pour servir à l'histoire du cœur humain, suivi de *Un mariage de la main gauche*. Paris, 1833, in-8.

— *Veillées vendéennes*, dédiées à Henri de France. Paris, 1833, in-18, orné de deux gravures et du fac-simile d'une lettre de la duchesse de Berry adressée à Madame la baronne de Charette.

— *Au mois de mai*. Paris, J. Denain, 1835, in-8. Vignette de Gavarni.

— *La Folle vie*. Paris, Dumont, 1839, 2 vol. in-8.

— *A l'ombre du clocher*, roman. Paris, Thomin, 1842, 2 vol. in-8.

— *Le Journal de Montaigne*.

— *Le Revenant*, journal politique.

— *Trélissac*. Périgueux, Boucharie, br. in-8.

CARLES (abbé), missionnaire diocésain et du Calvaire de Toulouse. — *Une Chapelle dominicaine à Périgueux*. Périgueux, Boucharie, 1869, in-8.

— *Pélerinage de Notre-Dame des Vertus*. Périgueux, Cassard, 1870, in-8.

— *Monographie de Saint-Front.* Périgueux, Cassard, 1871, in-8. Gravure.

— *Histoire du Saint Suaire de Cadouin.* Paris, Poussielgue, 1875, in-8.

A la suite se trouvent des indications bibliographiques. — La première édition de ce livre parut à Périgueux, Cassard, 1870, br. in-18.

CARTAILHAC (Emile), conservateur du musée d'histoire naturelle de Toulouse, né à Toulouse. — *Matériaux pour servir à l'histoire primitive et naturelle de l'homme, etc.*, revue mensuelle. Toulouse, 12 vol. in-8. Gravures (Se continue).

— *Un Squelette humain de l'âge du renne, à Laugerie basse (Dordogne).* Toulouse, Bonnal et Gibrac, br. in-8.

Extrait du Bulletin de la Société d'histoire naturelle de Toulouse.

CARTES ET PLANS. — *Theatre geographique du royaume de France, contenant les cartes des provinces d'iceluy, avec leurs descriptions.* A Paris, chez la veufve Jean Le Clerc, rue Saint-Jean de Latran, à la Sallemandre royalle. 1632.

Dressé par Gabriel-Michel de La Roche Maillet, angevin, ancien advocat au parlement et au conseil privé de Sa Majesté. Le tout dédié au Roy. — Cet ouvrage, très-rare complet, contient 59 cartes avec des frontispices et cartouches. On y trouve : Carte 43. La Potamographie de Garonne et des fleuves qui se rendent dedans. Joannes Tardo, canonicus Sarlati, del. 1628. J. Blanchin, fecit. J. le Clerc, exc. — Carte 44. Description du diocèse de Sarlat et du haut Périgord. A. Joanne Tardo, del. 1624. H. Picard, incidit. J. le Clerc, exc. avec un plan de Sarlat. — Carte 45. Description du païs de Quercy. A. Joanne de Tarde, del. avec un plan de Cahors.

— *Cartes des Provinces de France*, gravées par Hugues Picart vers 1635. *Bergerac.*

— *Cartes, plans et perspectives de la France*, publiées en 1628, par Tassin. *Bergerac* (carte).

Chaque carte de gouvernement particulier est accompagnée de la perspective ou du plan de sa ville chef-lieu, quelquefois de l'une et de l'autre.

— *Comté de Périgord*, par Philippe de La Rue. Paris, Mariette; Amstelodami, J. Blaeu, 1663, in-f°.

— *Périgord et provinces voisines*, par Delille, grande carte in-f°. 1714.

— *Cartes géographiques* d'Homan, in-f°, dressées à Nuremberg. vers 1730, d'après Delille. *Guyenne et Gascogne*, in-f°.

— *Méthode de géographie ou voiage curieux par les villes les plus considérables et les principaux pays des 30 gouvernements généraux et le six particuliers du royaume de France mis en jeu, où l'on a marqué les singularités des pays, évêchez, universitez, présidiaux, parlements, etc.* Paris, chez Crepy, 1725, pl. in-f°.

Très curieux et extrêmement rare.

— *Cartes de France*, dressées par Le Rouge. 1756, in-f°. *France militaire.* — *France postale.* — N° 14. *Guyenne, Gascogne, Perigord.*

— *Indicateur fidèle de toutes les routes de France, etc.* Paris, 1770. 2 vol. in-4.

— *Atlas historique, géographique et chronologique de la France ancienne et moderne* de Des Nos. Paris, 1766, in-4.

— *Atlas de la France divisée en 40 gouvernements militaires; avec les routes, etc.* 1775, in-18.

— *Cartes des provinces de France*, par Bonne. 1786, in-f°. *Guyenne et Gascogne.*

— *Cartes pour servir à l'étude de l'Histoire de France.* 1787, in-4. *Guyenne.* — *France divisée en 18 provinces ecclésiastiques.* — *France divisée en ses 24 généralités.*

— *Géographie ancienne historique et comparée des Gaules, suivie de l'analyse des Itinéraires anciens,* avec un atlas, par Walkenaër. Paris, 1839, 3 vol. in-8.

— *Evêché de Périgueux*, par Nicolas Lansdu. Paris, 1679; Robert, 1742, 2 feuilles in-f°.

— *Evêché de Sarlat*, par Nicolas Lansdu. Paris, 1679; Robert, 1742, in-f°.

— *Cartes* éditées par Sanson d'Abbeville vers 1640, in-8. *Diocèse de Sarlat*. — *Guyenne et Gascogne*.

— *Diocèse de Sarlat*, planche hollandaise du XVII° siècle.

Anonyme, *probablement* une copie de la carte du chanoine Tarde.

— *Atlas national des Départemens de la France*. Paris, 1791, in-4. *Dordogne*.

— *Voyage dans les départements de la France*; par une société d'artistes et de gens de lettres. Paris, 1792-1795, in-8. *Dordogne*.

Collection dite Lavallée. Intéressante série de monographies départementales avec cartes et gravures, donnant le tableau de la France sous la Révolution dans le style du temps.

— *Guide pittoresque du voyageur en France*. In-8. *Dordogne*.

La description de chaque département est accompagnée d'une carte et de plusieurs planches, vues et portraits gravés au burin.

— *Nouvel Atlas du royaume de France*, ou cartes détaillées des Gaules, de la France en 1789, des 86 départements et des colonies, avec une carte politique de la France divisée en gouvernements militaires, par Perrot, gravé par Malo. 1827. *Dordogne*.

— *Topographie de la France*. *Dordogne*, grand in-f° (Bibliothèque nationale. Estampes).

Ce volume contient plusieurs cartes, plans et vues du département de la Dordogne.

— *Carte du département de la Dordogne* (Grand atlas de Bellevme).

— *Carte en carton collée sur toile du département de la Dordogne*, décrétée le 26 juin 1790 par l'Assemblée nationale.

— *Atlas national de la France. Département de la Dordogne*, décrété le 26 janvier 1798. Divisé en 5 arrondissements et 47 cantons.

— *Carte topographique et routière du département de la Dordogne*, dressée d'après les ordres de M. Romieu, préfet du département, par Cuménal, agent-voyer (échelle de 20,000^{m}). Périgueux, 1839.

— *Carte routière du département de la Dordogne*. Périgueux, Baylé, 1847.

— *Carte de l'Etat-Major*, publiée par le Ministère de la guerre.

— *Carte routière et hydrographique du département de la Dordogne*. 1864.

— *Carte routière et hydrographique du département de la Dordogne*. 1866.

— *Carte routière et hydrographique du département de la Dordogne*, par Sinson, agent-voyer en chef, et Robert, conducteur des ponts-et-chaussées. 1869.

— *Carte routière et hydrographique du département de la Dordogne*, publiée par le département en 1878, sous la direction de M. Surrugue, agent-voyer en chef. Très belle carte.

— *Carte industrielle et minéralogique du cours de la Dordogne et de la plupart de ses affluents, et en particulier de la Vézère et de la Corrèze*, par Conrad et Brard. Paris, lithographie de Engelmann.

— *Carte de l'arrondissement de Bergerac*, par Rigaud, de Bergerac. Bergerac, Faisandier, 1874, grand jésus.

— *Plan de la ville de Périgueux*, à l'échelle de 1 à 1.250, par Sérager. 1828. Carte.

— *Plan cadastral de la Cité*, par Sérager, échelle de 1 à 2,500. 1827. Carte.

— *Plan d'assemblage de la ville de Périgueux*, par Grénier. 1872, carte en papier collée sur toile et renfermée dans un étui.

— *Plan ancien et nouveau de Périgueux*, par Ch. A. Ausset.

— *Plan de la ville de Périgueux*, par Reghéere, lieutenant au 50e d'infanterie. Périgueux, chez Ronteix, lithographe, et Cassard, imprimeur, 187.

— *Pourctraicts des villes et chasteaux de France*, gravés en 1574, pour la *Cosmographie* de Belleforest, in-f°. *Périgueux*, signé : Geometrice depinxit Edoardus Bredin. 1574.

C'est la plus ancienne reproduction graphique connue des villes de France.

— *Topographia Galliæ*, par Martin Zeiller. Francfort, Gaspard Mérian, 1655, 4 vol. in-f°. *Bergerac.*

— *Plan de la grotte de Miremont.*

CARRÉ (G.), professeur au lycée de Périgueux. — *Le régime municipal à Périgueux aux deux premiers siècles de l'empire romain.* Périgueux, 1876, in-18.

CASSANEUIL (de). — *Cavalcade de Périgueux.* Périgueux, Rastouil, 1870, br. in-4.

CASSINI (Jacques-Dominique). 1747—1831. — *Cartes de l'ancienne France. — Périgord*, deux feuilles.

CASTEL, né à Sarlat au commencement du XVIIe siècle, auteur de la *Relation du siége de Sarlat*, fait par Marchin, en 1652.

Catalogue des Roolles Gascons, Normans et François, conservés dans les Archives de la Tour de Londres, rédigé par Th. Carte et publié par M. de Palmeuse. Londres (Paris), 1743, 2 tom. en 1 vol. in-fol.

On recherche surtout les exemplaires où se trouve la préface originale de Carte qui avait été supprimée par ordre du gouvernement français et remplacée par une autre que fit Bougainville.

CATHALA-COTURE (Antoine de), né à Montauban en 1652, mort en 1724. — *Histoire du Quercy.* Montauban, 1785, 3 vol. in-8.

Parle souvent du Périgord.

CAUMONT. — *Le Livre Caumont, où sont contenus les dits et enseignements du seigneur de Caumont*, composés pour ses enfants l'an 1416. Paris. Techener, 1845, gr. in-4, orné d'une planche en couleurs.

Publié par le docteur Galy, de Périgueux.

— *Voyage d'Oultremer en Jherusalem*, par le sieur de Caumont, l'an MCCCCXVIII; publié pour la première fois d'après le manuscrit du Musée britannique, suivi de tables des noms d'hommes et de peuples, noms de lieux et d'un glossaire, par M. le marquis de Lagrange. In-8.

— *Document inédit relatif à l'enlèvement d'Anne de Caumont*, par Ph. Tamizey de Larroque. Paris, s. d. broc. in-8.

Tiré à 50 exemplaires.

CAUMONT (Jacques Nompar de), duc de La Force, maréchal de France. 1559—1652. — *De la Duché-pairie de La Force, érigée en 1637* (*Histoire généalogique* du P. Simplicien, t. IV, p. 465).

— *Mémoires authentiques, ainsi que ceux de ses deux fils les marquis de Montpouillan et de Castelnault*, recueillis, mis en ordre et précédés d'une introduction par le marquis de Lagrange. Paris, Charpentier. 1843. 4 vol. in-8.

— *Paroles dv sievr de La Forse.. a sa majesté à Saint-Maur-les-Fossez.* 15 juillet 1602, in-8 de 16 pages.

Sentence de mort du duc de Biron, condamné à avoir la tête tranchée en la place de Grève; vers curieux blâmant son supplice.

— *Articles accordez par M. le Mareschal de la Force général de l'armée du roy, pour la reduction de la ville de La Motte en l'obeissance de sa Majesté, avec les deputez de la dite ville.* Lyon, 1634, plaquette in-8.

CAUMONT (Charlotte-Rose de), demoiselle de La Force, petite-fille du duc de La Force, de l'Académie des Ricovrati de Padoue. 1650—1724. — *Epître à Madame de Maintenon.*

— *Châteaux en Espagne*, poëme dédié à la princesse de Conti.

— *Les Fées, contes des contes.* Paris, 1692, in-12.

— *Histoire secrète des ducs de Bourgogne.* Paris, 1694, 2 vol. in-12. — Paris, Didot, 1782, 3 vol. pet. in-12.

— *Histoire secrète des amours de Henri IV, roi de Castille, surnommé l'Impuissant.* Paris, 1695, pet. in-12. — Villefranche, 1696, 1765, in-12.

— *Histoire de Marguerite de Valois, reine de Navarre, sœur de François Ier.* Amsterdam, 1696, 2 vol. pet. in-12. — Paris, 1719, 4 vol. in-12. — Paris, Didot, 1783, 6 vol. in-12.

— *Gustave Wasa.* Lyon, 1698, 2 vol. in-12.

— *Histoire secrète de Catherine de Bourbon, duchesse de Bar, etc.* Nancy, 1703, in-12.

— *Anecdotes du XVIe siècle, ou Intrigues de cour, avec les portraits de Charles IX, Henri III et Henri IV.* Paris, 1741, 2 vol. in-12.

— *Les Jeux d'esprit, ou la promenade de Madame la princesse de Conti à Eu*, publié pour la première fois, avec une introduction par le marquis de La Grange. Paris, Aubry, 1862, in-8.

— *Le Grand Alcandre.* 2 vol.

— *Le Prince de Condé.* 2 vol.

CAUMONT DE BEAUVILLA (Bertrand de). — *Généalogie de cette famille.* Paris, Henry, 1757.

CAUMONT (Arcisse de), fondateur de la Société française d'archéologie, né à Bayeux le 28 août 1801, mort à Caen le 16 avril 1872. — *Cours d'Antiquités monumentales.* Caen, Chalopin et Hardel, 1830-1841, 6 vol. in-8, avec atlas.

— *Abécédaire ou Rudiment d'archéologie.* In-8. 1° *Architecture religieuse.* Caen, Hardel, 1850; 5me édition. Caen, Le Blanc-Hardel, 1870. Gravures. — 2° *Architectures civile et militaire.* Caen, Hardel, 1853; 3me édition. Caen, Le Blanc-Hardel, 1869. Gravures. — 3° *Ere gallo-romaine.* Caen, 1862; 2e édition. Caen, Le Blanc-Hardel, 1870. Gravures.

Y chercher la description des monuments du Périgord.

CAVILLE (J.-B.), né à Périgueux. — *Les Périgordinismes corrigés.* Périgueux, Danède, 1818, in-8.

CAZE, sous-préfet de Bergerac. — *La Mort de Jeanne d'Arc, ou la Pucelle d'Orléans*, tragédie en cinq actes. S. l. n. d. an XIII (1805), in-8.

CHABANS (Louis de), sieur du Maine. — *Advis et moyens pour empescher le désordre des duels.* Paris, Langlois, 1615, in-8.

— *Histoire de la Guerre des Huguenots faite en France sous le règne du roy Louis XIII*, avec les plans des siéges des villes en taille-douce, par messire le baron de Chabans. Paris, 1634, in-4.

Ouvrage très-rare, orné d'un grand nombre de plans.

CAYET (Palma). — *Chronologie novénaire, depuis 1589 jusqu'en 1598*. Paris, 1608, 3 vol. in-8.

— *Chronologie septénaire, etc., depuis 1578 jusqu'en 1604*. Paris, 1605, in-8.

CHAMPAGNAC ou CHAMPEYNAC (Jean de), sieur du Mas, conseiller du roi, lieutenant au siége de Périgueux, maître des requêtes de la reine Marguerite de Navarre (Fin du XVIe siècle et commencement du XVIIe siècle). — *Philosophie françoise : logique, ethique, phisique et metaphisique*. Paris, Jean Gesselin, 1607, in-12.

CHANTÉRAC (Charles de La Cropte de), évêque d'Alet. — *Registre des ordonnances des visites de Mgr Charles de la Cropte de Chanteirac, évêque d'Alet*. Précieux manuscrit in-f^o^ sur papier, contenant 468 pages.

Ch. de la Cropte de Chanterac, originaire du Périgord, fut le 35e et dernier évêque d'Alet. Il gouverna son diocèse du 19 juin 1763 jusqu'à la Révolution, époque où il fut fondu en partie dans le diocèse de Carcassonne et en partie dans celui de Perpignan. Commencé en 1780, ce registre s'arrête en 1788.

CHAPT DE RASTIGNAC (Louis Jacques de), évêque de Tulle et archevêque de Tours, né en Périgord en 1685, mort en 1750. — *Instruction pastorale sur la justice chrétienne*. 1749.

— *Harangues, Discours, Lettres, Mandements, Instructions pastorales*.

CHAPT DE RASTIGNAC (Arnaud de), grand-vicaire d'Arles, tué à l'Abbaye le 2 septembre 1792.

— *Questions sur la propriété des biens-fonds ecclésiastiques en France*. 1789, in-8.

— *Accord de la révélation et de la raison contre le divorce*. 1790, in-8.

— *Traduction de la Lettre synodale du patriarche Nicolas à l'empereur Alexis Comnène, sur l'érection des métropoles*.

CHARRIÈRE (Auguste), ancien juge de paix à Périgueux. — *Sainte-Hélène*, poésies. Paris, Ponthieu, 1826, br. in-8.

— *Cloître de Cadouin* (4 octobre 1839). Paris, Dupont, 1840, in-8 de 72 p. Plan.

Le Conseil général de la Dordogne vota l'acquisition des cloîtres de Cadouin.

— *Chronique de la bataille de Vern (1562)*. Paris, Dupont, 1844, in-8 de 72 pages.

— *Loi sur la police du roulage et des messageries, du 30 mai 1851, restreinte dans ses dispositions aux seuls tribunaux de police*. Périgueux, Auguste Boucharie, br. in-8.

CHASTANET (A.), percepteur, à La Bachellerie. — *Les Femmes de France*. Périgueux, Dupont, 1873, br. in-8.

— *Poésies patoises*. Ribérac, Delecroix, 6 brochures.

— *La Grève des Médecins*.

CHASTENET (Léonard), chanoine régulier de Chancelade, mort le 10 juillet 1685. — *La vie de Mgr Alain de Solminihac, evesque, baron et comte de Caors, et abbé régulier de Chancellade*. A Caors, Jean Bonnet, 1663, pet. in-8. — Nouvelle édition. Saint-Brieuc, Prud-homme, 1817, in-12.

CHASTENET (Léonard), médecin, né à Mussidan en 1715. —

Lettre sur la lithotomie, etc. Londres (Paris), 1760, in-8.

— *Lettre à M. Cambon pour servir de réfutation à une lettre de Van der Gracht, chirurgien et lithotomiste, etc.* S. l. n. d. in-8.

— Articles dans le *Mercure de France*, le *Journal de Médecine*, le *Journal des Savants.*

CHAUVIN (E.). — *Fleurs et Frimas.* Périgueux, Bounet, 1872, in-18.

CHÉRON (P.-N-A.), chirurgien aide-major. — *Essai sur les propriétés physiques, chimiques et médicales des eaux de la fontaine chaude de la cité de Vésone, etc.* Périgueux, Dupont, s. d. br. in-8 de 8 pages.

A ce sujet : *Chanson*, par A. D. sous-officier au 5ᵉ léger. Périgueux, 2 pages.

CHÉRON DE VILLERS, originaire du Périgord. — *Marie-Anne-Charlotte de Corday, sa vie, son temps, ses écrits, son procès, sa mort.* Paris, Amyot, 1865, gr. in-8, avec un album de fac-simile, de portraits, d'autographes, par E. Bellot.

— *Le Sang de Marat*, fac-simile des nᵒˢ 506 et 678 du journal l'*Ami du Peuple*, teints du sang de Marat; portrait de Marat. Paris, 1865, gr. in-8.

Tiré à 50 exemplaires.

CHESNE (André du). 1584—1640. — *Recueil des Historiens de France.*

Devait avoir 24 volumes. Cinq seulement ont paru : depuis l'origine de la nation jusqu'à Philippe-le-Bel.

— *Histoire des Cardinaux françois, etc.* Paris, 1660-1666, 2 vol. in-fᵒ.

On y trouve une vie du cardinal Elie de Talleyrand.

CHEVALIER (Joseph), seigneur de Cablans, de Saint-Mayme et de Puymartin en Périgord. — *Histoire de Périgueux, de 1601 à 1691*, manuscrite (Bibliothèque Lapeyre, à la Bibliothèque de Périgueux).

CHEVALIER, inspecteur primaire à Nontron. — *Notions élémentaires d'Agriculture.* Paris, Charlieu, in-12 de 160 pages. 1858.

CHEVALIER. — *Histoire de la vie civile, militaire et politique, etc.* Ribérac, Delecroix, 1871, in-8.

CHEVILLARD (J.). — *France chrétienne, divisée en archevêchés et évêchés*, avec addition de 1691 à 1699, par R. Coquin de Troyes. Blasons.

Chroniqueur (le) du Périgord et du Limousin, revue historique, artistique et religieuse, dirigée par M. A. de Siorac. Périgueux, A. Boucharie, 1853 à 1856, 4 vol. in-4. Gravures.

CLABAUT. — *Généalogie de la maison de Gontaut-Badefol.* 1771, br. in-4.

CLAIRELS (Hélie), né à Sarlat en Périgord (XIIᵉ siècle). — On a de lui plusieurs pièces, entr'autres une Satire très-violente contre l'héritier de Boniface, comte de Montferrat (1204).

CLARETIE (Jules), littérateur et romancier, né à Saint-Alvère en Périgord.

L'Art et les artistes français contemporains. Paris, Charpentier, 1876, in-12. — *Pierille.* — *Une Drôlesse.* — *Le Voisin de l'avare.* — *Les Ornières de la vie.* — *Robert Burat.* — *Mademoiselle Cachemire.* — *Histoires cousues de fil blanc.* — *Le Dernier des Montagnards.* — *Camille Desmoulins.* — *La Guerre nationale.* — *La France envahie.* — *La Rançon des soldats.* — *Le Beau Solignac.* — *Les belles folie de Renégat.* — *Les Prussiens chez eux.* — *Histoire de la Révolution de 1870-71.* Paris, 1876-1877, gr. in-8 jésus. — *Molière.* Paris, Lemerre. — *Les Contemporains oubliés.* — *La Vie moderne au théâtre.* — *Petrus Borel.* — *Les Portraits contemporains, peintres et sculpteurs.* — *Carpeaux.* — *La Libre parole.* — *La Poudre au vent.*

Pièces de théâtre : *Raymond Lindet*, jouée aux Menus-Plaisirs. — *La Famille des Gueux*, jouée à l'Ambigu. — *Les Ingrats*, jouée au théâtre de Cluny. — *Les Muscadins*, jouée au Théâtre Historique.

CLAUZEL (Hippolyte). — *La Question des vins à notre époque.* Bergerac, Faisandier, 1860, broc. in-8.

— *Le Triomphe du Christ*, ou découverte d'une science immense, etc. Bergerac, Faisandier, 1875, in-8.

CLAVEL, chanoine, ancien curé de Grun et de Paunat. — *Déclaration politique aux électeurs du département de la Dordogne, le 24 mars 1848.* Paris, Penaud, broc. in-4.

CLÉDAT (J.). — *La Comtesse de Montignac*, poème humoristique en patois périgourdin, avec le texte français et des notes explicatives. Périgueux, Rastouil, 1872, in-12.

CLÉDAT (L.), ancien membre de l'Ecole française de Rome. — *Leçon d'ouverture d'un Cours de littérature au moyen-âge*, professé à Lyon (22 décembre 1876). Paris, E. Thorin, 1876, in-8.

CLÉMENT (dom François). — *Chronologie historique des comtes de Périgord.* Se trouve dans la 2e édition de l'*Art de vérifier les dates.* Paris, Desprez, 1770, in-fol. page 710.

CŒUILHE (Etienne-Front), président à l'élection de Périgueux. — *Pensées diverses.* 1751.

— *La Liberté des mers*, poëme. Paris, 1782, in-8.

COLDEFY, curé de Sigoulés. — *Aperçu sur les écoles mixtes.* Périgueux, Cassard, br. in-8.

COLLETET (Guillaume). — *Vie des Poètes bordelais et périgourdins*, publiées par Ph. Tamizey de Larroque. Bordeaux, 1877, in-8.

Tiré à 150 exemplaires.

COLOMBET, professeur à Périgueux. — *Poésies.*

COMBROUSE (abbé), curé de Carlux. — *Les Chants d'une Muse du Périgord.* Paris, Dupont, 1846, in-8.

Congrès archéologique de France. 25e session. Périgueux, 1858, in-8. Gravures.

Congrès scientifique de France. 41e session. Périgueux, 1876, in-8.

Congrès scientifique de France. Gust. Hugues. Broch. Paris, Grassard.

CONDÉ (Louis, prince de), né en 1530, tué à Jarnac en 1569. — *Mémoires*, publiés par Secousse et Lenglet en 1743, 6 vol. in-4.

Edition la plus complète. Ces Mémoires contiennent des faits très intéressants sur les guerres de religion en Périgord.

CONTE (Paul-Alfred), ancien capitaine de cavalerie à Bergerac. — *Le Uhlan et le Raid*, étude sur la cavalerie et sur l'armée nouvelle. 1871, br. in-8 de 60 pag.

CONTE-LAGONTERIE, docteur-médecin. — *Du croup, de la diphtérie et de l'angine couenneuse.* Ribérac, Delecroix, 1870.

CORBIÈRE, pasteur protestant. — *Pas de Schisme!* Bergerac, Faisandier, 1874, br. in-8.

Correspondance inédite du chevalier d'Aydie, suite aux lettres de Mademoiselle Aïssé, publiée sur les manuscrits autographes. Paris, F. Didot frères, 1874, in-12.

COULOMBEIX (J.). — *Thèses pour le doctorat*, soutenues devant la faculté de droit de Paris le 27 août 1847. Paris, Cosse et Dumaine, 1847, in-8.

COURAJOD (Louis), attaché à la conservation des Musées du Louvre. — *Le Monasticon gallicanum*, études iconographiques sur la topographie ecclésiastique de la France aux XVIIe et XVIIIe siècles. Paris, 1869, gr. in-fo de 28 pages.

Préparé pour une réédition des planches par les bénédictins de la congrégation de Saint-Maur et rédigé sur des documents originaux.

COURCELLE-SENEUIL (J.-G.), économiste français, chargé d'affaires du Chili en France, né à Vanxains en 1813 ou 1814. — *Lettres à Edouard sur les révolutions*. Paris, Bréauté, 1833, in-8.

— *Le Crédit, la Banque, etc.* Paris, Pagnerre, 1840, in-8.

— *Traité théorique et pratique des entreprises industrielles, commerciales et agricoles, ou manuel des affaires*. Paris, 1855, 1857, 1867, in-8.

— *Traité d'Economie politique*. Paris, 1858, 2 vol. in-8.

— *Etudes sur la science sociale*. Paris, 1862, in-8.

— *Leçons elémentaires d'économie politique*. Paris, 1864, in-8.

— *Traité théorique et pratique des opérations de banque*. 4e édition. Paris, Guillaumin, 1864, in-8.

— *Agression de l'Espagne contre le Chili*. Paris, 1866, in-8.

— *La Banque libre, exposé des fonctions du commerce de banque et de son application à l'agriculture, suivi de divers écrits de controverse sur la liberté des banques*. Paris, Guillaumin, 1867, in-8.

— *Liberté et Socialisme*. Paris, 1868, in-8.

— *L'héritage de la révolution*, questions constitutionnelles. Paris, 1872, in-8.

COURRIÈRE (A.), de Jarnac. — *Vue de l'abbaye de Brantôme, prise du pont du jardin public*.

COURTOIS. — *Voyage de M** en Périgord*. Paris, 1762, in-12. — Nouvelle édition, avec un avant-propos et des notes par M. Ferd. Villepelet. Sauveterre, J. Chollet, 1878, in-18. Eau-forte.

COUSIN (Victor), membre de l'Académie française, né à Paris en 1792, mort en 1867. — *Madame de Hautefort*. Paris, Didier, 1856, in-8. Portrait.

A paru aussi dans le *Journal des Savants*, mars-avril 1855 et dans la *Revue des Deux-Mondes*, no du 15 janvier 1858.

COUTISSON MENILEK. — *L'Origine du pain, ou l'homme dans la communauté du bien*, promenade solitaire. A Bergerac, de l'imprimerie de J.-B. Puynesge, 1786, in-12.

COUTRAS (bataille de), 20 octobre 1587. — *Mémoires envoyés en divers lieux de ce qui se passa le 24 août que le Roi de Navarre sortit de La Rochelle, jusqu'à la bataille de Coutras du 20 octobre 1587*.

Ces mémoires de Philippe Du Plessis-Mornay sont imprimés au t. I du recueil de ses *Mémoires*, p. 754.

— *Relation manuscrite de la bataille de Coutras*. In-fo.

Cette relation était conservée dans la bibliothèque de M. le président de Mesmes, p. 292 au XXe vol.

— *De la bataille de Coutras, gagnée par le roi de Navarre et de la défaite du duc de Joyeuse*.

Cette relation est imprimée au t. II des *Mémoires de la Ligue*, p. 262.

— *Relation de la journée de Coutras.*

Elle est imprimée avec la Vie du cardinal de Joyeuse, à la fin, p. 245. Paris, 1679, in-4.

— *Lettre d'un gentilhomme catholique françois à MM. de Sorbonne de Paris, sur la nouvelle victoire obtenue par le roi de Navarre contre M. de Joyeuse à Coutras le mardy 20 octobre 1587.* Sans nom de ville ni d'imprimeur, in-8 de 62 p.

— *Bataille de Coutras, le 20 octobre 1587*, estampe allemande, in-4 en largeur.

N. B. Quoique Coutras ne soit pas en Périgord, j'indique ces relations à cause des noms qui s'y trouvent.

CREMOUX (Félix, vicomte de), né en 1791, mort en 1871. — Plusieurs *Mémoires sur la Géologie* dans les *Annales d'agriculture de la Dordogne*.

— Il a publié sous le pseudonyme de F.-C. de Bouloy : *Le Nouveau Théâtre de Société*. Paris, Tresse, 1840, 2 vol. gr. in-8.

CROS (A.), ancien professeur d'éloquence au collége de Périgueux. — *Grammaire générale*, présentée à l'Institut. 2e édition. Paris, l'auteur, 1800, in-12.

— *Idylles de Théocrite*, traduites en vers.

**Culture (la) de la Pomme de terre*. Ribérac, Delecroix.

DABERT (Nicolas-Joseph), évêque de Périgueux, né à Henrichemont (Cher), le 17 septembre 1811, nommé le 16 mai 1863. — *Vie de Saint-François de Paule et de l'ordre des Minimes.* In-8. Portrait du saint.

— *Histoire de Saint Thomas de Villeneuve.* 3e édition. Paris, V. Palmé, in-8. — 4e édition. Périgueux, Cassard, 1877, in-8.

— *Le Solitaire des rochers.* Paris, Périsse.

— *Vie de M. Vernet, supérieur du séminaire de Viviers.* Paris, Périsse.

— *La bonne mère Saint-Jean, ou vie de Me Julie Malleval, religieuse ursuline.* Dijon, 1855, in-18.

— *Vie de la révérende mère Arsène, première supérieure générale des Sœurs de la Présentation de Marie.* Avignon, 1863, in-18.

— *Le Mois du Saint Enfant Jésus.* Lyon, Pélagaud, 1864, in-18.

— *Le Mois de Saint Joseph.* Lyon, Pélagaud, 1862, in-18.

— *Allocutions diverses.*

DADINE DE HAUTESERRE (Antoine), né à Cahors en 1602, mort à Toulouse en 1682. — *Rerum Aquitanicarum, libri quinque, etc.* Tolosæ, apud Arnaldum Colomierum, 1658, in-4.

Parle du Périgord.

DAMBIER (abbé), curé de Belvez. — *Notice sur le pèlerinage de Notre-Dame de Capelou.* Périgueux, Boucharie, 1868, broc. in-12.

DANIEL (Arnauld), troubadour, né à Ribérac (XIIe siècle), a laissé 17 pièces de poésies. Pétrarque l'appelait le *Grand maître d'amour.*

Voir le *Discours sur les célébrités du Périgord,* par M. Sauveroche.

DANIEL (Père Gabriel), jésuite, né en 1649. — *Histoire de France.* La meilleure édition est celle de Paris, 1756, 17 vol. in-4.

Parle du Périgord.

DAUBIGE (Charles). — *Les Vestes rouges au Tamaulitapas* (Mexique). Paris, Amyot, 1876, in-18 jésus.

DAUMESNIL (Yrieix), général, né à Périgueux en 1776, mort en 1832. — *Vie du général Daumesnil.* Paris, Dupont, broc. in-12.

— *Le général Daumesnil, sa vie militaire*, tirée de l'ouvrage : *Les grands hommes de la France*, par M. Gœpp. Périgueux, Bounet, 1875, br. in-8. Portrait.

DAURIAC (Philippe), littérateur, né à Périgueux le 29 septembre 1833. — *Étude sur la gravure en médailles au XIXe siècle.* 1863.

Parue dans la *Revue contemporaine.*

— *La Télégraphie, son histoire et ses applications en France et à l'étranger.* Paris, 1864, in-18.

DAVILA (Henri-Catherine). — *Histoire des Guerres civiles en France sous François II, Charles IX, Henri III, Henri IV, de 1559 à 1598*, publiée en italien, imprimée au Louvre en 1641, 2 vol. in-f°. — Venise, 1733, 2 vol. in-f°. — Londres, 1755, 2 vol. in-4.

— Traduite en français par Beaudouin. Paris, 1644, 2 vol. in-f°.

— Traduite en français par l'abbé Mallet. Amsterdam (Paris), 1758, 3 vol. in-4.

— Traduction latine. Rome, 1745, 3 vol. in-4.

Indiqué à cause des faits qui se sont passés en Périgord.

DEBETZ DE LACROUZILLE (Armand), docteur-médecin, né à Périgueux. — *De la péricardite hémorrhagique.* Paris, Parent, 1865, in-4.

DEBIDOUR (A.). — *De la condition des classes ouvrières en France à la fin du règne de Louis XV.* Périgueux, Rastouil, 1870, in-8.

— *Richelieu et sa politique.* Nontron, Deschamps, 1875, in-8.

— *La Fronde angevine, tableau de la vie municipale au XVIIe siècle.* Paris, Thorin, 1877, in-8.

DEBORD-LAUDONIE (Numa), né à Laudonie commune de Plazac le 16 mai 1821. — *Une royale hécatombe.* Paris, Lachaud, 1873, in-18.

DECOUS DE LAPEYRIÈRE, ancien procureur-général à la cour de Limoges, né à Périgueux le 23 avril 1822. — *Discours sur Cujas*, prononcé à Paris le 2 décembre 1848. Paris, Dupont, 1848, in-8.

— *Discours prononcé à Saint-Jean d'Angély, lors de l'inauguration de la statue de Regnault de Saint-Jean d'Angély en 1862.*

— *Discours de rentrée de la Cour de Poitiers.* Poitiers, Dupré, 1863, br. in-8.

— *Discours de rentrée de la Cour de Toulouse.* Toulouse, E. Ratier, 1864, br. in-8.

— *Discours de rentrée de la Cour d'Orléans.* Orléans, E. Puget, 1867, br. in-8.

— *Discours d'installation comme procureur-général près la Cour de Limoges.* Limoges, Ducourtieux, 1870, br. in-8,

— *L'Etat de la question sociale en 1871.* Paris, Lachaud, 1871, br. in-8.

— *Le Suffrage universel et les abstentions.* Paris, Lachaud, 1871, br. in-8.

— *De l'institution du jour de l'an.* Périgueux, Dupont, 1871, br. in-8.

— *Les Neutres et les insociables.* Paris, Lachaud, 1871, br. in-8.

— *De l'initiative des femmes de Strasbourg*. Périgueux, Dupont, 1872, br. in-8.

— *Conférence d'actualité*. Périgueux, Dupont, 1873, br. in-8.

— *De la législation et de la jurisprudence en ce qui concerne le duel*. Périgueux, Dupont, 1877, br. in-8.

DELANOUE (J.), né à Nontron. — *Voyage dans les Pyrénées en juillet 1829, et notice géologique sur ces montagnes*. Périgueux, Lavertujon, 1829, br. in-8.

— *De l'ancienneté de l'espèce humaine*; lettre au Ministre de l'Instruction publique. Valenciennes, 1862, in-8.

— *Nombreux Mémoires sur la Géologie*.

— *Mémoire sur le Manganèse*, et nombreux articles dans les *Annales de la Société d'agriculture de la Dordogne*.

DELAY. — *Tables de comparaisons entre les anciennes mesures de la Dordogne et celles du nouveau système métrique*. Périgueux, Dupont, 1809, in-4.

— *Réponse aux observations sur le cadastre et l'évaluation des revenus dans le département de la Dordogne*. Périgueux, Dupont, décembre 1820, brochure.

DELCER (Maurice). — *Rimes écolières*, poésies. 1867.

DELCAMPE ou LACAMPIE, gentilhomme périgourdin. — *La Juliade*. Paris, 1649 (*Catalogue des archives départementales* 755. G.)

— *L'Art de monter à cheval qui montre la belle et facille méthode de se rendre bon homme de cheval*. Paris, Jacques Le Pas au palais, à l'entrée de la gallerie des prisonniers, 1664, in-8. Planches.

DELFAU (Guillaume), ancien secrétaire-général à la préfecture de la Dordogne, né à Grives (Sarladais) en 1766, mort en 1815. — *Annuaire du département de la Dordogne, an XI*. Périgueux, Dupont, an XI, in-8.

— *Annuaire statistique du département de la Dordogne pour l'an XII de la république*. Périgueux, Dupont, an XII, in-8.

— *Petit voyage aux Pyrénées*.

— *Notices sur le château de Jumilhac et sur divers châteaux du Périgord*.

DELOCHE (Maximin). — *De la forêt royale de Ligurium*, mentionnée dans le Capitulaire de Kiersi en 877. Paris, Lahure, 1859, in-8. Carte de la forêt.

Extrait du tome XXIV des *Mémoires de la Société des Antiquaires de France*.

DELPIT (Jules). — *Collection générale des Documents français qui se trouvent en Angleterre*. Paris, Dumoulin, 1857, in-4.

— *Poésies inédites de J.-F. de Chancel-Lagrange*. Sauveterre, J. Chollet, 1878, in-8. Portrait à l'eau-forte.

DELPIT (Martial), ancien député à l'assemblée nationale de 1871-1875. — *Rapport sur les archives de l'hôtel-de-ville de Périgueux*, adressé à M. le Ministre de l'Instruction publique. Paris, Dupont, 1839, in-8.

— *Notice sur un manuscrit de la bibliothèque de Wolfenbüttel, intitulé* Recognitiones Feodorum, *etc.*, sur l'état des villes, des personnes, etc., en Guyenne et en Gascogne au XIIIe siècle. Paris, imprimerie royale, 1841, in-4.

En collaboration avec M. Jules Delpit.

— *Rapport fait à l'Assemblée Nationale, au nom de la commission d'enquête*, *sur l'insurrection du 18 mars 1871*. Paris, imprimerie du journal officiel, A. Wittersheim, 1872, gr. in-4 de 61 pages. — Paris, Techener, 1872, gr. in-8, papier de Hollande (rare).

— *Mémoire sur les sources manuscrites de l'histoire municipale de la ville d'Amiens*.

— *Lettres à M. A. Thierry sur les bibliothèques publiques de la ville de Londres*.

DELPY, instituteur à Parcoul (Dordogne). — *Essais poétiques*. Périgueux, Dupont, 1870, in-18.

— *Nouvelles Poésies*. Périgueux, Dupont, 1872, in-8.

DESCOURADES. — *Enquête agricole et usages locaux du canton de Mareuil-sur-Belle*. Périgueux, Bounet, 1864, in-8.

DES MOULINS (Charles), né à Southampton le 13 mars 1778, mort à Bordeaux le 23 décembre 1875, membre de l'Académie des sciences, belles-lettres et arts de de Bordeaux, président de la société linnéenne de Bordeaux, etc. — *Documents relatifs à la faculté germinative conservée par quelques grains antiques* (tombeaux gallo-romains de La Monzie-Saint-Martin).

Actes de la Société Linnéenne de Bordeaux, t. VII. 1835.

— *Esnandes et Beaumont du Périgord, etc.* Paris, Derache, 1857, br. in-8. Gravure.

— *Comparaison des départements de la Gironde et de la Dordogne, etc.* Bordeaux, Gounouilhou, 1859, br. in-8.

Pour servir d'introduction au *Catalogue des Phanérogames de la Dordogne*, 1840, 1846, 1848-1858, dans les *Actes de la Société Linnéenne de Bordeaux*.

— *L'Ecole du respect, et notice sur l'église et les seigneurs de Couze*. Caen, Hardel, 1859, br. in-8. Gravures.

— *La Patine des silex travaillée de main d'homme et quelques recherches sur les questions diluviale et alluviale*. Bordeaux, Coderc, 1864, in-8.

DESSALLES (Léon), ancien archiviste du département de la Dordogne, né au Bugue le 18 mai 1803, mort en novembre 1878. Collaborateur au *Lexique roman* de M. Raynouard et son continuateur depuis 1836 jusqu'en 1842 où le *Lexique* fut terminé.

De 1836 à 1854, il a publié :

1° Dans le *Journal de la Langue française : Etudes sur la langue française*. — *Grammaire de la langue romane avant l'an 1000*, par M. Raynouard. — *Les Patois du Midi de la France, considérés sous le double rapport de l'écriture et de la contexture des mots*. — *Lexique roman ou dictionnaire de la langue des troubadours*, par M. Raynouard. — *Le livre du très chevaleureux comte d'Artois*, publié par M. J. Barrois. — *Des formes de transition que les mots latins revêtirent en se décomposant avant de passer dans la langue rustique romane*. — *La langue des troubadours et celle des trouvères comparées dans la contexture et la valeur prosodique des mots*. — *Rapport sur le mot* Eduquer. — *Recherches sur les formes grammaticales de la langue française et de ses dialectes au XIII*[e] *siècle*, par Gust. Fallot.

2° Dans le *Conservateur : Recherches sur les Damoisels*. — *Les Redevances bizarres*. — *Recherches sur le mot* Dame. — *De l'hommage et du serment de fidélité*. — *Quelques observations sur le patois et la manière de l'écrire*.

3° Dans l'*Echo de l'Instruction publique : De la nécessité de rendre populaires nos anciens idiômes vulgaires, et difficultés que présentent ces idiômes. — Des moyens à employer pour reconstituer la grammaire de la langue française. — Histoire de la littérature française au moyen-âge, comparée aux littératures étrangères*, par J.-J. Ampère, professeur de littérature française au Collége de France. *Introduction. — Histoire de la formation de la langue française. — Philologie française.*

4° Dans l'*Echo de Vésone : De l'extinction de la mendicité. — Essai sur les légendes pieuses du Moyen-âge*, par M. Maury. — *De la Commune.*

5° Dans les *Annales agricoles de la Dordogne : De l'agriculture. — Les Pastoureaux de 1320.*

6° Dans l'*Encyclopédie des connaissances utiles :* l'art. *Lacondamine.*

7° Dans le *Puy-Artésien : Essai sur le denier.*

8° Dans la *Revue française : Le Roman du Renard, supplément, variantes et corrections*, publié d'après le manuscrit de la bibliothèque du Roi à la Bibliothèque de l'Arsenal, par M. Chabaille.

9° Dans le *Mémorial Bordelais : Histoire politique et religieuse du Midi de la France*, par Mary-Lafon.

10° Dans le journal l'*Institut : Las Flos del Gay Saber*, par M. Noulet.

11° *Les Mystères de Saint Crespin et Saint Crespinien*, publiés pour la première fois d'après un manuscrit conservé aux archives du royaume. Paris, imprimerie royale, 1836, in-8.

Tiré à 200 exemplaires. En collaboration avec M. Chabaille.

12° *Les Archives du Royaume; l'hôtel Soubise;* dans *Paris pittoresque.* Paris, 1837, 2 vol. gr. in-8.

13° *Le Trésor des Chartes, sa création, ses gardes et leurs travaux, depuis l'origine jusqu'en 1582.* Paris, imprimerie royale, 1844, in-4.

14° *La Rançon du roi Jean.* Paris, 1850, gr. in-12.

15° *Influence de la littérature française sur la littérature romane.* 1852.

Médaille d'or au concours de l'Académie de Toulouse.

16° *Origine et formation du Roman* (langue du midi) *et de l'ancien français* (langue du nord).

Mémoire qui a obtenu le prix de 1500 fr. au concours Volney à l'Institut de France en 1854.

De 1840 à 1855, M. Dessalles a publié sur le Périgord :

1° Dans les *Annales de la Dordogne : La Confiscation du duché de Guyenne. — Episode de l'histoire de Périgueux. — Notice sur Seguin de Badefol. — Les Archiprêtrés du Périgord. — Le Périgord et ses limites.*

2° Dans le *Calendrier de la Dordogne : Le Procès de Robert d'Artois et ses suites. — L'hôpital de Montpaon. — Notice historique sur le cardinal de Périgord. — Notice sur Pierre Itier, évêque de Sarlat, et sur Christophe de Rouffiignac, président du parlement de Bordeaux. — Notice sur Jean de Chamberlhac. — Notice sur Arnaud de Cervole dit l'Archiprêtre.*

3° Dans l'*Echo de Vésone : Etude sur Bertrand de Born. — Essai sur les Troubadours périgourdins. — Correspondance diplomatique de Bertrand de Salignac de Lamothe-Fénelon. — Alice de Montfort et ses sœurs. — Fables de Lachambeaudie. — La Vapeur*, du même.

— *De l'administration en Périgord, ou histoire des querelles de cette ville avec Archambaud V et Archambaud VI.*

En 1855 et 1856 :

1° Dans les *Annales de la Dordogne : Les Vins de Bergerac. — L'arrondissement de Sarlat*, détails archéologiques, statistiques, géologiques et agricoles. — *L'arrondissement de Périgueux*, détails, etc. — *L'arrondissement de Bergerac*, détails, etc.

2° Dans l'*Echo de Vésone : L'industrie commerciale et agricole en Périgord aux XII*e *et XIII*e *siècles. — Quelques rapprochements historiques à propos de l'architecture byzantine en France et particulièrement en Périgord. — De la culture du tabac en Périgord. — Considérations sur les mœurs, les habitudes, les tendances en Périgord. — Du Guesclin à Périgueux. — Lettre au rédacteur de l'Echo de Vésone, à propos du travail de M. de Gourgues sur les noms de lieux. — Arnaud Daniel. — Les Rôles gascons. — Notice sur Paunat. — L'Etablissement du christianisme en Périgord. — Nouveaux détails sur le même sujet. — Notice sur Ribérac. — Notice sur le général de Maran. — Notice sur Ribérac. — La foire de la Saint-Louis au Bugue. — L'Hôpital de Villefranche de Belvez. — La Guyenne monumentale. — La Dordogne et ses péages. — La Société au XI*e *siècle. — Epoque où l'on cessa de commencer l'année à Pâques. — La Trève ou paix de Dieu. — Le Livre des Bouillons des archives de la ville de Bordeaux.*

3° Dans le *Journal de Bergerac : Les armes du Bugue, et Lettre rectificative à ce sujet.*

4° *Histoire du Bugue*. Périgueux, 1857, in-8.

5° *Notice sur Geoffroy, prieur du Vigeois (Calendrier de la Dordogne, 1856).*

6° *Rapport au préfet de la Dordogne sur les archives des comtes de Périgord*. Paris, 1842, br. in-8.

7° *Influence de la guerre des Albigeois sur la langue et la littérature romane en général et particulièrement dans le Midi de la France* : mémoire couronné par l'Académie de Bordeaux. 1858, br. in-8.

8° Dans le *Glaneur de Sarlat : La Cour plénière. — Simon de Montfort et l'épisode de la guerre des Albigeois en Périgord, sur les bords de la Dordogne.*

10° En préparation : *Histoire du Périgord*, qui doit avoir 4 volumes.

DETERMES (Jules), littérateur. — *Albert ou onze mois sur la Dordogne (1621-1622)*. Paris, Hivert, 1835, in-32.

Dans la deuxième note d'*Albert*, M. Determes cite : *La Mer des chroniques*, ouvrage fort rare, imprimé en 1518 (La *Mer des chroniques* est une des premières éditions des Chroniques de Saint-Denis). Voir aussi les autres notes de cet ouvrage où sont nommés plusieurs auteurs qui ont parlé du Périgord.

— *Le Château de Laforce*, avec une gravure du XVIIIe siècle. Bergerac, Faisandier, 1850, br. in-4.

DEZEIMERIS (Jean-Eugène), docteur-médecin, bibliothécaire de la faculté de médecine de Paris, membre du conseil général et député de la Dordogne, né en 1802 à Villefranche-de-Longchapt. — *Dictionnaire de la médecine ancienne et moderne, etc.* Paris, Béchet jeune, 1828-1836, 4 vol. in-8.

— Mémoire qui a partagé le prix du concours ouvert devant l'Académie royale de médecine sur la question suivante : *Donner un aperçu rapide des découvertes en anatomie pathologique faites depuis trente ans, etc.* Paris, Béchet jeune, 1830, in-8.

— *Lettres sur l'histoire de la médecine, etc., suivies de fragments historiques.* Paris, Loquin, 1838, in-8.

— *Résumé de la médecine hippocratique, ou aphorismes d'Hippocrate.* Paris, Fortin, 1844, in-32.

— Plusieurs *Mémoires* sur la médecine et l'apiculture. — A rédigé en 1845 le journal *le Commerce.*

**Dictionnaire historique ou Biographie universelle* de F. X. de Feller, continuée sous la direction de M. R A. Henrion. 8e édition. Paris, 1832, 20 vol. in-8.

**Dictionnaire de la Conversation*, avec supplément. Paris, Belin-Mandar et Garnier, 1832-1851, 68 vol. in-8.

Souvent inexact.

DION (abbé Pierre), chanoine honoraire, docteur en théologie, etc., né à Bergerac le 12 décembre 1827, mort le 30 juin 1867. — *Cours élémentaire de liturgie, etc.* Paris, Vivés, 1856, in-12.

— *Cours élémentaire de Prédication, etc.* Paris, Vivés, 1856, in-12.

— *De romani pontificis infaillibilitate, suivi d'une dissertation française sur l'apostolat de Saint-Front.* Périgueux, Lavertujon, 1858, in-8.

— *Monseigneur J. B. A. Georges, évêque de Périgueux et de Sarlat, sa vie, ses œuvres, sa mort, ses obsèques.* Périgueux, Lavertujon, 1860, in-8.

— *Compendium tractatus de ecclesia.* Paris et Tournay, Casterman, 1862, in-12.

— *Compendium de sacratissima divini verbi incarnatione.* Paris, Vivés, 1864, in-12.

— *Compendium tractatus de gratiâ.* Lyon, Briday, 1866, in-12.

— *Coup d'œil sur l'église de St-Front.* Arras, Rousseau-Leroy, 1866, in-8.

— Traduction d'une partie des *Œuvres de Saint Bernard*, édition Vivés.

— Annotations à la *Théologie morale* de Lacroix. Paris, Vivés, 1866-1867.

— *Notice sur M. l'abbé Dion, chanoine honoraire de Saint-Front, et directeur au grand séminaire de Périgueux.* Amiens, Ve Rousseau-Leroy, 1875, br. in-8.

Extrait de la *Revue des sciences ecclésiastiques.*

**Discours véritable de ce qui est advenu à trois blasphémateurs ordinaires du nom de Dieu, jouant aux cartes dans un cabaret, distant de quatre lieues de Perrigeux, sur le grand chemin de Bordeaux.* A Engoulesme, par Ollivier de Miniere, 1600, in-8 de 6 pages.

Une réimpression à petit nombre a été faite, de nos jours, par les soins de M. Senemaud.

**Dissertation sur deux rocs branlants du Nontronnais.* Bordeaux, 1849, br. in-8.

DORDOGNE. — *Opinion de Meynard, député de la Dordogne, concernant le procès de Louis XVI.* Paris, 1792, br. in-8.

— *Réflexions sur le jugement de Louis Capet*, par J. Pinet aîné, député de la Dordogne. Paris, 1792, br. in-8.

DU CLUZEL (chevalier), enseigne des vaisseaux du roi, mort à Quiberon en 1795. — Manuscrit contenant : *La Marine suivant son ancien pied et sur le nouveau réglement de 1772*, pet. in-12 (Bibliothèque de M. de Roumejoux).

DUFOUR (Georges), attaché au ministère des finances, né à Branthôme. — *Des Beaux-arts dans la politique.* Paris, Lachaud, 1875.

DUFRAISSE (Numa). — *Projet d'institution d'observation météorologique dans la Dordogne en 1847.* Périgueux, Dupont, 1847, br. in-8.

DUFRAISSE (Marc). — *Histoire du Droit de guerre et de paix de 1789 à 1815.* Paris, Lechevalier, 1867, in-8.

DUFRAISSE (H. P.). — *Le Théisme*, poème en trois décades. Nontron, Deschamps, 1872, in-8.

DUJARRIC-DESCOMBES (Léonard-Albert), licencié en droit, officier d'académie, membre de plusieurs sociétés savantes, né à Périgueux le 17 février 1848. — *Des contrats aléatoires*, thèse pour la licence. Paris, Moquet, 1872, in-8.

— *Réponse au livre de M. O. Douen sur l'intolérance de Fénelon.* Périgueux, Dupont, 1872, in-8.

— *Essai historique sur Monseigneur Daniel de Francheville, surnommé le Père des pauvres, évêque de Périgueux (1693-1702).* Périgueux, Cassard, 1873, in-8. — Nouvelle édition, revue et augmentée. Périgueux, Dupont, 1874, in-8.

— *Quelques mots sur l'origine et la naissance de Cyrano de Bergerac.* Périgueux, Dupont, 1874, in-8.

— *Un dernier mot sur Cyrano de Bergerac.* Périgueux, Dupont, 1875, in-8.

— *Aperçu philosophique de la doctrine de Maine de Biran, à l'occasion de la nouvelle édition de ses Pensées.* Périgueux, Dupont, 1874, in-8.

— *Notes biographiques sur Etienne Cœuilhe, magistrat et moraliste périgourdin (1697-1746).* Périgueux, Dupont, 1875, in-8.

— *Remarques d'après des notes inédites au sujet de l'Etude historique sur Mgr Guillaume Le Boux, évêque de Périgueux et prédicateur ordinaire de Louis XIV*, par l'abbé Riboulet. Périgueux, Dupont, 1876, in-8.

— *Journal de Mgr de Beauveau, évêque de Sarlat (1688-1701).* Périgueux, Dupont, 1876, in-8.

— *Les Philippiques de Lagrange-Chancel*, publiées d'après le manuscrit et les annotations de l'auteur, avec une préface. Périgueux, Dupont, 1878, in-18.

— *Mémoire sur les archives municipales de Périgueux.* Périgueux, Dupont, 1880, in-8.

— En préparation : *Etude sur Lagrange-Chancel, suivie d'une étude sur cet auteur et les diverses éditions de ses œuvres.*

DU LAU (Jean-Marie), archevêque d'Arles, né en 1738 au château de La Coste en Périgord, mort aux Carmes le 2 septembre 1792. — *Recueil de Mandements et Lettres pastorales.* Arles, 1795, in-4.

— *Adresse au roi sur le décret du 26 mai.* Paris, 1792, in-8.

— *Œuvres complètes*, recueillies et publiées par M. J. Constant, curé de Saint-Trophime d'Arles, etc. Arles, Mesnier, 1817, 2 vol. in-8.

DU LAU D'ALLEMANS (comte). — *Le Perspicace*, poésie. Périgueux, Bounet, 1860, br. in-8.

DUMONTEIL (Fulbert). — *Jardin d'acclimatation. Portraits zoologiques*, dessins par Crafty. Paris, 1874, gr. in-8.

DUMOULIN (P.-G.). — *Méthode pratique pour enseigner l'orthographe en quelques mois*, etc. Ribérac, Dufraisse, 1842, in-12.

DUMOULIN (abbé), archiprêtre de Ribérac. — *Méthode pour raisonner sa croyance*. Périgueux, Faure et Rastouil, 1844, in-18.

DUPLEIX (Scipion). 1559—1661. — *Histoire générale de France depuis Pharamond jusqu'à présent*. Paris, 1621-1643, 5 vol. in-f°.

DUPONT (Auguste), représentant du peuple en 1848, fondateur du journal l'*Echo de Vesone*, né à Périgueux le 5 octobre 1798, mort à Périgueux le 20 août 1850. — *Coup d'œil sur l'exposition des produits de l'industrie française en 1844*. Périgueux, Dupont, 1844, br. in-8 avec grav.

— *Procès Delcouderc* (sténographié). Périgueux, Dupont, 1844, br. in-8.

DUPONT (Paul), député et sénateur de la Dordogne, né en 1796, mort en 1879. — *Dictionnaire des formules*. Paris, Dupont, 1841, in-8. — Nouvelle édition. Paris, Dupont, 1879, 3 vol. in-8.

— *Notice historique sur l'imprimerie*. Paris, Dupont, 1849, broc. in-4.

— *Dictionnaire général d'administration*. Paris, Dupont, 1849, in-4.

— *Histoire de l'Imprimerie*. Paris, 1854, 2 vol. in-8.

— *Des dangers que présentent les instructions criminelles*. Paris, Dupont, 1855, br. in-4.

— *Insuffisance des traitements en général*. Paris, Dupont, 1855, br. in-4.

— *Une Imprimerie en 1867*. Paris, Dupont, 1867, in-4.

— *Exposition universelle de 1867 (jury spécial). Notes et documents relatifs à l'organisation ouvrière des établissements de M. Paul Dupont*. Paris, Dupont, 1867, br. in-folio.

— *Dictionnaire municipal*, ou nouveau manuel des maires. 5e édition. Paris, Dupont, s. d. in-8.

— *Discours politiques*.

DUPONT (Paul) fils. — *Les Petites Sœurs des Pauvres*. Périgueux, Dupont, 1868, in-8.

DUPUY (Jean), récollet du couvent de Sarlat, né à Périgueux vers 1589, mort vers la fin du XVIIe siècle. — *L'Estat de l'Eglise du Périgord, depuis le christianisme*. Perigueux, Pierre et Jean Dalvy, imprimeurs et marchands-libraires, 1629, 2 tom. en 1 vol. in-4. — Périgueux, 1716, 2 vol. in-12. — Réimpression *fac-simile* par le procédé Dupont, avec des notes de M. l'abbé Audierne. Périgueux, Dupont, 1841, 2 vol. in-4.

DURANTON, ministre de Louis XVI, né à Mussidan en 1736, guillotiné à Bordeaux le 20 décembre 1793. — *Lettre-circulaire sur le serment à prêter pour les ecclésiastiques*. Bordeaux, 1792.

DUSOLIER (F. A. Alcide), né à Nontron le 22 septembre 1836. — *Démoralisation et Décentralisation*. Paris, lib. nouvelle, 1869, brochure.

— *Ceci n'est pas un livre*. Paris, Poulet-Malassis, 1860, in-18.

— *Jules Barbey d'Aurevilly*. Paris, Dentu, 1862, in-12. Portrait à l'eau-forte par Alph. Legros.

— *Nos Gens de Lettres, leur caractère et leurs œuvres*. Paris, Faure, 1864, in-18.

Une nouvelle édition est en préparation chez Decaux, à Paris.

— *Les Spéculations et les mutilations du Luxembourg.* Paris, librairie du Luxembourg, 1866, broch.

— *Propos littéraires et pittoresques de Jean de la Martrille*, avec un frontispice gravé par Em. Bénassit. Paris, Faure, 1867, in-12.

— *Les Quatre Poésies de Jean de la Martrille* (editio ad familiares). Nontron, Deschamps, 1868, broc.

— *Politique pour tous.* Paris, A. Le Chevalier, 1869, brochure.

— *Le Plébiscite du 8 mai.* Périgueux, 1870, brochure.

— *Ce que j'ai vu du 7 août 1870 au 1er septembre 1871.* Paris, E. Leroux, 1874, in-18.

— Collaboration à l'*Artiste*, au *Figaro*, au *Monde Illustré*, à la *Revue Européenne*, à la *Revue fantaisiste*, à la *Revue nouvelle*, au *Paris-Magazine*, à la *Vie Parisienne*, au *Nain-Jaune*, au *Temps*, etc., etc.

DUVERGEY (Henri). — *Conférences sur les rapports entre la littérature et les mœurs.* Ribérac, Condon, 1874, in-8.

DUVIGNEAU (P. Hyac.), avocat au Parlement de Bordeaux, mort sur l'échafaud révolutionnaire le 26 juillet 1794, à l'âge de 40 ans. — *Eloge historique d'Armand de Gontaud, baron de Biron, maréchal de France sous Henri IV, suivi de notes sur la noblesse de Guienne et de Gascogne*, etc. Genève, 1786, 2 vol. in-8.

Edit sur l'administration de la Justice. Périgueux, Gille Degoy, 1601, in-4.

Très-rare.

**Encyclopédie catholique*, par l'abbé Glaire et le vicomte Walsh. Paris, Parent-Desbarres, 1850, 18 vol. in-4.

**Enquête agricole et industrielle* exécutée dans le département de la Dordogne en vertu du décret du gouvernement provisoire du 25 mars 1848. 1° Quatre grands tableaux double in-f°, comprenant l'enquête des cantons d'Excideuil et de Montignac, signée par les agriculteurs et les industriels chargés de ce travail; 2° Cinq lettres de juges de paix du département relatives à ce travail.

**Entrée (l') royale et magnifique du Roy en sa ville de Bergerac : ensemble l'Humble remonstrance des deputez de l'Assemblée et bourgeois de la Rochelle à Sa Majesté.* Paris, 1621.

**Enquête agricole* (2e série). *Enquêtes départementales* (16 circonscriptions). *Dordogne*, *Lot-et-Garonne*, *Gironde*. Paris, 1867, fort vol. in-f°.

ESCODECA DE BOISSE (J. A. d'). — *Louis de France* (Louis XVII), poëme épisodique suivi de documents historiques et justificatifs. Paris, imprimerie impériale, 1861, in-8.

ESPINEY. — *La Grande Mareschallerie du sieur de l'Espiney, gentilhomme périgourdin.* Paris, P. Targa, 1621, in-8.

ESTOILE (Pierre de l'), mort en 1611. — *Journal de Henri III*, ou mémoires pour servir à l'histoire de France (publié par Lenglet-Dufresnoy). Paris, 1744, 5 vol. pet. in-8. Figures.

Parle du Périgord.

— *Journal du règne de Henri IV*, avec des remarques historiques et politiques du chevalier C. B. A. (le P. Bouges). La Haye (Paris), 1741, 4 vol. pet. in-8. Figures.

Parle du Périgoad.

**Etat général des postes de France*, dressé par ordre de Mgr A. J. F. duc de Polignac, etc., pour l'an 1787. Paris, Philipe Denis Pierres, in-18.

**Etat général des départements, districts, cantons et communes de la République française.* An II. In-f°.

Très-rare. Avec les indications des noms modifié révolutionnairement.

FAUGÈRE (Armand-Prosper) littérateur, né à Bergerac, le 10 février 1810. — *Vie et bienfaits du duc de La Rochefoucauld-Liancourt.* Paris, 1835, br. in-8.

— *Du Courage civil, ou L'Hôpital chez Montaigne.* Paris, 1835, in-8.

— *Eloge de Gerson.* Paris, 1836, in-8.

— *Eloge de Blaise Pascal.* Paris, 1842, in-8.

Ces trois ouvrages ont remporté le prix d'éloquence au concours de l'Académie française.

— *Un mot de vérité sur la crise ministérielle, et de sa solution possible.* Paris, 1839, in-8.

— *Pensées, Fragments et Lettres de Blaise Pascal.* Paris, 1844, 2 vol. in-8.

— *Lettres, Opuscules et Mémoires de Madame Périer et de Jacqueline, sœurs, et de Marguerite Périer, nièce de Pascal.* Paris, 1845, in-8.

— *Abrégé de la Vie de Jésus-Christ, par Pascal, avec le Testament du même.* Paris, 1846, in-12.

— *Lettres de la mère Arnauld.* Paris, 1858, 2 vol. in-12.

— *Le Zollverein ou l'avenir des douanes de la Prusse et des Etats allemands.* Paris, 1859, in-8.

— *Journal du voyage à Paris de deux jeunes seigneurs hollandais en 1657-1659.* Paris, 1862, in-8.

— *Mémoires de Madame Roland.* Paris, 1864, 2 vol. in-8.

— *La Vérité vraie sur la publication des Mémoires de Madame Roland.* Paris, 1864, in-8.

— *Fragments de littérature morale et politique.* Paris, 1865, 2 vol. in-18.

— *Défense de Blaise Pascal, Newton, Galilée, etc., contre les faux documents accueillis par M. Chasles.* Paris, 1868, in-4.

— Il fonda en 1836 le *Moniteur religieux*, et a collaboré au *Temps*, à la *Revue du XIXe siècle*, au *Correspondant*, etc.

FAURE-DUJARRIC, de Montignac, docteur-médecin. — *Mémoire sur quelques cas de chirurgie pratique*. Périgueux, Dupont, 1830, in-4. Planches.

FAURE-LAPOUYADE (J.). — *Notice sur quelques monuments anciens du midi de la France*. Bordeaux, 1854, br. in-8.

— *Souvenirs historiques. Vesone, Périgueux*. Br. in-8.

FAYARD (Hervé), né à Périgueux en 1507. — *Galien sur la faculte des simples medicamans avec l'addiction de Fusce en son herbier, du Siluius, et de plusieurs autres, Declayree l'analogie, et potissimes siunifié si plusieurs en a le simple, etc. Le tout mis en langage françoys par studieux home maystre Ervé Fayard, natif de Perigueux*. A Limoges, cheux Guilhaume de Noalhe, 1548, pet. in-8. Portrait de l'auteur.

FÉLETZ (Charles-Marie Dorimond abbé de) né à Gamond (Corréze), en 1767, d'une famille originaire du Périgord et y résidant, mort le 11 février 1850. Membre de l'Académie française, collaborateur au *Mercure de France* et au *Journal des Débats*. — *Mélanges de philosophie, d'histoire et de littérature*. Paris, 1828, 6 vol. in-8.

— *Jugements historiques et littéraires*. Paris, 1840, in-8.

FÉNELON (Bertrand de Salignac, marquis de La Mothe), diplomate, mort en 1599. — *Relation du siége de Metz en 1552*. Paris, Estienne, 1552, in-4.

— *Lettres du Roy escrites aux Princes et Estats du Saint-Empire*. Paris, Estienne, 1553, in-4.

— *Le Voyage du Roy* (Henri II), *au Pays Bas de l'Empereur en M.D.LIIII, briefvement récité par lettres missives que B. de Salignac escripvoit du camp du Roy à Monseigneur le Cardinal de Ferrare*. Paris, Ch. Estienne, 1554, in-4.

Très-rare.

— *Mémoires touchant l'Angleterre*, imprimés dans les *Mémoires* de Castelnau. Paris, 1659, in-f°.

— *Correspondance diplomatique de Bertrand de Salignac de La Mothe Fénelon, ambassadeur de France en Angleterre de 1568 à 1575*, publiée pour la première fois sur les manuscrits conservés aux Archives du royaume, par A. Teulet. Paris, 1870, 7 vol. in-8. 1840?

FÉNELON (François de Salignac de La Mothe), archevêque de Cambrai, né au château de Fénelon le 6 août 1651, mort en 1715. — *Œuvres complètes*. Paris, Didot, 1787-1792, 9 vol. in-4. — Paris, 1810, 10 vol. in-8 ou in-12. — Paris, Dufour, 1826, 12 vol. in-8. — Versailles, 1820, 22 vol. in-8. — Paris, Didot, 1870, 3 vol. gr. in-8. — Toulouse, 1811, 19 vol. in-12.

— *Œuvres choisies*. Paris, 1799, 6 vol. in-12. — Paris, 1862, 4 vol. in-18.

— *Œuvres spirituelles*. Paris, 1731, 5 vol. in-12. — Rotterdam, 1738, 2 vol. in-4. — Paris, 1740, 4 vol. in-12.

— *Œuvres philosophiques*. Paris, 1843, in-12.

— *Responsio illustriss. ac reverendiss. archiepiscopi Cameracensis ad epistolam illustriss. ac reverendiss. episcopi S. Pontii*. Sans lieu (vers 1680), pet. in-8.

— *Education des Filles*. Paris, 1687, in-12. — Paris, Pierre Eymery, 1696, in-12. — Augmentée d'une lettre du même auteur à une dame de qualité. Paris, P. Alex. Martin, 1750, in-12, avec portrait de Messire Pierre de La Broüe, évêque de Mirepoix. — Paris, Renouard, 1807, in-12. Portrait.

— *Explication des Maximes des Saints sur la vie intérieure*. Paris, Pierre Auboüin, 1697, in-12. — Bruxelles, 1698, in-12.

— *Suite du quatrième livre de l'Odyssée d'Homère, ou les aventures de Télémaque, fils d'Ulysse* (sans nom d'auteur). Paris, veuve de Claude Barbin, 1699, in-12 de 208 pages.

Edition originale.

— *Les Avantures de Télémaque*. Paris, chez la veuve Claude Barbin, 1699, in-12 de 124 pages.

Contrefaçon parue la même année que l'édition originale. Curieuse figure.

— *Suite et fin des Avantures de Télémaque fils d'Ulisse*. Tome III. Bruxelles, François Foppens, 1703, in-12.

Rare.

— *Les Aventures de Télémaque, fils d'Ulysse*. La Haye, 1705, 2 vol. in-12. Figures. — Paris, Estienne et Delaulne, 1717, 2 vol. in-12. Figures. — Amsterdam, Wetstein, 1719, in-12. Figures. — Rotterdam, Hofhout, 1725, in-12. Figures. — Paris, Florentin Delaulne, 1730, 2 vol. in-4. Figures de Coypel. — Amsterdam, Wetstein et Smith, 1734, in-folio et in-4. Figures. — Londres, Dodsley, 1738, 2 vol. in-8. Figures. — Londres, Nourse, 1742, in-12. — Londres, Watts, 1745, pet. in-8. Figures. — Amsterdam, 1770, in-12. Figures. — Bruxelles, 1776, in-4. Figures. — Genéve, 1777, 2 vol. in-18. — Paris, Didot, 1781, 4 vol. in-18. — Paris, Didot, 1783, 2 vol. in-4. Figures. — Paris, Didot, 1783, 4 vol. in-18. — Paris, Didot, 1784, 2 vol. in-8. — Paris, imprimerie de Monsieur, 1785, 2 vol. in-4. — Paris, Didot, 1790, 2 vol. gr. in-8. Figures. — Paris, Crapelet, 1796, 2 vol. in-8. Figures. — Paris, Bleuet, 1796, 4 vol. in-18. Figures. — Dijon, Causse, 1795, 2 vol. in-4. — Paris, Crapelet, 1799, 2 vol. gr. in-18. — Paris, Duprat-Duverger, 1811, 2 vol. in-8. Figures. — Parme, Bodoni, 1812, 2 vol. in-folio. — Paris, Didot, 1814, 2 vol. in-8. — Paris, Bachelier, 1804, 2 vol. pet. in-8. Figures. — Paris, Lefévre, 1824, 2 vol. in-8. — Paris, Bourdin, s. d. gr. in-8. Figures. — Paris, Didier, 1861, gr. in-8. Figures. — Tours, Mame, 1873, gr. in-8. Eaux-fortes. — Paris, Olmer, 1877, in-8 et in-12.

— *Les Aventures de Télémaque* en français au verso et en anglais au recto, par John Hawkesworth. Paris, Bossange, 1804, 2 vol. in-8.

— *Première, deuxième, troisième et quatrième lettres de Monseigneur l'archevêque duc de Cambray à Monseigneur l'archeveque de Paris duc et pair de France, sur son instruction pastorale du 27e jour d'octobre 1697*. S. l. pet. in-12.

— *Lettre de l'archevêque de Cambray pour servir de reponse à celle de l'évêque de Meaux*. S. l. n. d. pet. in-12 de 224 pages.

— *Réponse de l'archevêque de Cambray à l'écrit de l'évêque de Meaux, intitulé :* Relation sur le Quiétisme. S. l. n. d. pet. in-12 de 152 pages.

— *Réponse de l'archevêque de Cambray aux remarques de l'evêque de Meaux sur la réponse à la Relation sur le Quiétisme*. S. l. n. d. pet. in-12 de 122 pages.

Editions originales, publiées clandestinement, de ces intéressantes réponses de Fénelon à Bossuet.

— *Ordonnance et instruction pas-*

torale de Mgr l'archevêque de Cambray.... portant condamnation d'un imprimé intitulé : Cas de conscience. Paris, 1704, in-12 de 255 pages.

— *Dialogues des Morts*. Amsterdam, 1719, 2 vol. in-12. — Paris, 1819, in-8.

— *Dialogues sur l'Eloquence en général et sur celle de la chaire en particulier, avec une lettre sur la rhétorique et la poésie*. Paris, 1718, in-12.

Publié par M. de Ramsay.

— *Direction pour la conscience d'un roi*, in-12.

— *Lettres sur divers sujets concernant la religion et la métaphysique*. 1718.

— *Abrégé des vies des anciens philosophes*, in-12.

Non terminé.

— *Démonstration de l'existence de Dieu par les preuves de la nature*. Paris, 1726, in-12.

— *Sermons*. Paris, 1744, in-12.

— *Maximes morales et politiques tirées de Télémaque, imprimées par Louis Auguste Dauphin*. A Versailles, de l'imprimerie de Mgr le Dauphin, dirigée par A.-M. Lottin, 1766, pet. in-8 de 36 p. et table.

On prétend que cette édition a été imprimée par Louis XVI dans son enfance, et tirée seulement à 25 exemplaires. — Il a été fait une réimpression de ce petit ouvrage, Paris, imprimerie P. Didot aîné, 1815, in-18, avec deux portraits et un fac-simile.

— *Recueil de lettres sur des matières importantes*. 1719, in-12 (Archives départementales).

— *Fables*. Paris, Saintin, pet. in-18.

— *Lettres de Fénelon à Louis XIV*. Paris, A. Augustin Renouard, 1825, br. in-8 (Catalogue des Archives départementales, 753. G.)

— *Lettres de Fénelon au maréchal de Noailles*. Paris, 1829, in-8. Fac-simile.

— *Lettres spirituelles*, édition revue par M. Silvestre de Sacy. Paris, Techener, 1866, 3 vol. in-12.

— *Documents et Lettres originales de F. de Fénelon et de l'abbé de Beaumont son neveu à M. de Clairambaut* (*Cabinet historique*, t. XX, p. 310).

— *Histoire de la vie et des ouvrages de messire François de Salignac de la Mothe-Fénelon, archevêque, duc de Cambray* (par le chevalier de Ramsay). La Haye, 1723, in-8. Portrait. — Bruxelles, 1725, in-12. — Amsterdam, 1729, in-12.

— *Eloge de Fénelon*, par le cardinal Maury, qui a obtenu l'accessit à l'Académie française. Paris, Ve Renouard, Demonville, 1771, in-8.

— *Fénelon*, poëme en un chant, 1787, par François Marchant de Cambrai. 1761-93.

— *Fénelon*, par Lamartine. Paris, 1851, in-12.

— *Histoire littéraire de Fénelon*, par l'abbé Gosselin. Paris, 1843, gr. in-8.

Voir Brunet et Quérard pour plus amples renseignements, surtout Quérard dont l'article est très complet.

FÉNELON (Gabriel-Jacques de Salignac), petit-neveu de l'archevêque de Cambrai, tué à Raucoux en 1710. — Editeur du *Télémaque*, 1717, 2 vol.; de l'*Histoire de Fénelon*, publiée par Marchant; des *Mémoires diplomatiques*.

FÉNELON (François de Salignac, marquis de la Mothe), frère du précédent. — *Alexandre*, tragédie. Paris, 1761, in-8.

FEUGÈRE (Léon-Jacques). — *Etienne de la Boëtie, ami de Montaigne; étude sur sa vie et ses ouvrages, etc.* Paris, 1845, in-8 de 300 pages.

FEYTAUD (Urbain), juge de paix à Thiviers. — *Moyens de salut.* Paris, Dentu, 1874, in-16.

FEYTOUT, principal du collége de Bergerac, officier de l'Université, mort à Neuvic en décembre 1877, âgé de 84 ans. — *Le Talisman de la Jeunesse.* Bergerac, Faisandier, 1874, in-8.

FIGUIER (Louis). — *L'Homme primitif.* Paris, Hachette, 1870, gr. in-8. Figures.

Y voir ce qui concerne les grottes du Périgord.

**Fœdera, conventiones, litteræ et cujuscumque generis acta publica, inter Reges Angliæ et alios quos vis Imperatores, Reges, Pontifices, etc., ab anno 1101, ad nostra usque tempora 1654.* Londini (Londres), 1704 et seq., 17 vol. in-f°. — 2e édit. Londres, 1727 à 1735 en 20 vol. — 3e édit. La Haye, 1739-1745, 10 vol. in-f°.

Ouvrage à consulter surtout pour ce qui regarde la domination anglaise en Périgord.

FONSALADA (Elias), troubadour du XIIIe siècle, né à Bergerac. Il reste de lui deux chansons ou sirventes.

FOSSE-LANDRY (marquis de). — *Mémoires sur les journées de septembre 1792*, imprimés dans un des volumes de la *Collection des Mémoires relatifs à la Révolution française.*

FOUCAULT (vicomte de), ancien colonel de la gendarmerie de Paris. — *Mémoires sur les événements de juillet 1830.* Paris, 1851, in-8.

Ces mémoires sont remplis de détails très intéressants et peu connus; la position de l'auteur lui a permis de savoir bien des choses. Le vicomte de Foucault est célèbre pour avoir fait *empoigner* Manuel sous la Restauration. — A la suite on a mis le *Récit complet et authentique des événements de décembre 1851*, par A. Granier de Cassagnac, dans lequel on trouve des faits très-curieux.

FOULLIÈRE (Charles), né à Paris, mort à Nontron en 1832 ou 33. — *Sur la peine de mort.* Périgueux, Dupont, 1816, in-8.

— *Mémoire pour la commune de Thiviers*, etc. S. l. n. d. br. in-8. (Bibliothèque Lapeyre.)

FOURGEAUD-LAGRÈZE. — *La Petite Presse en Province.* Ribérac, 1869, in-8.

— *Le Périgord littéraire. Introduction.* Br. in-8.

— *L'Imprimerie en Périgord, 1498-1874.* br. in-8.

— *Etude sur Marc de Maillet, poète, 1568-1628*, br. in-8.

— *Etude sur Cyrano de Bergerac, 1620-1655*, br. in-8.

FOURNIER-SARLOVÈZE (François), général de division, né à Sarlat en 1772, mort en 1827. — *Considérations sur la législation militaire.* 1814.

N'a pas été publié.

FOURNIER-VERNEUIL (Pierre), ancien notaire, né à Brantôme en 1789, mort vers 1840. — *Curiosité et Indiscrétion.* Paris, Ponthieu, 1824-25, in-8.

— *Le Huron de Montrouge.* Paris, 1824, gr. in-8.

Reproduit en 1826 sous ce titre : *Les Revenants.*

— *Paris, tableau moral et philosophique.* Paris, chez les principaux libraires. 1826, in-8, avec la clef des personnages.

Rare. Cet ouvrage fut saisi à la requête du ministère public.

— *Mémoire à l'appui du livre : Paris, tableau moral, etc.* Paris, Belin, 1826, broc. de 32 pages.

— *Mémoire de M. Fournier-Verneuil en Cour Royale.* Paris, Belin, 1826, br. in-8 de 6 pages.

— *Lettre à M. Odilon Barrot, député, contre le divorce.* Paris, Delaunay, 1831, br. in-8.

— *Lettre à M. le baron de Schonen, procureur-général à la cour des comptes, contre le divorce.* Paris, 1831, in-8.

FOURTEAU (J.-B.), ancien professeur au collége de Périgueux, bibliothécaire de la ville. — *Discours prononcé à la distribution des prix du collége de Périgueux en 1846.* Périgueux, 1846, br. in-8.

— *Le Socialisme ou Communisme et la Jacquerie au XVI siècle.* Paris, Dupont, 1852, in-8.

— *Solution des principales difficultés de la langue française résolues par des exemples tirés des grands écrivains et de l'Académie.*

FRA-PAOLO. — *Discours dogmatique et politique.* Périgueux, Joseph Dauriac, 1791, in-8.

**Fraternité, liberté, égalité. Constitution populaire de Bergerac l'Union.* Br. in-8 lithographiée.

FROIDEFOND (Alfred de), né à Périgueux en 1813. — *Cercle de la philologie*, gravure. Périgueux.

— *Armorial de la noblesse du Périgord.* Périgueux, Dupont, 1858, in-8. Gravures.

— *Liste chronologique des Maires de la ville et de la cité de Périgueux.* Périgueux, Dupont, 1873, br. gr. in-8.

— *Quelques mots sur les armoiries de la ville et de la cité de Périgueux.* Périgueux, Dupont, 1875, br. in-8. Gravures.

FRIZON (Léonard), jésuite, poète et théologien, né à Brantôme en 1628 (à Périgueux, d'après Feller qui a commis une erreur), mort à Bordeaux le 22 février 1700. — *Musæ parthenicæ libri tres accessit fidei triumphus.* Paris, 1657.

— *De nostrorum temporum rebus claris sinus poëmata varia.* Poitiers, 1661, in-12.

— *Poëmata libri sex.* Lyon, 1666.

— *Panegyricus in Franciscum Salesium.* Lyon, 1667.

— *Opera poetica, libri XXIV.* Paris, S. Bernard, 1675, in-8. Vignettes.

Rare.

— *Henrici Bethunii archiepiscopi Burdigalensis Aquitaniæ Primatis immortalitas. (Versibus Latinis, etc.)* Burdigalæ, 1680, in-4 de 19 pages.

— *De poëmatæ libri tres, ad usum familiarem et christianum accommodati.* Bordeaux, 1682, in-12.

— *Furstembergiana, libri IV.* Bordeaux, 1684.

— *Opera poëtica, subjuncto libro solutæ orationis in Psalmos Theandricis intex-tos (cum not.).* Burdigalæ, ap. Jac. Mongironem Millangium, 1689, gr. in-12.

— *Sylvarum libri IV.* Paris, 1693.

Dans ses œuvres, un poëme sur le Saint-Suaire de Cadouin.

— *La Lunade.*

Ce titre d'ouvrage se trouve dans une lettre du P. Frizon à Baluze. Voir le *Bulletin* de la Société historique et archéologique du Périgord, t. V, p. 329.

FROISSART (Jean). 1337—1410. — *Chroniques de 1326 à 1410.*

La meilleure édition est de Lyon, 1559, 4 vol. in-f°. — Continuées par Monstrelet jusqu'en 1467. Edition de Buchon dans le *Panthéon littéraire*, Paris, 1838, 3 vol. gr. in-8.

FRONTO (Marcus-Cornélius), attribué au Périgord par M. l'abbé Audierne, vivait encore en 164. — On a de lui quelques extraits d'un *Traité sur la propriété des mots*, dans les *Recueils des anciens grammairiens et auteurs de la langue latine*, Bâle, 1537, ou Leipsick, 1569. — *Harangue pour Attia Viriola*. — *Harangue à la louange de Titus-Antonin*, vers 138. — *Harangue* (fragment) *à Marc-Aurèle*.

Voir le *Périgord illustré*, p. 130 et suiv.

GADAUD-LAFAYE (Léon), commissaire civil en Afrique, né à Manzac, mort en Afrique. — *Question d'Afrique*. Paris, Dupont, 1843, in-8.

GADONNER (Edgard). — *L'Enfant de la France*. Bergerac, Faisandier, 1869, in-8.

GAGEAC (baron de). — *Epître à la Société d'agriculture, sciences et arts de la Dordogne*. Périgueux, Dupont, 1830, br. in-8.

GAGNERIE, ancien receveur des contributions indirectes. — *Poésies sur la nécessité et les avantages de l'extinction de la mendicité dans la ville de Périgueux*. Périgueux, Faure et Rastouil, 1839, br. in-8.

— *Poésies diverses*. Périgueux, Faure et Rastouil, 1840, in-8.

— *Poésies diverses*. Périgueux, Faure et Rastouil, 1844, br. in-8.

GALLET (Jacques), prêtre attaché à Fénelon, supérieur du séminaire de Saint-Louis à Paris. — *Recueil des principales vertus de Fénelon*. Nancy, Cresson; Paris, Le Mercier, 1725, in-12.

Ouvrage intéressant et très-rare.

**Gallia Christiana, in provincias ecclesiasticas; secunda editio*. Parisiis, 1720, 13 vol. in-f°.

GALY (docteur E.), conservateur du Musée de Périgueux, président de la Société archéologique du Périgord. — *Mémoire sur l'épidémie de la suette milliaire qui a régné de 1841 à 1842 dans la Dordogne*. Bordeaux, Faye, 1842, in-8.

— *Le Livre Caumont ou dits et enseignements du sieur de Caumont à ses enfants*. Paris, Techener, 1845, gr. in-8. Armes et fac-simile.

— *Vésone et ses monuments sous la domination romaine; visite au musée de Périgueux*. Caen, 1859, in-8, accompagné de deux planches coloriées et d'un plan.

— *Le Fauteuil de Montaigne.* Périgueux, Dupont, br. in-8.

— *Catalogue du Musée archéologique du département de la Dordogne.* Périgueux, 1862, in-8 avec planches.

— *Catalogue de l'exposition des Beaux-arts à Périgueux.* 1864.

— *Les Tombeaux du Pont-Vieux à Périgueux.* Périgueux, 1864, br. in-8 accompagnée d'une grande planche.

— *L'Eglise de Saint-Amand de Coly, etc.* Périgueux, Dupont, 1865.

— *Note sur une Mosaïque trouvée à Périgueux et décrite par le docteur E. Galy.* Périgueux, 1865, br. in-8. Planche photographiée.

— *La Sépulture de Jacob. Le pèlerin d'Arménie à l'église Saint-Georges-des-Barris de Périgueux.* Périgueux, 1865, br. in-8.

— *Inauguration du buste de Félix de Verneilh au Musée de Périgueux, 29 novembre 1866.*

— *G. Bouquier, député à la Convention nationale, peintre de marines et de ruines, etc. — Notes sur l'état de la Peinture en France et en Italie, à la fin du XVIII*e *siècle.* Périgueux, 1868, in-8. Portrait.

— *Catalogue des tableaux, dessins, statues, etc., du Musée de la ville de Périgueux.* Périgueux, Dupont, 1875.

— *Faux murale trouvée au Pouyoulet, etc.* Périgueux, Dupont, 1879, gr. in-8. Gravure.

— *La Chanson de Marie Stuart.* Périgueux, Cassard, 1879, in-4.

— *M. Pierre Magne, notice nécrologique.* Périgueux, Dupont, 1879, br. in-8.

GARDIEN, ingénieur des mines. — *De l'exploitation des substances minérales et de la recherche des eaux souterraines du département de la Dordogne.* Périgueux, Dupont, 1824, brochure.

GARRAUD (Emmanuel). — *Antiquités périgourdines ou l'histoire généalogique de Villamblard et de Grignols.* Paris, Dumoulin, 1868, br. in-8.

— *M. l'abbé Audierne, 48*e *évêque de Périgueux.* Paris, 1869, br. in-8.

GAULLE (de). — *Les Sanctuaires illustrés de la Sainte-Vierge.* Paris, Bertin, 1876, gr. in-8. Gravures.

GÉNÉALOGIES. — *Généalogie historique de la maison de Saint-Astier, extraite du tome XVII du Nobiliaire universel de France*, par le chevalier de Courcelles. Paris, Moreau, 1820.

— *Généalogie de la maison de Talleyrand. Précis historique sur les Comtes de Périgord, extrait du Nobiliaire* de M. de Saint-Allais. Paris, A. Guyot, 1836, in-4. Armes.

— *Généalogie de la maison de Faubournet de Montferrand, extraite du tome XVII du Nobiliaire universel de France*, par M. le chevalier de Courcelles. Paris, Moreau, 1820, in-32.

— *Généalogie de la famille de Vaucocour*, par M. Du Mas Payzac. br. in-8.

— *Généalogie de la maison de Sanzillon, extraite du tome VI de l'Histoire généalogique et héraldique de France, etc.*, par M. le chevalier de Courcelles. Paris, Plassan, 1825, br. in-4. Armes.

— *Généalogie de la maison de Touchebœuf, extraite du tome XIV du Nobiliaire universel* de M. de

Saint-Allais. Paris, Valade, 1818, in-8.

— *Généalogie de la maison de Lostanges, extraite du tome XIV du Nobiliaire* de M. de Saint-Allais. Paris, Valade, 1818. Armes.

— *Généalogie de la maison de Fayolle, extraite du tome X du Nobiliaire universel* de M. de Saint-Allais. Paris, Valade, 1817.

— *Histoire généalogique de la maison de Beaumont*. Paris, imprimerie du cabinet du roi, 1779, 2 vol. in-fº. Armes.

— *Généalogie de la maison de La Roche-Aymon*. Paris, Veuve Ballard, 1776, in-fº. Armes.

— *Généalogie de la maison de Taillefer, extraite du tome XI de l'Histoire généalogique des Grands Officiers de la Couronne*, par M. le chevalier de Courcelles. Paris, 1830. Armes.

— *Généalogie de la maison de Lubersac, extraite du tome IX du Nobiliaire de France* de M. de Saint-Allais. Paris, Valade, 1816.

— *Généalogie historique de la maison de Chasteignier, en Gascogne et en Périgord*, rédigée par M. Clabault. Paris, 1778, in-4.

Très-rare.

— *Généalogie de la maison de Constantin en Périgord et en Quercy*, par M. de Courcelles, gr. in-4 de 24 pages.

GEOFFROY (de la maison de Breuil), prieur du Vigeois au diocèse de Limoges, né à Clermont d'Excideuil (XIIᵉ siècle). — *Chronique de l'Histoire de France de 986 à 1184*, dans la *Nouvelle Bibliothèque des ouvrages manuscrits* du P. Labbe.

GÉRARD-LATOUR (Armand de), docteur en théologie, chanoine de l'église cathédrale de Sarlat, vicaire-général de Mgr François de Salignac-Fénelon, né à Sarlat en 1618, mort en 1691. A fourni aux frères Sainte-Marthe les matériaux pour l'histoire de l'Eglise de Sarlat dans la *Gallia Christiana*, et dressa la liste des abbés et des évêques de Sarlat. — Il envoya aux Bollandistes la *Vie de Saint Sacerdos, patron de Sarlat*, et des notes sur ce saint (T. II du mois de mai; Notes, t. VII, mai, supplément). — Il eut une longue polémique avec Baluze, Lecointe, Dadine de Hauteserre, sur la date de l'épiscopat de Saint Sacerdos (Bibliothèque nationale, fonds Leydet). — Il écrivit une *Description de la Cathédrale de Sarlat*, une *Monographie de Sarlat* et des Commentaires sur les *Chroniques* du chanoine Tarde. — Il fut chargé par l'évêque de Sarlat de réviser le Propre des Saints du diocèse (Bollandistes). — En 1662, il fit une enquête officielle sur le B. Pierre-Thomas, Patriarche de Constantinople, né à Salles de Belvés.

— *Le Caractère de l'honneste homme morale. Dédié au Roy*, 2ᵐᵉ édition. Paris, Amable Auroy, 1688.

— *La seconde partie de la Philosophie des gens de cour, ou le Caractère de l'honneste homme morale*. Paris, Amable Auroy.

— *Le Véritable Chrétien qui combat les abus du siècle*. Paris, Amable Auroy.

— *Entretiens de Phisique*. Paris, Amable Auroy.

Ouvrage de morale.

L'abbé de Lespine, Bibliothèque nationale, vol. 87, p. 272, cite Armand de Gérard comme ayant écrit une chronique sur le Sarladais. Dom Cl. Estiennot (*Antiquitatis Benedictinæ*, Petragor. fonds latin, chap. V, fol. 58) cite cette chronique à peu près dans les mêmes termes. Qu'est-elle devenue?

GÉRARD (Gaston de), docteur en droit, né à Sarlat. — *Procès-verbal officiel du siége de la ville de Sarlat en décembre 1587.* Sarlat, Michelet, 1873, br. in-8.

— *Etat général des gentilhommes de l'élection de Sarlat, etc., en 1666.* Sarlat, Michelet, 1873, br. in-8.

GERMILLAC (Antoine), né à Périgueux. — *Instruction sur les accouchements en faveur des élèves.* Périgueux, J. Dauriac, 1792, in-8.

GERMILLAN (Mademoiselle Victorine). — *Lettres à Elmire sur les fleurs.* Périgueux, Lavertujon, 1829, br. in-8.

— *La Veuve ou le Pélerinage en Ecosse*, poésie.

GILBERT PRIMEROSE. — *Le Vœu de Jacob opposé aux vœux des moines.* A Bergerac, par Gilbert Vernoy, 1610, 2 vol. in-8. Beau frontispice.

Ouvrage dédié à messire Jacques Nompar de Caumont, marquis de la Force. Gilbert Primerose était ministre de la parole de Dieu en l'église de Bordeaux.

— *La Trompette de Sion ou la reprehension des pechez.* Bergerac, G. Vernoy, 1621, in-8.

GILLIBERT DE MERLHIAC, membre correspondant de la Société des Antiquaires de France pour la Dordogne. — *Recherches historiques sur le tracé ancien et moderne de la route de Lyon à Bordeaux.* Brives, Laffargue, 1858, br. in-8.

GIMET fils aîné. — *Navigation de l'Isle et du Drot, construction des ponts de Bergerac, Agen et Aiguillon, transformation des Dunes, etc.* Bordeaux, Brossier, 1821, br. in-8.

GIRARD (B. de), sieur du Haillan. — *Histoire generale des rois de France.* Paris, 1616, in-f°.

Parle du Périgord.

GODARD. — *Fondation à Périgueux d'hôtelleries chrétiennes pour les employés, les ouvriers et les apprentis.* Périgueux, Cassard, 1874, in-8.

GOURGUES (vicomte Alexis de). — *Des Communes en Périgord.* Périgueux, Dupont, 1843, br. in-8. Planches.

— *Lettre sur le Périgord.* S. d. Faure et Rastouil.

— *Monnaie inédite du Bourbonnais.* Bordeaux, Faye, 1849, br. in-8.

— *Attribution à Brioude du denier Guilhelmo Victoria.* Bordeaux Faye, 1850, br. in-8.

Extrait de la *Revue numismatique.*

— *Réflexions sur la vie et le caractère de Montaigne*, publiées à l'occasion d'un manuscrit d'éphémérides de sa famille conservé à Bordeaux par M. O. de la Rose. Bordeaux, Gounouilhou, 1856, br. in-8. Fac-simile de signatures de divers membres de la famille de Montaigne.

— *Découverte d'une Sépulture aux environs de Bergerac en janvier 1859.* Bordeaux, Gounouilhou, 1859, brochure.

— *Sur quelques questions relatives à l'époque celtique.* Caen, Hardel, 1859, br. in-8.

— *Noms anciens de lieux du département de la Dordogne.* Bordeaux, Justin Dupuy, 1861, br. gr. in-8.

— *Forêt royale de Ligurio.* Bordeaux, J. Dupuy, br. in-8.

— *Défense du Dragon de Bergerac, etc.* Bergerac, Faisandier, 1865.

— *Foyers divers de silex taillés en Périgord (Bords de la Vézère).*

Bordeaux, Coderc, Degréteau et Poujol, 1866, br. in-8.

— *Le Saint-Suaire à Jérusalem, Antioche et Cadouin.* Périgueux, Bounet, 1868, in-8.

— *Dictionnaire topographique du département de la Dordogne.* Paris, imprimerie nationale, 1874, in-4.

Voir à l'*Introduction*, p. LXXXI, la liste alphabétique des sources où il a puisé ses renseignements. — Table par M. Léopold Delisle de la collection de l'abbé de Lespine à la Bibliothèque nationale, 106 vol. in-f°, et p. LXXXIV, la liste des imprimés.

GOURDON DE GENOUILLAC. — *Dictionnaire des Fiefs, Seigneuries, Châtellenies de l'ancienne France*, contenant le nom des terres et ceux des familles qui les ont possédés et leur situation provinciale. Paris, Dentu, 1861, in-8.

GOUSSET (Mgr), évêque de Périgueux. 1836—1840. — *Mandement de Mgr l'évêque de Périgueux pour la publication des statuts de son diocèse.* Périgueux, Lavertujon, 1839, br. in-4.

GOYON DE LA PLOMBANIE (Henri), né à Brassac en Périgord dans le XVIIIe siècle, mort près d'Agen en 1808. — *L'Unique moyen de soulager le peuple et d'enrichir la nation française.* Paris, 1755, in-8.

— *La France agricole et marchande.* Avignon (Paris), 1762, 2 vol. in-8.

— *L'Homme en société, ou nouvelles vues politiques et économiques pour porter la population au plus haut degré en France.* Amsterdam, Marc-Michel Rey, 1763, 2 vol. in-12.

— *Vues politiques sur le commerce des denrées.* Amsterdam et Paris, Vincent, 1766, in-12.

GOUZOT (abbé), curé de la cathédrale de Saint-Front de Périgueux. — *La Chartreuse de Vauclaire.*

— *Discours sur le patriotisme.* Périgueux, 1872, br. in-8.

— *L'abbé Dumoulin, archiprêtre de Ribérac.* Périgueux, Cassard, 1874, brochure.

GRANGER (abbé), curé de Château-l'Evêque. — *Ordination de Saint Vincent de Paul dans l'église de Château-l'Evêque.* Périgueux, Cassard, 1872, br. in-8.

GRATIEN LE PÈRE, ingénieur en chef des mines du département de la Dordogne. — *Articles géologiques sur les terrains du Périgord*, dans l'*Almanach général de la Dordogne.* 1818.

— *Notes sur la grotte de Miremont, plan et coupe.* 1822, br. in-8.

Extrait des *Annales des Mines.*

— *Mémoire sur les anciens projets de navigation des rivières de la Vézère, de la Corrèze et de la Dordogne.* Périgueux, J. Danède, septembre 1821, br. in-4.

— *Observations sur divers objets du service des travaux publics du département.* Périgueux, J. Danède, oct. 1822.

GRÉHAN (Georges de). — *Comédie* jouée à Périgueux.

GROSSOLES DE FLAMARENS (Emmanuel-Louis), évêque de Périgueux. 1773—1815. — *Supplementum Breviarii Petrocorensis, etc., illustrissimi et reverendissimi in Christo DD. Emmanuel Ludovici de Grossoles de Flamarens, episcopi Petrocorensis auctoritate; etc.* Parisiis, typis Cl. Simon, 1781, 4 vol.

GUEUDEVILLE. — *Critique générale des Aventures de Téléma-*

que. Cologne, 1700, in-18. Gravures.

GUICHEMERRE (J.), professeur de rhétorique au collége de Périgueux. — *Discours prononcé le 24 août 1821 à la distribution des prix du collége de Périgueux*. Périgueux, Danède, 1821, br. in-4.

— *Première et deuxième olympiques de Pindare*, traduites en vers français. 1843.

**Guide pittoresque du Voyageur en France*. Paris, Didot, 1835, 5 vol. in-8. Gravures.

Article Dordogne.

GUILBERT (Aristide). — *Histoire des Villes de France*, etc. Paris, Furne et Cº et Perrotin, 1853, 6 vol. gr. in-8.

Voir les livraisons 121 et suiv. p. 412. Articles Périgueux, Brantôme, Bourdeilles, Excideuil; et p. 426, articles Sarlat, Terrasson, Le Bugue, Montignac.

GUILHAUD DE LAVERGNE (Léonce), publiciste, memrre de l'Institut, né à Bergerac en 1809, mort le 18 janvier 1880. — *Essai sur l'économie rurale de l'Angleterre, de l'Ecosse et de l'Irlande*.

— *Economie rurale de la France depuis 1799*.

— *L'agriculture et la population*.

— *Les Assemblées provinciales sous Louis XVI*.

— *Les Economistes français au XVIIIe siècle*.

— Articles dans la *Revue du Midi;* collaborateur de la *Revue des Deux-Mondes*.

GUYARD DE BERVILLE 1697—1770. *Histoire de Bertrand du Guesclin*. Paris, 1767, 2 vol. in-12.

HAILLAN (Bernard de Girard de), né à Bordeaux en 1535, mort en 1610. — *Histoire de France depuis Charles VIII.* Paris, 1627, 2 vol. in-f°.

HAPDÉ. — *Relation historique heure par heure des événements funèbres d'après des témoins oculaires.* Périgueux, Dupont, 1820, broc. in-12.

HELYOT (Pierre), de l'ordre de Picpus. 1660—1716. — *Histoire des Ordres monastiques religieux et militaires et des Congrégations séculières de l'un et de l'autre sexe qui ont été établies jusqu'à présent.* Paris, 1714, 8 vol. in-8.

HÉNAULT (Charles-Jean-François, président). 1685—1770. — *Abrégé chronologique de l'Histoire de France.* Paris, 1768, 2 vol. in-4 ou 3 vol. in-8.

HERMAN DE PÉRIGORD, fils d'Hélie, comte de Périgord, en 1166; grand-maître des Templiers en 1239 ; tué dans une bataille contre les Sarrazins le 17 octobre 1247. — *Lettre sur l'état du royaume de Jérusalem,* rapportée par Mathieu Paris.

**Histoire littéraire des Troubadours* (par l'abbé Millot). Paris, Durand, 1774, 3 vol. in-12.

Contient des notes sur Elias Clairel, Aimeri de Sarlat, Pierre de Beynac.

HOCQUART (Edouard). — *Le Clergé de France.* Tours, A. Mame, 1868, in-32. Gravures.

Dans cet ouvrage sont insérées :

1° Une notice sur l'abbé de Fénelon né à Saint-Jean d'Estissac en 1714.

2° Une notice sur la charité chrétienne de Mgr de Belzunce pendant la peste de Marseille en 1720.

3° Une notice sur Mgr Du Lau, archevêque d'Arles.

HUGO (A.). — *France pittoresque.* Paris, Delloye, 1835, 3 vol. gr. in-4. Cartes et gravures.

Article Dordogne.

IMBERT (P. L.). — *La Comédie périgourdine*, en deux parties. Bordeaux, Gounouilhou, 1863, in-18 jésus.

**Itinéraire d'Antonin.* Première édition. Amsterdam, 1735, in-4.

Mal à propos attribué à l'empereur Antonin.

JACQUEL (Gustave). — *Les Enfants de Bergerac à Notre-Dame de Lourdes.* Paroles et musique de G. Jacquel. Bergerac, Faisandier, 1874, in-8.

JAMET-BOISSERIE. — *Les Mémoires d'un Fou.* Bergerac, Faisandier, 1869, in-18.

JARJAVAY (J.-F.). — *Traité d'anatomie chirurgicale ou de l'anatomie dans ses rapports avec la pathologie externe et la médecine opératoire.* Paris, 1852-54, 2 vol. in-8.

JAUBERT, docteur-médecin. — *Rapport sur le phylloxera.*

JOANNE (Adolphe). — *Géographie de la Dordogne*, avec carte et 14 gravures. Paris, Hachette, 1877, pet. in-8.

JODOCUS SINCERUS (Zinzerling). — *Itinerarium Galliæ, cum appendice de Burdigalâ.* Amstelodami (Amsterdam), apud Janssonium, 1655, pet. in-12. Figures gravées.

JOUANNET, bibliothécaire de la ville de Bordeaux, ancien régent de rhétorique au collége de Périgueux, né à Rennes en 1765, mort à Bordeaux en 1845. — *Eloge de M. de Tourny.* Périgueux, Dupont, 1809.

— *Eloge du Cardinal de Sourdis.* Périgueux, 1813, br. in-8.

— *Eloge d'Elie Vinet, professeur de belles-lettres et principal du collége de Guyenne au XVIe siècle.* Périgueux, Dupont, 1816, br. in-8.

— Voir les *Calendriers du département de la Dordogne* de 1815 et suiv. Périgueux, Dupont.

— *Le Musée d'Aquitaine*. 4 vol. in-8. Planches.

— *La Ruche d'Aquitaine*. Bordeaux, Racle, 1817, 4 vol. in-8.

— *Notice sur les antiquités de Montignac*. 1819.

Ruche d'Aquitaine, t. IV, p. 124.

— *Antiquités du Sarladais*. 1819.

Bulletin Polymathique de Bordeaux, p. 260 et suiv.

— *Notice sur Périgueux*. 1820.

Bulletin polymathique, p. 108 et 134.

— *Notice sur Sarlat*. 1820.

Bulletin polymathique, p. 289 et 322. Déjà publié dans l'*Annuaire de la Dordogne*.

— *Notice statistique sur l'arrondissement de Bergerac*. 1820.

Bulletin polymathique, p. 68, 98, 121, 161, 182 et 226.

— *Dessin de deux mosaïques gallo-romaines trouvées à Périgueux antiquités de Vésone*. Périgueux, Dupont, 1821, in-4.

— *Voyage de deux Anglais en Périgord, fait en 1825, etc*. Périgueux, 1826, in-18, 107 pages.

— *Second voyage de deux Anglais dans le Périgord et Un voyage à Rocamadour fait en 1827*. Périgueux, Dupont, 1827, in-18 de 107 pages.

— *Notice géologique sur divers gisements de fossiles de la famille des rudistes, situés dans le département de la Dordogne*. Périgueux, Dupont, 1827, in-18, 9 pages.

Voir l'*Annuaire de la Dordogne* en 1827.

— *Notice sur Sourzac et Saint-Louis* (canton de Mussidan (Dordogne). Périgueux, Dupont, 1829, in-18, 48 pages.

— *Lettres de Madame S*** à sa fille, écrites en 1828*. Périgueux, Dupont, 1830, in-18, 75 pages.

— *Le Portefeuille périgourdin*. Périgueux, Dupont, 1832, in-18.

Voir l'*Annuaire de la Dordogne*.

— *Essai de statistique communale. Saint-Lazare*. Périgueux, Dupont, 1834, in-18.

Voir l'*Annuaire de la Dordogne*.

— *Notice statistique sur La Mongie Saint-Martin*. Périgueux, Dupont, 1835, in-18.

— *Quelques lettres sur les antiquités du Périgord*. Périgueux, Dupont, 1836, in-18.

— *Notice historique sur Cyprien-Prosper Brard*. Périgueux, Dupont, 1839, br. in-8 de 32 p. Portrait.

N. B. L'auteur de la *Bibliographie périgourdine* n'a pas cru devoir ajouter à cette liste les titres des mémoires qui n'ont pas trait à la province. On les trouvera à la bibliothèque Lapeyre dans le carton relatif à M. Jouannet.

JOUBERT (Joseph), inspecteur-général de l'Université, né à Montignac le 6 mai 1754, mort à Paris le 4 mai 1824. — *Recueil des pensées de M. Joubert*. Paris, 1838, in-8.

Première édition tirée à petit nombre et donnée par l'auteur à ses amis.

— *Pensées, essais et maximes de J. Joubert, suivis de lettres à ses amis et précédés d'une notice sur sa vie, son caractère et ses travaux*. Paris, Gosselin, 1842, 2 vol. in-8.

— *Pensées, essais, maximes et correspondance recueillis et mis en ordre par P. Raynal, précédés d'une notice sur sa vie, son caractère et ses travaux*. Paris, 1850, 2 vol. in-8.

Voir les *Portraits littéraires* de Sainte-Beuve, t. V, p. 396-427, et *Biographie universelle*, supplément.

JOUBERT (Léo), littérateur, né à Bourdeilles le 13 décembre 1826. — *Variétés littéraires* publiées de 1850 à 1852 dans le journal l'*Ordre*.

— Attaché de 1852 à 1862 à la rédaction de la *Nouvelle Biographie universelle* de Didot y publia les articles : *Homère. — Démosthènes. — Shakespeare. — Lamartine. — V. Hugo, etc.*

— *Essais de critique et d'histoire.* Paris, 1863, in-12.

— Rédacteur en chef de la *Revue contemporaine* depuis 1862.

JOURDAIN DE LA FAYARDIE, né à Montpont au XVIIe siècle; il vivait encore en 1769. — *Description et représentation des anciens monuments de la ville de Périgueux et de ceux qu'on a découverts dans les environs,* présentée à l'Académie de Bordeaux en 1759, 1760, 1761, 1762 et 1764.

Cette description est conservée dans le dépôt de cette Académie; elle concerne l'amphithéâtre de Périgueux, les bains publics qu'on y découvrit en 1758 et 1759, le puy de Chalus, deux tours anciennes au lieu de Vernodes, un camp de César et des médailles trouvées en différents endroits du Périgord.

JOURNAUX ET PUBLICATIONS PÉRIODIQUES. — *Echo de la Dordogne*, quotidien. Rédacteur, E. Roux. Fondé en 1827.

— *Le Périgord*, quotidien. Rédacteur, Rolland. Fondé en 1850.

— *Avenir de la Dordogne*, quotidien. Rédacteur, E. Joucla. Fondé en 1875.

— *Courrier de la Dordogne*, quotidien. Rédacteur, E. Delpit. Fondé en 1876.

— *Annales de la Société d'agriculture, sciences et arts de la Dordogne*, mensuel. Périgueux, Dupont, 40 vol. in-8; se continue. Secrétaire-général, E. de Lentilhac.

— *Bulletin de la Société historique et archéologique du Périgord*, bi-mensuel. Périgueux, Dupont, 1874, 7 vol. gr. in-8, planches; se continue. Secrétaire-général, F. Villepelet.

— *Bulletin de la Société d'horticulture de la Dordogne.* Secrétaire général, Auzely.

— *Bulletin du Comice central de la Double.* Secrétaire-général, Baron d'Arlot de Saint-Saud.

— *Bulletin du Comice agricole de Brantôme.* Président, Gaillard, professeur d'agriculture.

— *Semaine religieuse*, mensuelle. Périgueux, Cassard, 13 vol. in-8.

— *Journal de Bergerac.* Gérant, Blanquie.

— *Progrès de Bergerac.* Gérant, Froment.

— *L'Eclaireur de la Dordogne*, fondé en 1880 à Bergerac. Gérant, A. Brut.

— *Le Sarladais.* Gérant, Dauriac.

— *Le Glaneur de Sarlat.* Gérant, Michelet.

— *Union Sarladaise.* Gérants, Rhodes et Lafoysse.

— *Etoile de Ribérac.* Gérant, Delecroix.

— *Journal de Ribérac.* Gérant, Condon.

— *Le Nontronnais.* Gérant, Gouhaud.

— *Union Nontronnaise.* Gérant, Ranvaud.

— *Le Périgourdin* et *Les Ephémérides.* Rédacteur-gérant, Ivan de Valbrune, à Saint-Astier.

JUMILHAC (Dom Pierre, Benoît de). 1611—1682. — *Science et pratique du plain-chant.* Paris, 1677, in-4.

JUMILHAC (Antoine-Pierre, marquis de). 1764—1816. — *Relation sur l'affaire de Quiberon.* Londres, 179..

JUMILHAC (baron de Chapelle de), mort en 1820. — *Réflexions sur l'Etat des finances*. Paris, 1816, in-8.

— *Opinion sur la proposition tendant à rendre aux ministres de la religion les fonctions de l'état civil*. 1816.

JUSTEL (Christophe), conseiller et secrétaire du roi, de la maison et couronne de France et des finances. — *Histoire de la maison de Turenne par chartes, titres et histoires anciennes et autres*. Paris, v[e] Mathurin Du Puy, rue Saint-Jacques, à la Couronne d'or, 1645, gr. in-4. Armoiries.

LABAT, docteur-médecin. — *Mémoires divers sur les eaux minérales de Nauhedin, de la Styrie, de Wilbad, etc.* Paris, 1874, in-8.

LABBE (Philippe), jésuite. 1607—1666. — *Nova bibliotheca manuscriptorum.* Paris, 1657, 2 vol. in-f°.

— *Bibliotheca bibliothecarum.* 1664, 1672, 1686, in-f°.

Voir au t. II de sa *Nouvelle bibliothèque des manuscrits : Fragmentum de Petragorisensibus Episcopis ab anno 972 ab annum 1182, auctore anonymo.* On trouve aussi cette pièce dans André Duchesne, *Historiæ Francorum scriptores*, t. II, Paris, 1636, in-f°.

LA BOÉTIE (Etienne de), conseiller au parlement de Bordeaux, né à Sarlat en juin 1530, mort à Germignat en Médoc le 18 août 1565. — *Œuvres complètes d'Etienne de La Boétie*, publiées par Léon Feugère. Paris, Delalain, 1856, in-8.

— *De la Servitude volontaire* (1548), avec une préface par F. de La Mennais. Paris, 1835, in-8.

— *De la Servitude volontaire ou le contr'un*, ouvrage publié en 1559, et transcrit en langage moderne, par A. Rechastelet. Bruxelles et Paris, 1836, in-18.

— *La Servitude volontaire.* Paris, Jouaust, librairie des bibliophiles, 1872, in-16.

Le traité de *La Servitude volontaire* fut publié pour la première fois, dans les *Mémoires d'Etat* de La Planche, en 1576, à l'insu de Montaigne, héritier des papiers de son ami, et qui dès lors renonça à le mettre au jour dans l'édition qu'il donna des œuvres de La Boétie, pour des causes politiques trop longues à rapporter ici.

— *Ménagerie d'Aristote et de Xénophon, ou la manière de bien gouverner une famille.* Paris, Federic Morel, 1571, in-8. — Paris, Claude Morel, 1600, in-8.

— *Vers françois de feu M. Etienne de La Boétie.* Paris, Federic Morel, 1572, in-8.

— *Historique description du solitaire et sauvage pays de Medoc dans le Bourdelois*, par feu M. de la Boétie. Bourdeaux, Millanges, 1593, in-8.

Cet ouvrage est mentionné dans la *Bibliothèque*

historique de France, n° 2230; on n'en connaît aucun exemplaire.

— *Remarques et corrections d'Estienne de La Boétie sur le traité de Plutarque intitulé :* Erotikus, avec une introduction et des notes, par Reinhold Dezeimeris. Paris, 1867, in-8. Eau-forte de Léo Drouyn.

Extrait des Publications de la Société des Bibliophiles de Guyenne.

— *Testament de La Boétie*, publié pour la première fois par Léon Lapeyre (Bibliothèque Lapeyre).

— *Etude sur La Boétie*, par Prévost-Paradol. Périgueux, J. Bounet, 1864, in-8.

— *Un mot sur La Boétie, sa famille, etc.*, par l'abbé Audierne. Sarlat, Michelet, 1875, br. in-8. Armes de La Boétie.

— *Conférence sur La Boétie*, par E. Magne. Périgueux, Dupont, 1877, br. in-8.

— *Notes bibliographiques sur La Boétie*, par le docteur Payen.

LA BROUSSE (Pascal-François de), né à Sarlat, conseiller au parlement de Bordeaux en 1649, mort en 1689. — *Pro Clemente quinto Pontifice maximo vindicia sive de primatu Aquitaniæ disputatio.* Paris, Cramoisi, 1657, in-4 de 100 pages.

Ce traité est cité par Ménage dans son Dictionnaire étymologique.

LABROUSSE (Clotilde-Suzanne Courcelles de), né à Vauxains le 8 mai 1741, morte en 1821. — *Recueil des ouvrages de la célèbre Mlle Labrousse, du bourg de Vauxains, en Périgord, canton de Ribeyrac, dép. de la Dordogne, actuellement prisonnière au château Saint-Ange, à Rome, on y a joint deux lettres concernant sa détention* (publié par M. Pontard). Bordeaux, Brossier, 1797, in-8 de 269 pages.

Volume très rare contenant un précis de la vie de cette célèbre prophétesse, ses prophéties sur la révolution, sa réponse à l'abbé Maury, son voyage à Rome, etc.

— *La Sybille gallicane ou les destinées de la France prédites par une villageoise du Périgord.* S. l. 1790, br. in-8. Figure coloriée.

— *Prophéties de Mademoiselle Suzette de la Brousse, concernant la révolution française.* N° 1, in-8 de 16 pages.

— *Manière et procédés à employer pour avoir des enfants qui soient beaux et bons au physique et moral, etc.*, ouvrage de la célèbre et vraiment étonnante mademoiselle Clotilde Courcelle Labrousse.

Manuscrit sur papier de 113 feuillets, daté de Poitiers, 1813.

LABROUSSE. — *Utilité de la translation du canton de Jumilhac à Lacoquille.* Nontron, Ranvaud, 1870, br. in-8.

LABROUSSE, de Bergerac. — *La Querelle de Bossuet et de Fénelon.* Bergerac, Faisandier, 1873, in-8.

LABOUILLE (abbé), curé d'Aubas. — *Journal d'un aumônier militaire pendant le blocus de Metz.* Sarlat, Michelet, 1873, br. in-8.

LABONNE (Jules), de Celles. — *Essai sur la vie.* Strasbourg, Mme Silbermann, 1825, in-8, 24 p.

LAC (Joseph du). — *Bergerac et son arrondissement*, notice historique. Périgueux, Dupont, 1872, br. in-8.

LA CALPRENÈDE (Raymond de Coste, seigneur de), romancier et poète, né à Targon près de Salignac en Sarladais vers 1612, mort au Grand Andely sur Seine en 1663. — Romans : *Sylvandre.*

— *Cassandre.* Première édition en 1644. — Nouvelle édition. Paris, 1731, 10 vol. in-12. — Le même, abrégé par A. N. de La Rochefoucauld, marquis de Surgères. Paris, Dumesnil, 1752, 3 vol. in-12.

— *Cléopatre*, roman historique; abrégé par Lebret. Paris, 1769, 3 vol. in-12. 3 figures non signées. — Abrégé par Benoît. Paris, Maradan, 1789, 3 vol. in-12.

— *Faramond, ov l'Histoire de France.* Paris, Sommaville, 1661, 12 vol. in-8. Titre gravé à chaque volume. — Le même, abrégé par M. de La Rochefoucauld, marquis de Surgères et publié par J. P. Molt. Paris, 1753, 4 vol. in-12.

— Pièces de théâtre : *La Mort de Mithridate*, tragédie. 1635. — Paris, Sommaville, 1637, in-4.

— *Bradamante*, tragi-comédie. 1636.

— *Jeanne d'Angleterre*, tragédie. 1637.

— *La Clarionte ou le Sacrifice sanglant*, tragi-comédie. 1637.

— *Le Comte d'Essex*, tragédie. 1638. — Paris, Sommaville, 1650, in-4.

— *La Mort des enfants d'Hérodes, ou la suite de Marianne.* Paris, Courbé, 1639, in-4.

— *Edouard*, tragi-comédie. 1639. Paris, Courbé, 1640, in-4.

— *Phalante*, tragédie. 1641.

— *Herménégilde*, tragédie en prose. 1643.

— *Bélisaire*, tragi-comédie. 1657.

LACHAMBEAUDIE (Pierre), poète fabuliste, né à Montignac-sur-Vézère en 1806. — *Essais poétiques.* Sarlat, Dauriac, 1829, in-12 de 70 pages.

— *Fables populaires;* introduction par E. Souvestre. Paris, librairie sociale, 1839, in-18. — 2e et 3e éditions. Paris, Juillat, 1841, in-18. — Avec préface de Béranger. Paris, Perrotin, 1845, in-32. — Paris, Pierre Vinçard, 1847, in-12. — Précédées d'une introduction par P. Leroux. Paris, 1851, gr. in-8. Nombreuses figures et portrait.

— *Chansons nationales.* Paris, 1831, in-8.

— *Le Médecin*, stances à M. Ricord. 1838, in-8.

— *La Vapeur.* Paris, 1846, in-8.

— *Les Hors-d'œuvre de Pierre Lachambeaudie.* Bruxelles, 1852-1853, in-8.

Tiré à 50 exemplaires seulement. Lachambeaudie exilé en Belgique y fit imprimer ses gaités qui passent à peine la permission, dit la *Bibliographie des ouvrages relatifs à l'amour.*

— *Les Fleurs de Villemonble* (poésies). Chez l'auteur, à Villemonble, 1861, br. in-12.

— A collaboré à plusieurs revues démocratiques.

— *Lachambeaudie*, par Eugène de Mirecourt (*Les Contemporains*, 2e série, no 74). Paris, Havard, 1867, in-32. Portrait et fac-simile.

LA CHESNAYE DES BOIS (François-Alexandre Aubert de). 1699—1784. — *Dictionnaire de la Noblesse.* Paris, 1770-1784, 12 vol. in-4 avec un supplément de 3 vol.

Très bon à consulter.

LA COLONIE (Jean-Martin), maréchal de camp sous les ordres du prince Eugène dans la campagne de 1717 contre les Turcs. — *Mémoires sur les événements de la guerre, depuis le siége de Namur en 1692 jusqu'à la bataille de Belgrade*, 1717. Francfort, P. Nicole, imprimeur-libraire, rue de la Mercerie, 1730, 2 vol. in-12. — Bruxelles (Blois), 1737. — Utrecht, 1738.

— On lui attribue l'*Histoire de la ville de Bordeaux* Bruxelles

(Bordeaux), Ve Bergeret, 1757 ou 1760 et 1769-1770, 3 vol. in-12.

Le style en est négligé, mais les recherches sont exactes et abondantes.

LACOMBE (P. Sabin). — *Scènes et Comédies de salon.* Paris, Dentu, 1863, in-18.

LACOSTE, né à Gramat (Lot), le 15 mars 1755, mort à Sainte-Marguerite le 15 mai 1831. — *Manuscrit sur l'Histoire du Quercy* en 6 volumes, à la Bibliothèque de Cahors.

Voir dans le sixième volume, dix-neuvième partie, pages 1 et suiv. une Vie du V. Alain de Solminihac.

LACOSTE (Elie), conventionnel, né à Montignac, mort en 1803. — *Rapport et projet de décret présentés à la Convention nationale au nom du comité de sûreté générale*, br. in-8.

LACOSTE (J.-B.). — *Les Eymétines, ou mélanges poétiques.* Paris, Firmin Didot, 1829, in-8.

LADEVIE-ROCHE, docteur-médecin de Saint-Germain de Salembre. — *Poésies.* 1871.

LADOUZE (de). — *Aux représentants de la Nation.* Périgueux, Dupont, 1848, br. in-8.

LADREIT DE LACHARRIÈRE, préfet de la Dordogne. — *Rapport fait par M. Ladreit de Lacharrière au conseil général en 1861.* Périgueux, Dupont, 1861, br. in-8.

LAFON (Pierre), acteur de talent, né à Lalinde en Périgord le 10 septembre 1775, mort à Bordeaux en mai 1846. — *La Mort d'Hercule*, tragédie en cinq actes et en vers. Libourne, 1792, in-8.

— *Discours prononcé à l'occasion de l'inauguration de la statue de P. Corneille, le 19 octobre 1834, suivi d'un Discours sur la mort de Talma.* Paris, 1834, in-8.

LAFONT-LABATUT (Joseph), peintre et devenu aveugle, poète, né à Messine en 1820, mort en 1877. — *Insomnies et regrets.* Paris, Furne, 1865.

— *La Femme du Diable.* Périgueux, 1878, in-16.

LA GRANGE (Guillaume de). — *Didon*, tragédie de feu Guill. de La Grange, natif de Sarlat en Périgort, excellent poète tragique françois. Lyon, par Benoist Rigaud, édition in-16 (XVIIIe siècle).

LA GRANGE (Louis-Joseph de), ou LAGRANGE-CHANCEL, né à Antoniat près Périgueux en 1676, mort en 1758. — *Œuvres*, corrigées par lui-même. Paris, P. Ribou, 1699, in-12.

Six tragédies en éditions originales avec un titre collectif.

— *Œuvres meslées.* La Haye, chez Ch. Le Vier, 1721, pet. in-8. Vignettes. — La Haye, 1724, pet. in-8.

— *Œuvres*, revues et corrigées par lui-même. Paris, veuve de P. Ribou et P. Jacques Ribou, 1734-35, 3 vol. in-12. — Paris, 1759, 3 vol. in-12. — Paris, libraires associés, 1758, 5 vol. in-12.

— *Œuvres choisies.* Edition stéréotype. Paris, Didot, 1810, in-18. — Paris, Didot, 1817, in-18.

— *Les Philippiques*, odes. En Hollande (Paris), 1723, in-12. — Publiées par le fils de l'auteur, suivies de ses poésies fugitives. Bordeaux, Puynesge, 1797, in-8. — Nouvelle édition, revue sur les éditions de Hollande, sur le manuscrit de la bibliothèque de Vesoul, et sur un manuscrit aux armes du régent, précédée de Mémoires pour servir à l'histoire de la Grange-Chancel et de son temps, en partie écrits par lui-même, avec des notes historiques et littéraires par M. de

Lescure. Paris, 1858, in-12. — Edition définitive, collationnée sur un manuscrit de l'époque avec remarques inédites par L. de Labessade. Paris, 1876, in-8.

Cette édition est augmentée des strophes qui avaient jusqu'ici échappé à toutes les recherches.

— *Les Philippiques* de Lagrange-Chancel, publiées d'après le manuscrit et les annotations de l'auteur avec une préface, par M. A. Dujarric-Descombes. Périgueux, Dupont, 1878, in-18.

— *Adherbal, roi de Numidie*, tragédie en cinq actes en vers. — Nouvelle édition. Amsterdam, Jacq. Desbordes, 1702, in-12.

L'édition originale est de Paris, 1694; plus tard l'auteur lui donna le titre de *Jugurtha*.

— *Alceste*, tragédie en cinq actes en vers. Paris, Ribou, 1704, in-12. — La Haye, 1733, in-8.

— *Amasis*, tragédie en cinq actes et en vers. Paris, Ribou, 1701 et 1702, ou veuve de P. Ribou, 1729 et 1731, in-12. — La Haye, 1702, in-12.

— *Ariane*, tragédie lyrique en cinq actes en vers et prologue. Paris, Ribou, 1717, in-4.

— *Athenaïs*, tragédie en cinq actes en vers. Paris, Ribou, 1790, ou veuve de P. Ribou, 1739 in-12. — La Haye, 1702.

— *Cassandre*, tragédie lyrique avec prologue en vers libres. Paris, Chr. Ballard, 1706, in-4. — Amsterdam, 1707, in-12.

— *Cassius et Victorinus, martyrs*, tragédie chrétienne en cinq actes en vers, tirée de Grégoire de Tours. Paris, veuve de P. Ribou, 1733, in-8. — Bruxelles, 1735, in-8.

Dédiée à la princesse de Conty. La scène se passe à Clermont en Auvergne.

— *Erigone*, tragédie en cinq actes en vers. Paris, veuve de P. Ribou, 1732, in-12. — Utrecht, 1732, in-22.

— *Ino et Mélicerte*, tragédie en cinq actes en vers. Paris, P. Ribou, 1713 ou 1715. in-12. — La Haye, 1732, in-12.

— *Médus, roi des Mèdes*, tragédie lyrique en cinq actes en vers libres. Paris, Ch. Ballard, 1702, in-4. — Amsterdam, 1705, in-12.

— *Méléagre*, tragédie en cinq actes en vers. Paris, P. Ribou, 1699. — Amsterdam, Jacq. Desbordes, 1702. in-12.

— *Oreste et Pilade*, tragédie en cinq actes en vers. Paris, P. Ribou, 1709, in-12. — Amsterdam, 1707, in-12.

— *Histoire du Périgord*, manuscrite, qu'il avait léguée aux Chanoines de Chancelade.

Voir le Dictionnaire de Brunet et le Dictionnaire de Quérard pour plus amples renseignements.

LA HARPE. 1739—1803. — *Cours de littérature ancienne et moderne*. Paris, 1813, 16 vol. in-18.

— *Eloge de François de Salignac de La Mothe Fénelon, archevêque, duc de Cambray, etc.* Paris, Ve Regnard, 1771.

LAJUGIE (abbé), curé de Saint-Alvère. — *Discours prononcé à l'occasion du service funèbre que Mgr l'Evêque* (Mgr de Lostanges) *y a célébré à la mémoire de ses aïeux, le 6 février 1824*.

LAMARQUE, avocat, né à Montpont en Périgord, le 2 novembre 1773, mort à Montpont le 3 mai 1839. — *Vues de tolérance et d'union proposées par un citoyen*. Périgueux, Dalvy, 1798, broc. de 21 pages.

LAMARQUE (François), membre du tribunal de Périgueux, député de la Dordogne à l'Assemblée législative et à la Convention, préfet du Tarn, né en Périgord en 1756. — *Opinion sur les Théâtres, au Conseil des Cinq-Cents* (séance du 2 germinal an VI). Paris, imprimerie nationale, an VI, in-8.

— *Statistique du département dn Tarn.* Paris, de l'imprimerie des Sourds-muets, an IX (1801), in-8 de 101 pages.

— *Essai politique sur quelques articles de l'acte additionnel aux Constitutions de l'Empire.* Paris, Dabin, 1815, in-8 de 64 pages.

LAMBERT (Antoine), chanoine régulier de Chancelade. — *Eloge historique de Jean-Antoine Gros de Beler, abbé de Chancelade.* 1720.

LAMOTHE frères, de Bergerac, tous deux avocats au Parlement de Bordeaux, ont donné une édition des *Coutumes* de Bergerac et de Bordeaux.

LAMOTHE (Louis de), ancien secrétaire-général de la Société d'agriculture, sciences et arts de la Dordogne et de la Société d'horticulture, né à Périgueux en 1813. — Collaborateur à la *Gazette de Périgord* depuis 1836; plus tard à d'autres journaux de Périgueux.

— Nombreux articles dans les *Annales* de la Société d'agriculture et de la Société d'horticulture de la Dordogne.

LAMOTHE (Alexandre Bessot de), littérateur, archiviste du département du Gard, né à Périgueux le 8 janvier 1828. — *Musée de l'Ermitage impérial de Saint-Pétersbourg*, notice sur la formation de ce Musée et description des diverses collections qu'il renferme et une introduction historique sur l'Ermitage par le bibliothécaire de l'Empereur. Saint-Pétersbourg, F. Gille, 1860, in-8.

Voir le t. XXV de la *Bibliothèque de l'Ecole des Chartes.*

— *Inventaire des archives de la ville d'Uzés.* Paris, Dupont, 1864, in-4.

— *Inventaire des archives du département du Gard, série C.* Paris, Dupont, 1866, in-4. — *Série G.* 1872.

— *Description de la cathédrale de Nîmes.* Nîmes, Catélan, 1870.

— *Apothéose de Dumonchel.* Nîmes, Catélan, 1873.

— *Promenades d'un Curieux dans Nîmes.* Nîmes, Catélan, 1871.

— *Coutumes de Saint-Gilles.* Nîmes, 1870.

— *Vitraux de Saint-Bandile.* Nîmes, Catélan, 1876.

— *Exécution des Camisards à Nîmes.* Nîmes, Catélan, 1875.

— *Les Camisards, suivis des Cadets de la Croix.* Paris, Blériot, 3 vol. in-12, illustrés. 20 éditions.

— *Les Faucheurs de la Mort.* Paris, Blériot, 1868, 2 vol. in-12, illustrés. 30 éditions. — Edition gr. in-8 de 360 pages. 130 gravures.

— *Les Martyrs de la Sibérie.* Paris, Blériot, 1869, 4 vol. in-12, illustrés. 25 éditions.

— *Marpha.* Paris, Blériot, 1870, 2 vol. in-12. 20 éditions.

— *Histoire d'une Pipe.* Paris, Blériot, 1864, 2 vol. in-12, illust. 12 éditions.

— *Les Soirées de Constantinople.* Paris, Blériot, 1859, in-12. 5 éditions.

— *Histoire populaire de la Prusse.* Paris, Blériot, 1872, in-12. 4 éditions.

— *Les Mystères de Machecoul.* Paris, Blériot, 1870, in-12.

— *Le Gaillard d'arrière de la Galathée.* Paris, Blériot, 1870, in-12.

— *Légendes de tous pays. Les Animaux.* Paris, Blériot, in-18, 100 gravures.

— *Mémoires d'un Déporté à la Guyane française.* Paris, Blériot, 1859, in-18, 40 éditions.

— *L'Orpheline de Jaumont.* Paris, Blériot, 1872, in-18, 16 éditions.

— *Le Taureau des Vosges.* Paris, Blériot, 1872, in-18. 16 éditions.

— *Aventures d'un Alsacien prisonnier en Allemagne.* Paris, Blériot, in-12. 16 éditions.

— *Journal de l'orpheline de Jaumont.* Paris, Blériot, 1872, in-18. 16 éditions.

— *L'Auberge de la Mort.* Paris, Blériot, 1872, in-18. 16 éditions.

— *La Reine des Brumes et l'Emeraude des Mers*, impressions de voyage en Angleterre et en Irlande. Paris, Blériot, 1873, in-18. 7 éditions.

— *Les Mêtiers infâmes.* Paris, Blériot, in-18. 4 éditions.

— *Le Roi de la Nuit.* Paris, Blériot, 1873, 2 vol. in-18.

— *Les Compagnons du Désespoir.* Paris, Blériot, 1875, 3 vol. in-18.

— *Pia la San-Pietrina.* Paris, Blériot, 1876, 2 vol. in-18.

— *Les Fils du Martyr.* Paris, Blériot, 1876, in-18.

— *Les Deux Reines.* Paris, Blériot, 1876, in-18.

— *Le Proscrit de la Camargue.* Paris, Blériot, 1877, in-18. Portrait photographié de l'auteur.

— *La Fille du Bandit*, scènes et mœurs de l'Espagne contemporaine. Paris, Blériot, 1877, gr. in-8 de 800 pages, orné de 500 gravures.

— *Le Secret du Pôle.* Paris, Blériot, 1878, in-18.

— *A travers Pologne et Russie.* Paris, Blériot, 1864, in-18

LA NAUZE (abbé de). — *Histoire de l'Eglise de Sarlat.* Paris, Lecoffre, 1855, in-8.

Extrait de la *Gallia christiana*.

— *Histoire des abbayes du diocèse de Périgueux.* Périgueux, Boucharie, 1857, in-8.

LANGLADE (Jacques de), baron de Saumières, né à Limeuil en Périgord en 1720, mort en 1765. — *Mémoires sur la vie du duc de Bouillon.*

LANDES (Justin), ancien professeur a l'Institution nationale des Sourds-Muets de Paris, mort à Sarlat en juin 1877. — *Une lettre de l'impératrice Marie Theodorowna de Russie à l'abbé Sicard.* Sarlat, Michelet, 1876, br. in-8.

LANDRIOT (Mgr), évêque de La Rochelle. — *Eloge funèbre de Mgr Baudry, évêque de Périgueux* (1863). Périgueux, Bounet, broc. in-8.

LANXADE (de). — *L'Amour à la redoute*, poème en deux chants. A Paris, la dame Esprit, 1783, br. gr. in-8.

LA PLACE, avocat au présidial de Périgueux, né à Périgueux au XVIIe siècle, mort en 1763. — *Introduction aux droits seigneuriaux.* Paris, 1749, in-12.

— *Dictionnaire des Fiefs et autres droits seigneuriaux.* Paris, 1757, in-8.

— *Maximes de Droit français.* In-4.

LAPOUYADE (J. F.). — *Essai sur la vie et les travaux de Vatar-Jouannet.* La Réole, 1848, br. in-8.

— *Etude du Contrat de métayage.* Bordeaux, Henri Faye, 1850, br. in-8.

— *Explication des légendes des médailles consulaires.* Bordeaux, br. in-8.

— *Explication des légendes des médailles romaines.* Bordeaux, br. in-8.

— *Etudes numismatiques.*

LA REYNIE DE LA BRUYÈRE (Jean-Baptiste-Marie-Louis), chanoine de Limoges, prieur commandataire de Saint-Léger, né à Sarlat le 5 mai 1760. — *Candide ou l'élève du philosophe chrétien.* Paris, Cailleau, 1787, 2 vol. in-18.

— *Caron, amiral de l'Achéron, à Mesmer, etc.*, épitre. 178.. in-12.

— *Eloge de M. de Beaumont, archevêque de Paris.* Paris, 1782, in-8.

— *Eloge de M. de Montesquiou de Poilbon, évêque de Sarlat.* 1784, in-8.

— *Les Hameaux fortunés*, pastorale sur l'avenement de M. de Juigné à l'archevêché de Paris. Paris, 1782, in-8.

— *Lettres Indiennes, etc., pour servir de supplément et de correctif à l'Histoire des Etablissements, etc., de l'abbé Raynal.* Paris, Lottin jeune, vers 1780, in-12.

— *L'Oracle accompli*, églogue sur la naissance de Mgr le Dauphin. Paris, 1781, in-8.

— *Petit Journal du Palais-Royal.* 5 numéros in-8.

LA REYNIE DE LA BRUYÈRE (Louis), adjudant, commandant, etc., agent politique du gouvernement. — *Manuel des Commissaires et des relations commerciales, des négociants maritimes et des armateurs en charge.* Paris, Royez, 1803, in-8 de 148 pages.

LAROUVERADE (M.-E.). — *Lettres à Julie.* 1833.

LARTET ET CHRISTY. — *Les Cavernes du Périgord.* Paris, 1864.

Extrait de la *Revue archéologique.*

— *Note relative à une lame d'ivoire fossile trouvée dans un gisement ossifère du Périgord*, brochure.

Extrait des *Annales des sciences naturelles.*

— *Lettre adressée à M. Milne-Edwards*, par M. Lartet, br. avec planche.

— *Mémoire sur une sépulture des anciens troglodytes du Périgord*, par M Lartet, brochure avec planches.

— *Remarques sur la Faune du Cros-Magnon*, par M. Lartet, brochure.

— *Reliquiæ Aquitanicæ*, texte en anglais, planches nombreuses.

LASCOUX (J.-B.). — *Documents sur Domme.* Paris, Everat, 1836.

Voir l'article *Sarlat.*

LA SELVE (Edouard), ancien professeur de rhétorique au lycée de Port au Prince. — *Histoire de la Littérature Haïtienne depuis ses origines jusqu'à nos jours.* Versailles, Cerf et fils, 1875, gr. in-8.

— *Pensées de Janetto Silva.* 1 volume.

— *Feuilles mortes de Janetto Silva*, poésies.

— *Sous les Mangliers*, récits. 1 volume.

— *Fleurs des Tropiques*, 10 sonnets. 1 volume.

— *Une République noire*. 2 volumes.

— *Les Mystères d'Haïti*, en six parties.

— *Mélaïna*, étude de la femme noire. 2 volumes.

— *Madame Mathon*, étude de la femme créole. 2 volumes.

— *Le Comte Juan de Acero*. 2 volumes.

— *Comment finissent les amours*. 2 volumes.

— *Voyage à l'imprévu dans les Deux-Mondes*. 2 volumes.

— *Scènes de la vie de Maître d'Etude*. 2 volumes.

— *Le Père Chabrol*. 2 volumes.

LASERRE (A.), avocat. — *Mémoire dédié au Conseil municipal*. Sarlat, Michelet, 1876, br. in-8.

LEBLANC (Denis-Alexandre), abbé de Saint-Cyprien, nommé évêque de Sarlat le 2 septembre 1721. — *Ordonnances synodales du diocèse de Sarlat, synode du 12 juillet 1729*. Bordeaux, Delacourt, 1729, in-8.

LAS FORGES-LAGRANGE (Adhémar). — *Chez les Sauvages*. Nontron, Deschamps, 1868, in-8.

LATOUR (Guillaume de), troubadour, né au XIIe siècle au château de Latour, paroisse de Sainte-Nathalène en Sarladais, a laissé treize pièces de vers.

Voir le *Périgord illustré*, p. 155.

LATOUR (Jean-Baptiste Tenant de), bibliographe, bibliothécaire de Louis-Philippe à Compiègne, né en Périgord en 1779. — A édité: *Poésies de Malherbe, avec des notes d'André Chénier*. Paris, 1842. — *Œuvres de Chapelle et de Bachaumont*. Paris, 1854. — *Œuvres complètes de Racan* en 1857.

Ces deux derniers ouvrages font partie de la *Bibliothèque elzévirienne* de Jannet.

— *Six lettres sur la bibliographie*, in-12.

— *Mémoires d'un Bibliophile*. Paris, Dentu, in-12.

— *Deux lettres à Madame la comtesse de Ranc...* Paris, Béthune, 1842, in-12 de 24 pages.

Tiré à 100 exemplaires. Ces deux lettres ont été d'abord imprimées : la première dans la *Revue de Paris* du 1 octobre 1839; la seconde en tête des *Poésies de Malherbe*, 1842, in-12; elles sont annoncées comme devant faire partie d'un recueil intitulé : *Lettres sur la bibliographie*.

— *Un Cabinet de M. Turgot*, nouvelle lettre à Madame de Rancé. Paris, Ducessois, 1843, in-8 de 24 pages.

LATOURBLANCHE. — *Encomium Joannis Bertaudi Petragorici turris albæ in ducatu Engolismensi alumni, de Cultu trium Mariarum adversus Lutheranos cum missa solemniore et officio canonico earumdem auspiciis augustissimæ principis Ioannæ Aurelianensis Gyverentium dominæ, ac comitis du Barcq*. Ouvrage en trois parties : 1° *Encomium*, titre ci-dessus; 2° Une partie sans titre; 3° *Divinarum humanorumque rerum principium Ioannis Bertaudi.... de cognatione sacerrimi Ioannis Baptistæ cum filiabus et nepotibus beatæ Annæ, libri tres ab eodem expurgati et aucti....* Imprimebat Iodocus Badius Ascensius jam finem prospectans a X Calendas Decembris 1525. Petit in-4, papier, gravures sur bois.

Voir f° LXXII verso : Lettre à François de Marcillac, premier-président, au Parlement de Rouen, et f° LXXII, verso : Lettre à Nicolas Grand dans laquelle Bertaud donne la filiation de la famille de Bourdeilles. Voir Biblioth. Baluze, t. I, p. 177 n° 2362; Brunet, t. I, col. 113.

LAURENS (V.-A.), membre de l'Institut historique de France. — *Le Tyrtée du Moyen-âge*, ou histoire de Bertrand de Born, vicomte d'Hautefort. Paris, Gedalge jeune, 1863, in-8.

LAVAU, médecin à Périgueux a fait en 1735 un *Traité sur le moyen de corriger le défaut d'articulation dans la prononciation des mots.*

LAURIÈRE (Brou de), docteur-médecin à Saint-Mayme. — *Traitement de la suette par le froid et les purgatifs*. Périgueux, Lavertujon, 1843, in-8 de 44 pages.

LAVERTUJON (André). — *La Législature de 1857—1863*. Bordeaux, 1863, gr. in-8.

LEBEUF (abbé). — *Mémoire sur les antiquités de Périgueux.*

Histoire de l'Académie des Belles-Lettres, t. XXIII, p. 201. Dans ce mémoire lu en 1751, l'abbé Lebeuf rapporte « huit inscriptions des mieux conservées, sur treize ou quatorze, encastrées dans les murs des casernes »; il décrit la colonne milliaire trouvée dans la Cité et reproduit la table pascale de l'ancienne cathédrale de Périgueux. Le t. XXXVII de l'*Histoire de l'Académie des Inscriptions* contient un autre mémoire de l'abbé Lebeuf sur l'inscription découverte en 1754 à Périgueux : L. MARVLLIVS. L. MARVLLI, etc.

LE BOUX (Guillaume), né en 1621, mort en 1693, évêque de Périgueux de 1666 à 1693. — *Sermons*. Rouen, 1776, 2 vol. in-12.

— *Conférences de Périgueux*. 3 vol. in-12.

— *Theologia Moralis, jussu et auctoritate illustrissimi et reverendissimi Episcopi Petrocorensis ad usum sui seminarii*. Parisis, apud viduam Ludovici Guérin, edita anno 1720, 4 vol. in-12.

Ouvrage estimé publié à la fin de l'épiscopat de Mgr Le Boux.

LE LABOUREUR (Jean). 1625—1675. — *Mémoires de Michel de Castelnau*. 2 vol. in-f°.

— *Histoire de Charles VI*. 1663, 2 vol. in-f°.

LE FRÈRE (Jean), historien; cité par le P. Dupuy.

LEMOYNE (Jean-Baptiste MOYNE, dit), musicien, né en 1752 à Eymet en Périgord, mort à Paris le 30 décembre 1796. — Sa première œuvre connue est une scène d'orage introduite dans l'ancien opéra de *Toinon et Toinette*.

— *Le Bouquet de Colette*, opéra en un acte joué à Varsovie en 1777 ou 1778.

— *Electre*, grand opéra en trois actes joué à Paris en 1782.

— *Phèdre*, opéra joué à Paris. 1786.

— *Nephté*, opéra en trois actes joué à Paris. 1789.

— *Les Prétendus*, opéra en deux actes, joué à Paris. 1789.

De tous ses opéras celui qui eut le plus de succès.

— *Les Pommiers* et *Le Moulin*, joués à Paris. 1790.

— *Elfride*, opéra en trois actes joué à Paris. 1792.

— *Le Mensonge officieux*, opéra en un acte joué à Paris. 1795.

LENET (Pierre), mort en 1671. — *Mémoires sur les guerres civiles des années 1649 et suivantes principalement de celles de Guienne*. 1729, 2 vol. in-12.

LENTILHAC (E de). — *Précis d'agriculture théorique et pratique.*

— *Monographie de l'arrondissement de Ribérac*. Périgueux, Dupont, 1782, in-8.

— *Notices historiques sur Guillaume et Dominique-François de Bastard*, en collaboration avec L.

G. Michaud. Paris, Dupont, 1835, in-8 de 16 pages.

LESPINASSE (Jean), de Grignols en Périgord, médecin et poete, vivait au XVIe siècle. On a de lui deux pièces de vers, une en latin en l'honneur de Laurent Joubert, chancelier de l'école de médecine de Montpellier, et l'autre en tête du *Traité de chirurgie* de Guy de Chauliac, Lyon 1579

LESPINE (Pierre), né à Leyfourcerie, paroisse de Vallereuil, le 17 septembre 1757, mort à Paris le 11 mars 1841, chanoine de Saint-Front de Périgueux, employé aux archives du département de la Dordogne, garde manuscrit de la Bibliothèque Impériale, et plus tard directeur de l'Ecole des Chartes, auteur de la plupart des généalogies périgourdines. Ses nombreux manuscrits sont à la Bibliothèque Nationale; ils contiennent presque toute l'histoire du Périgord.

Voir la table de ses 106 volumes au *Dictionnaire topographique* de M. de Gourgues.

LEYDET (Guillaume-Vivien), chanoine régulier de Chancelade, né en Périgord, professeur de philosophie en 1764. — *Mémoire pour servir à l'histoire des monnaies des provinces de France.*

— Une partie de ses manuscrits est à la Bibliothèque Nationale, fonds Leydet et Prunis.

Voir le *Périgord illustré*, p. 162.

LEYMARIE (J.-B.-Edouard). — *Quelques mots sur un ouvrage d'un Périgourdin et quelques mots sur l'histoire du Périgord.* 1854.

— *De la traverse de Périgueux.* Périgueux, Dupont, 1857, br. in-8.

LIGUEUX (abbaye de). — *Statuts et constitutions sur la règle du glorieux père Saint Benoît pour l'abbaye de Ligueux.* A Lyon chez Jean Ayme Gaudy, avec approbation, 1642, in-12 de 96 pages. Titre gravé, d'un côté Saint Benoît, de l'autre une abbesse crossée. Au bas, armes de la famille de Saint-Aulaire surmontées d'une crosse.

— *Statuts et constitution sur la règle du glorieux père Saint Benoit pour l'abbaye de Ligueux sous le glorieux titre de Notre-Dame de la Purification.* Avec approbation, 1668. Même titre grave, mêmes armes.

Ce volume contient 131 pages avec cette dédicace. « A mes tres chères et bien aymées filles les religieuses de l'abbaye de Notre-Dame de Ligueux sous le glorieux titre de la Purification de la Vierge » signé (vostre très humble et très affectionnée mère abbesse, Suzanne de Ste-Aulaire, 3e du nom). Voir le *Chroniqueur du Limousin et du Périgord*, t. II, p. 97.

LINGARD (John docteur). — *Histoire d'Angleterre.* Paris, 1825, 14 vol. in-8.

Y voir les guerres entre la France et l'Angleterre en Guyenne.

LINGENDES (Jean de), prédicateur remarquable sous Louis XIII et Louis XIV, évêque de Sarlat puis de Macon, né à Moulins, mort en 1665. — *Oraison funèbre du roy Louis XIII surnommé le juste, prononcée en l'Eglise de Saint-Denis le XXIIe jour de juin 1643 au service solennel de ses obsèques, par Messire Jean de Lingendes, évêque de Sarlat, conseiller du roy en ses conseils, etc., prédicateur ordinaire de Sa Majesté.* A Paris, chez Charles Saureux sur le Terre-Cambray, vis-à-vis le collége des 3 évêques, M.DC.XLIII. avec privil. du roy. Pet. in-f° de 75 pages (Bibliothèque de l'Arsenal. *Recueil des Oraisons funèbres.* A bis. 1729 B.).

LIRIS (Léonard de), récollet, mathématicien, né à Eymoutiers en Périgord au commencement du XVIIe siècle. — *Secret ou théorie des longitudes.* Paris, 1647, in-4.

— *Apologie du Secret des longitudes.* Paris, 1648.

— *Ephémérides maritimes*. Paris, 1655, in-f°.

LOISEL (Antoine). — *Antiquités de Périgueux ;* elles se trouvent dans sa *Remontrance*, Paris, Langelier, 1605, in-8.

Le vrai titre de l'ouvrage est : *Le Perigueux ou continuation de l'homonore*. Il contient deux remontrances pronoucées à Périgueux, l'une à l'ouverture de la chambre de justice le 4 juillet 1582, et l'autre à sa cloture le 10 janvier 1584 (*Bibliothèque historique de la France* de J. Le Long).

LOISEL (Guillaume), né à Bergerac. — *Guillelmi Loselli medici et chirurgi regii, etc. Opera*. Burdigalæ, Gilb. Vernoy, 1617, in-18.

LONG (Jacques Le), oratorien. 1665—1721. *Bibliothèque historique de France*, in-f°. — Nouvelle édition par de Fontette. 1768, 5 vol. in-f°.

C'est le catalogue de 48,825 ouvrages différents dont 52 concernent le Périgord.

LONGUERUE (Louis Dufour de), abbé de Septfontaines et du Jard, né en 1652, mort en 1733. — *Description historique de la France*. Paris, 1719, in-4°.

LORTAL (Mademoiselle de Lavermondie de). — *Amour et Miséricorde*. Périgueux, 1873.

LOSSE (comte de), ex-capitaine au 4e bataillon des mobiles de la Dordogne, né au château de Bannes, près Beaumont, en 1831. — *Quelques lettres de l'armée de la Loire*. Périgueux, Dupont, 1874, in-8.

LOSTANGES (Alexandre-Charles-Louis-Rose), évêque de Périgueux, 1817—1835, né à Versailles en 1763, mort à Bergerac en 1835. — *Mandement de Mgr l'évêque de Périgueux, annonçant une association pour venir au secours du séminaire du diocèse de Périgueux*. Périgueux, J. Danède. 2 feuilles in-4 (Bibliothèque de Cahors).

— *Statuts du diocèse de Périgueux*. Périgueux, Danede, 1822, broc. in-12.

— *Instructions pour le jubilé de 1826, avec un Mandement de Mgr de Lostanges*. Périgueux, 1826, pet. in-32.

— *Relation de ce qui s'est passé depuis l'arrivée de Mgr de Lostanges, évêque de Périgueux*. Périgueux, J. Danède, 1821, br. in-8 (Bibliothèque de Cahors).

LOUCHE (Jules), prêtre. — *Petit Cathéchisme protestant et catholique raisonné ou les croyances protestantes et catholiques devant la Bible et la raison*. Périgueux, Dufour, in-18 de XIX-617 pages.

MACHECO DE PREMEAUX (Jean-Chrétien de), évêque de Périgueux de 1732 à 1771. — *Instruction en forme de catéchisme sur l'obligation et la manière de sanctifier les jours de dimanche et de fêtes et les différents temps de l'année, selon l'esprit de l'Eglise, accompagnée d'un Mandement.* Périgueux, Pierre Dalvy, 1760, in-8.

Extrait du catalogue de sa bibliothèque : Notes fournies par M. de Montégut, procureur de la République à Ribérac.

— *Missale Petragoricense.* 1541, in-4.

— *Histoires de toutes choses mémorables*, par Jacques Estourneau, Xainctongeois. Paris, Guill. Chaudière, 1571, in-4.

— *Rituel de Périgueux.* 1559, in-8.

— *Avertissement aux confesseurs, dressé par le commandement de Mgr l'évêque de Périgueux.* Périgueux, Pierre Dalvy, 1650, in-12.

— *Conférences ecclésiastiques du diocèse de Périgueux ;* nouvelle édition. Paris, Théodore Muguet, 1689, 5 vol. in-12.

— *Introduction aux droits seigneuriaux*, par Me Antoine La Place, conseiller au présidial de Périgueux. Paris, de Luens, 1749, in-12.

— *Direction pour la conscience du roy*, composé par Fr. de Salignac de la Mothe-Fénelon. 1747, in-12.

— *Breviarum Petragoricense.* 1559, 2 vol. in-16.

— *Instructions chrétiennes*, par le P. Paradol de la S. de Jésus. Paris, Dupuis, 1718, in-12.

— *Du Calcul ecclésiastique ou la manière de compter le temps dans l'Eglise catholique et romaine*, par M. Antoine Tourtel. Paris, Martin, 1677, in-12.

— *Dissertation ecclésiastique sur le pouvoir des évêques pour la diminution ou l'augmentation des fêtes*, par MM. les évêques de Saintes, de La Rochelle et de Périgueux. Paris, Ant. des Olliers, 1691, in-12.

— *Explication des Maximes des Saints sur la vie intérieure*, par M. de Fénelon, archevêque de Cambray. Paris, 1697, in-12.

Edition originale la seule qui ait été faite. — Erreur de M. de Montégut puisque à l'art. Fénelon on peut voir qu'il y en a eu une en 1698, à Bruxelles.

— *Constitution sur la règle de Saint Benoît pour l'abbaye du Bugue, diocèse de Périgueux*. Périgueux, Arnaud Dalvy.... in-16.

— *Leonardi Frizon, e societate Jesu, opera poëtica*. Paris, 1675, 2 vol. in-8.

N. B. Le catalogue complet comprenait 243 pages in-4. Le chanoine Leydet de Chancelade, comme le constate une note de sa main à la fin du catalogue, y avait relevé 98 ouvrages de choix sur l'histoire et le Périgord.

**Magasin pittoresque*, sous la direction d'Edouard Charton. Paris, rue Jacob, actuellement rue des Grands-Augustins. Gravures.

T. VII et suiv. *Etudes d'architecture en France*; t. XVIII, *Périgueux*; t. XIX, *Les quatre baronies du Périgord*; t. XL, p. 319, *Habitants préhistoriques des cavernes*.

MAGNE (Pierre), ancien ministre, sénateur, né à Périgueux. — *Réponse pour la ville de Périgueux contre le département de la Dordogne au mémoire de M. Mérilhou sur la propriété de l'hôtel de la préfecture*, signée par Magne, avocat, et Chouri, avoué. Périgueux, Faure et Rastouil, 1835, br. in-4.

— *Discours de M. Magne, ministre sans portefeuille, au Corps législatif (mars 1861)*. Paris, 1861, br. in-8.

— *Discours de M. Magne, ministre, prononcé le 14 mars 1862*. Paris, Panckouke, 1862, br. in-8.

— *Esquisse sur Daumesnil*. Périgueux, Rastouil, 1873, br. in-8.

MAGNE (Alfred), ancien trésorier payeur général, membre du conseil général de la Dordogne, mort à Paris en juin 1878, a publié: *Quelques lettres relatives à l'histoire de la Fronde en Périgord*. Périgueux, Dupont, 1876, br. gr. in-8.

MAGUEUR (abbé), missionnaire. — *Oraison funèbre de J. B. Macerouze, curé-archiprêtre de Bergerac*. Périgueux, Boucharie, 1870, br. in-8.

MAIGNE (docteur). — *Journal anecdotique de Madame Campan, ou Souvenirs recueillis dans ses entretiens*. Paris, 1824, in-8. Portrait. — Londres, Colburn, 1825, in-8.

MAINE DE BIRAN (Marie-François-Pierre-Gonthier), né à Grateloup près Bergerac en 1766, mort à Paris en 1824. — *Œuvres philosophiques*, publiées par V. Cousin. Paris, Ladrange, 1841, 3 vol. in-8.

— *Œuvres inédites*. Paris, Dezobry et Madeleine, 1859, br. in-8.

— *Influence de l'habitude de la faculté de penser*. Paris, an XI, in-8.

— *Mémoire sur la décomposition de la pensée.*

— *Examen des leçons de La Romiguière.*

— *Rapports du physique et du moral.*

— *Nouvelles considérations sur le sommeil, les songes et le somnambulisme.*

Le colonel Staaf dans son livre *La littérature française* attribue à Maine de Biran : *Les Nuits élyséennes et en agrestes*, poèmes, et *Le Christianisme expliqué ou l'unité des croyances pour tous les chrétiens*, en prose.

— *Notice historique et bibliographique sur les travaux de Maine de Biran*. 1851, in-8.

— *Vie et pensées de Maine de Biran*, publiées par Ernest Naville. Paris, Didier, 1874, in-12.

— *Maine de Biran et la critique italienne*, par Elie de Biran.

— *Etude sur Maine de Biran, d'après le Journal intime de ses pensées*, par A. Nicolas. Paris, Vaton, 1858, in-18.

Voir les *Causeries du Lundi* de Sainte-Beuve, édition Garnier, 1858, t. XIII, p. 249.

MAINE DE BIRAN (Elie). — *Soulèvement des Croquants en Périgord* (1636-1637). Périgueux, Dupont, 1877, in-8.

— *David Livingstone*, poëme. Paris, 1877.

— *Notice sur Gonthier de Biran, député de la sénéchaussée du Périgord aux Etats généraux de 1789*. Périgueux, 1879, in-8.

— *Notes et documents inédits relatifs aux institutions de la ville de Bergerac avant 1789*.

MAISON DE LA GARDE *(Généalogie de la) en Limousin, Auvergne et Périgord*, par Lainé, in-8 de 40 pages.

MALAURIE (abbé), ancien professeur au séminaire de Bergerac, ancien curé de Montpont, mort en *1881*. — *Vie de Madame de Chantal*.

— *Mal et remède*.

— *Fables*.

MALEVILLE, sieur de Cazals en Quercy. — *Esbats sur le Quercy*, manuscrit à la bibliothèque de Cahors.

Copie du manuscrit original de la bibliothèque de Grenoble, par les soins de Champollion-Figeac, en 1806. 2e partie. La première partie se trouve dans les 13 premiers livres de J. Scaliger contre Cardan. Maleville signale p. 197, les Constitutions synodales de Messire Antoine de Luzech, évêque de Cahors, de l'an 1500, imprimées à Périgueux, chez Jean Carant.

MALEVILLE (Guillaume), curé de Domme, né à Domme, en Sarladais en 1699. — *Lettres sur l'administration du sacrement de la pénitence*. 1740, 2 vol. in-12.

— *Les Devoirs du chrétien*. 1750, 4 vol. in-12.

— *Prières et bons propos pour les prêtres et particulièrement pour les pasteurs*. 1752, in-16.

— *La Religion naturelle et révélée ou Dissertations philosophiques, théologiques et critiques contre les incrédules*. 1736-1758, 5 vol. in-12.

— *Histoire critique de l'Eclectisme*. 1766, 2 vol. in-12.

— *Doutes proposés aux théologiens sur des opinions qui paraissent fortifier les difficultés des incrédules contre quelques dogmes catholiques*. 1768, in-12.

— *Examen approfondi des difficultés de l'auteur d'Emile contre la religion chrétienne*. 1769, in-18.

— *Mémoire sur la prétendue défense de la tradition orale de l'abbé Gissou*. 1759, in-12.

MALEVILLE (Jacques, marquis de), né à Domme en 1741, mort à Caudon en 1824, coopéra à la rédaction du Code Civil, publia une brochure contre l'adoption du divorce intitulée : *Du Divorce et de la séparation de corps*. Paris, 1801, in-8.

MALEVILLE (Pierre-Joseph, marquis de), né à Domme en 1778, mort à Paris en 1832. — *Discours sur l'influence de la réformation de Luther*. 1805, in-8.

— *Adresse au Sénat, le 1er avril 1814, pour demander le retour des Bourbons*.

— *Les Benjamites rétablis en Israël*, poëme traduit de l'hébreu. 1816, in-8.

— *Conférence des Mythologies ou les Mythes et les mystères des différentes nations païennes anciennes et modernes.*

N'a pas paru. Cet ouvrage devait avoir 8 vol. in-8.

MALEVILLE (comte E. de). — *Bibliographie du Périgord (XVIe siècle)*. Paris, Aug. Aubry, 1861, in-8.

Tiré à cent exemplaires numérotés. — J. de Amelin. — Arnaud de La Borie. — A. Boyer. — Branthôme. — P. Brun. — J. de Champaignac. — J. Dupuy. — E. Fayard. — E. de La Boétie. — J. Nompar de Caumont, duc de La Force. — G. de La Grange, seigneur de La Place. — G. Loiseau. — M. de Mailliet. — M. de Montaigne. — J. du Peyrat. — A. de Ranconnet. — J. Rey. — F. de Saint-Aulaire. — De Salignac de La Mothe-Fénelon. — J. de Salignac. — J. Talpin. — Jean Tarde. — Ant. Vivien.

MALLES (Mad., née de Beaulieu), morte à Nontron en *1825*. — *Contes d'une mère à sa fille.* Paris, 1818, 2 vol. in-12. — 2me édition, 1820, 2 vol. in-12.

— *Le Robinson de 12 ans, histoire curieuse d'un mousse.* Paris, 1818, in-12. — 2me édition. 1824, in-12. — 6me édition, 1826, in-12.

— *Le La Bruyère des jeunes demoiselles, etc.* Paris, *1821*, in-*12*. — 5me édition. *1824*, in-*12*.

— *Conversations amusantes et instructives sur l'Histoire de France. etc.* Paris, 1822, 2 vol. in-12. 2 planches.

— *Lucas et Claudine.* 1816, 2 vol. in-12.

— *Lettres de deux jeunes amies ou les leçons de l'amitié.* Paris, 1820, 2 vol. in-12.

— *Geneviève dans les bois.* Paris, 1820, in-12.

— *Quelques scènes de ménage.* Paris, 1820, 2 vol. in-12.

— *Instructions familières d'une institutrice sur les vérités de la religion, etc.* Paris, 1824, in-12.

— *La Jeune Parisienne au village.* Limoges, 1824, in-12.

MALTE-BRUN (Conrard). 1775—1826. — *Précis de Géographie universelle.* Paris, Dentu, 5 vol. in-8.

MAREUIL (Arnauld de), troubadour, vivait au XIIIe siècle, a laissé plusieurs pièces de vers.

Voir le *Périgord illustré*, p. 87.

**Manuel (Le) des révolutions.* Périgueux, veuve Faure, *1816*, in-8.

**Manuel philosophique.* Périgueux Dupont, 1825, in-8.

MARAVAL (J.-B.), de Saint-Cyprien en Périgord. — *Considérations sur les événements qui ont eu lieu dans l'assemblée primaire de Cyprien, département de la Dordogne, le 1er germinal an VIIe* (21 mars 1799), par J.-B. Maraval, citoyen de ce canton. Périgueux, Dupont, br. in-8.

MARCHE (Ph.). — *Quelques mots à propos du synode et de la circulaire adressée aux protestants des consistoires de Gensac, Montcarret et Sainte-Foy.* Bergerac, Rooy, 1874, in-8.

MARCON (J.). — *Etudes sur la viticulture.* Périgueux, Dupont, 1872, in-18.

MARROT (L.), ingénieur des mines à Périgueux. — *Tableau des communes du département de la Dordogne, pour servir de légende à la carte géologique du département.* Périgueux, Dupont, 1870, in-8.

MARTEILHE (J.), de Bergerac, protestant, né à Bergerac au XVIIe siècle, mort en 1777. — *Mémoires d'un Protestant condamné aux galères de France, écrits par lui-même.* La Haye, 1774, in-8. — Réédité en 18...

M. Audierne, *Périgord illustré*, p. 169, cite cet ouvrage comme imprimé à Rotterdam, Bernau et fils, 1757, in-8.

MARTIN DU THEIL, d'Hautefort. — *J.-J. Rousseau apologiste de la religion chrétienne.* Paris, 1841, in-8.

— *Le Livre terrible.* Paris, 1842, in-8.

MARTY (colonel). — *Histoire du troisième bataillon des mobiles de la Dordogne.* Périgueux, Bounet, 1872.

MARQUEYSSAC (vicomte de). — *Vie de Godefroi de Damas.* Paris, Vaton, 1851, in-18.

MARVAUD, chef d'institution à Brantôme. — *Huit Messéniennes, suivies des Lamentations du Tasse*, poésies. Paris, Dupont, 1825, br. in-8.

MARY-LAFON, littérateur. — *Bertrand de Born.* Paris, Ambroise Dupont, 1839, 2 vol. in-8.

MAS-LATRIE (de). — *Archevêchés, évêchés, monastères de France.* Paris, 1837, in-18.

MAS-PAYZAC (Henri du). — *Généalogie de la maison de Vaucocour.* Périgueux, Bounet.

MASSOUBRE (Eugène), rédacteur en chef de l'*Echo de Vésone*, né à Périgueux en 1813, mort en 1875. — *Les Fouilles de Vesone, découverte d'antiquités romaines à Périgueux.* Périgueux, Dupont, 1857, br. in-8.

— *Une excursion au centre de la Double.* Périgueux, Dupont, 1868, br. in-8.

— *Réponse à un adversaire de la société pour le développement de l'instruction primaire.* Périgueux, Dupont, 1869, br. in-8.

MATAGRIN (Amédée). — *Notice snr H. L. J. B. Bertin.* Périgueux, Boucharie, 1856, br. in-8.

— *De Périgueux à Coutras.* Périgueux, Boucharie, 1857, br. in-8.

— *Bernard Palissy, sa vie et ses ouvrages.* In-8.

Extrait de la *Revue des races latines.*

MAUREAU (Jean-Placide-Télémaque-Charles), né à Fonroque (Dordogne), le 5 octobre 1818. — *Constitution de l'édifice social.* Périgueux, Dupont, 1871, in-8, 116 pages.

— *Les Sauveurs de la société.* Périgueux, Dupont, 1873, in-8, 16 pages.

— *Leçons obligatoires.* Périgueux, Dupont, 1874, in-8, 16 pages.

— *Etude de l'ordre moral* (poésie). Périgueux, Dupont, 1875, in-8, 16 pages.

MAURIAC (Charles), médecin en chef de l'hôpital du Midi. — *Leçons sur les Laryngopathies syphilitiques, etc.* Paris, 1876, in-8.

— *Etude sur les Névralgies, etc.* Paris, Savy, 1870, in-8.

**Maximes du droit français.* Paris, Durand, 1749, in-4.

MELLET (Charles, comte de). — *Observations sur un mémoire de M. de La Quérière, etc.* Paris, imprimerie impériale, 1866.

— *Un mot sur la Peinture chrétienne.* Caen, Le Blanc-Hardel, 1868, br. in-8.

— *Les Délégués cantonaux.* Châlons, Le Roy, br. in-8.

Tiré du n° 156 de la *Semaine champenoise.*

— *De la Réparation et de l'entretien des Eglises.* Epernay, 1843, br. de 15 pages.

— *Deux Discours sur l'archéologie.* Reims, Jacquet, 1843.

**Mémoires pour servir à l'histoire des égarements de l'esprit humain, ou Dictionnaire des hérésies, des erreurs et des schismes, etc.* Paris, 1768, in-12.

T. I, p. 567, article Calvin, paragraphe ayant trait à La Renaudie.

MÉRILHOU (Joseph), né à Montignac le 15 octobre 1788, jurisconsulte, pair de France, ministre de l'instruction publique, mort en 1856. — *Plaidoyer prononcé pour MM. Comte et Dunoyer, auteurs du* Censeur européen, *prévenus d'écrits séditieux* (Police correctionnelle de la Seine, du 5 août 1817). Paris, Delaunay, 1817, in-8.

— *Plaidoyer à l'audience de la police correctionnelle de Paris le 17 janvier 1818 pour Ch. Ant. Scheffer, etc.* Paris, Delaunay, 1818, in-8.

— *Procès intenté par le conseil municipal de Bordeaux à l'auteur de la* Tribune de la Gironde, *etc.* Périgueux, 1820, in-8.

— *Discours à l'occasion de la Fête de la Saint Jean d'été, le 20e jour du 5e mois de l'an de la V. L. 5821.* Paris, Cordier, 1822, in-8 de 16 pages.

— *Plaidoyer devant la Cour royale de Paris, etc. avril 1823 pour le* Courrier français *poursuivi pour tendance contraire à la paix publique.* Paris, Everat, 1823, in-8 de 72 pages.

— *Plaidoyer pour le* Courrier *prononcé devant la Cour royale de Paris le 28 novembre 1825.* Paris, Warée, 1825, in-8.

— *Procès du* Constitutionnel *et du* Courrier. Paris, Warée, 1826, in-8.

— *Pièces officielles du procès soutenu par M. Kératry et Me Mérilhou avocat pour le* Courrier français. Paris, A. Dupont, 1827, in-8.

— *Essai historique sur la vie et les ouvrages de Mirabeau.* Paris, 1827, in-8. Portrait et fac-simile.

MÉRILHOU (Fr.). — *Etude sur la Chambre des Comptes de Paris.* Paris, 1851, in-8.

— *Deuxième étude sur la Chambre des Comptes de Paris.* Paris, 1852, br. in-8.

— *Cyrano de Bergerac.* Périgueux, 1856, br. in-8.

— *Le Périgord noir.* Paris, Dupont, 1869, in-12.

— *Histoire des Parlements*, ouvrage récompensé par l'Institut.

MÉZERAI (François-Eudes de). 1610—1683. — *Histoire de France.* 1643, 1646, 1652, 3 vol. in-fo.

— *Abrégé chronologique de l'histoire de France.* Paris, 1638, 3 vol. in-4.

— *Mémoires historiques.* 1732, 2 vol. in-12.

MERLHIE DE LAGRANGE (Joseph-Elisabeth-Georges), né à Périgueux, paroisse Saint-Silain, le 26 août 1769, mort en 1844, Jurisconsulte, a laissé de nombreux discours, consultations et plaidoiries imprimées à Paris, sous l'Empire, la Restauration et le Gouvernement de Juillet, dont le recueil forme plusieurs volumes in-fo que possède M. Joseph Dujarric à Périgueux.

— *Lettre d'un ancien jurisconsulte à M. de Châteaubriand.* Paris, Auguste Mie, 1830, 7 pages in-8.

MICHAUD. — ***Biographie universelle ancienne et moderne***. Paris, Michaud, 1811-1834, 55 vol. in-8. Supplément, 22 vol. in-8.

On y trouve un grand nombre de noms périgourdins.

MIGNE (Encyclopédie de l'abbé). — *Dictionnaire héraldique*, par Charles Grandmaison. 1 vol. in-4. Planches.

On y trouve les armoiries de plusieurs familles périgourdines.

MILET de Miallet (Dordogne), capitaine d'infanterie, a publié un *Aide-mémoire des Sous-Officiers*. Paris, 18...

MILLET-LACOMBE. — *De la confraternité et de l'indépendance du Barreau* (discours). Périgueux, Dupont, 1859, br. in-8.

MISSIONNAIRES DIOCÉSAINS, fondés par Mgr Jean de la Cropte de Chantérac, érigés en communauté par lettres-patentes de Louis XIV en 1651. — On doit aux Missionnaires plusieurs ouvrages : *La Théologie morale* en 4 volumes. — *La Théologie dogmatique* en 2 volumes. — *Le Catéchisme des fêtes* en 1 volume. — *Les Conférences* en 3 volumes. — *Avertissement aux prédicateurs et aux confesseurs*, 1 volume. — *Les Discours des Missions*, 3 volumes. — *Un Traité de l'Eglise*, en manuscrit.

Voir la *Semaine religieuse*, 1875, p. 647.

MOILIN (Tony), docteur-médecin, né à Périgueux. — *Paris en l'an 2000*. Paris, 1869, in-12.

**Monasticon Gallicanum*, 2 vol. in-f°.

Bibliothèque nationale. Recueil de gravures des divers monastères de l'ordre de Saint Benoit au XVIIe siècle. Saint-Pierre de Branthôme en Périgord.

MONNAIES PÉRIGOURDINES. — *Traité historique des Monnoyes de France*, *etc.* par M. Le Blanc. Amsterdam, M.DC.XCII. (1692) Pierre Mortier, in-4. Planches.

— *Recherches curieuses des Monnoies de France*, *etc.* par Claude Bouteroüe. Paris, 1666, in-folio. Planches.

Ouvrages à consulter.

MONSTRELET (Enguerrand de) mort en 1453. — *Chronique de 1400 à 1453*. Paris, Vérard, s. d. 3 vol. in-f°. — Edition Buchon. Paris, 1826-1827, 15 vol. in-8.

Ces chroniques sont la suite de celles de Froissart.

MONTAIGNE (Michel de), né au château de Montaigne en Périgord, le 28 février 1533, mort en 1592. — ***Essais de messire Michel, seigneur de Montaigne, chevalier de l'Ordre du Roy et gentilhomme ordinaire de sa Chambre. Livre premier et second.*** A Bourdeaus, par S. Millanges, imprimeur ordinaire du Roy, MDLXXX, 2 vol. in-8.

Première édition des Essais; elle ne contient que deux livres.

— *Essais de messire Michel, seigneur de Montaigne, chevalier de l'ordre du Roy, et gentil-homme ordinaire de sa chambre, maire et gouverneur de Bourdeaus. Edition seconde, revue et augmentée.* A Bourdeaus, par S. Millanges, 1582, pet. in-8.

Edition précieuse, publiée par Montaigne après son voyage à Rome, et qui contient de nombreux changements.

— *Essais de Michel, seigneur de Montaigne. 5e édition, augmentée d'un troisième livre et de six cents additions aux deux premiers.* Paris, Abel l'Angelier, 1588, in-4. Frontispice gravé.

Edition précieuse et la plus recherchée des bibliophiles, la dernière donnée du vivant de l'auteur et la première où se trouve le troisième livre. Bien qu'elle porte sur le titre la mention de cinquième édition, on ne connait, comme l'ayant précédée, que les trois ci-dessus.

— *Les Essais de Michel, seigneur de Montaigne, édition nouvelle trouvée après le déceds de l'autheur, reveue et augmentée par luy d'un tiers plus qu'aux précédentes impressions.* A Paris, chez Sonnius, CIC.IC.XCV, in-fol.

Quand Montaigne mourut, il laissa deux exemplaires de l'édition de 1588 couverts de notes et d'additions. L'un d'eux se conserve à la bibliothèque de Bordeaux; sur l'autre, resté en ses mains, mademoiselle de Gournay, fille adoptive de Montaigne, donna cette édition de 1595. C'est la plus estimée des anciennes éditions de Montaigne comme authenticité de texte, et c'est elle qui a servi de modèle à presque toutes celles qui l'ont suivie.

— *Les Essais de Michel, seigneur de Montaigne. Edition nouvelle prise sur l'exemplaire trouvé après décéds de l'autheur, revue et augmentée d'un tiers oultre les précédentes impressions. Enrichis de deux tables curieusement exactes et élabourées.* A Paris, chez Abel Langellier, 1604, in-8. Frontispice gravé.

— *Les Essais de Michel, seigneur de Montaigne.* Paris, 1617, in-4. Beau portrait de Montaigne, par Thomas de Leu.

— *Les Essais, édition nouvelle, enrichie d'annotations en marge, corrigée et augmentée d'un tiers outre les précédentes impressions.* (Paris), chez Jean Berthelin, 1627, pet. in-8, frontispice gravé (avec le portrait de Montaigne) par Honeruogt.

Edition non citée par Brunet.

— *Essais de Michel Montaigne.* Paris, 1652, in-folio avec portrait.

— *Les Essais de Michel, seigneur de Montaigne.* Bruxelles, Fr. Foppens, 1659, 3 vol. in-12. Portrait.

— *Les Essais.* Paris, Journel, 1659, 3 vol. pet. in-12. Titres gravés.

Jolie édition qui a servi de type à celle des Elzevir, mais elle est plus correcte, et contient la grande préface de Mlle de Gournay, les noms des auteurs cités, et les traductions des citations sont portées en marge d'après le travail de Henry Estienne.

— *Les Essais de Michel, seigneur de Montaigne, avec des notes par Coste.* Paris, 1725, 3 vol. in-4.

— *Essais de Michel de Montaigne.* Paris, 1786, 4 vol. in-8.

— *Essais, notes d'Amaury Duval.* Paris, 1820, 6 vol. in-8.

— *Essais de Michel de Montaigne, avec des notes de tous les commentateurs, édition publiée par Le Clerc.* Paris, Lefévre, 1826, 5 vol. in-8.

De la collection des classiques français.

— *Essais.* Paris, Lavigne, 1842, in-12.

— *Essais de Michel de Montaigne, texte original de 1580 avec les variantes des éditions de 1582 et 1587, publ. par R. Dezeimeris et H. Barckhausen.* Bordeaux, 1871, 2 vol. in-8.

— *Essais de Montaigne, accompagnés de notices sur sa vie et ses ouvrages, de variantes, de notes et d'un glossaire, par E. Courbet et Ch. Royer.* Paris, Lemerre, 1872, 4 vol. gr. in-8.

— *La Théologie naturelle de Raymond Sebon, traduicte en françois par Michel, seigneur de Montaigne.* A Tournon, par Cl. Michel et Th. Soubron, 1605, in-8.

— *Journal du voyage de M..... M..... en Italie.* A Rome, 1774. 3 vol. in-12.

— *Des Vaines Subtilités, par Messire Michel, seigneur de Montaigne.* Suivant la copie imprimée à Bordeaux, 1580, in-18.

Réimpression faite par un amateur du quartier Martainville de Rouen.

— *Eloge de Michel Montaigne,* par l'abbé Talbert. Paris, 1775, in-12.

— *Eloge de Montaigne*, par Henriette Bourdic-Viot. Paris, Pougenc, an VIII, in-18.

— *Eloge de Montaigne*, par J. Droz. Paris, 1812, in-8.

— *Eloge de Montaigne*, par Vict. Fabre. Paris, 1812, in-8.

— *Eloge de Montaigne*, par J.-V. Leclerc. Paris, 1812, in-8.

— *Eloge de Montaigne*, par Jay. Paris, 1812, in-8.

— *Eloge de Montaigne*, par Em. Vincens. Paris, 1812, in-8.

— *Eloge de Montaigne*, par Villemain. Paris, 1812, in-8.

— *Eloge de Montaigne*, par Biot. Paris, 1812, in-8.

— *Eloge de Montaigne*, par Du Roure. Paris, 1812, in-8.

— *Eloge de Montaigne*, par Mazure. Paris, 1812, in-8.

— *Eloge de Montaigne*, par Dutens. Paris, Didot, 1818, in-8.

— *Le Christianisme de Montaigne ou pensées de ce grand homme sur la religion*, par M. L. (Jean Labouderie). Paris, 1819, in-8.

— *Esprit de Montaigne*, avec une préface et des notes, par M. Laurentie. Paris, 1829, in-18.

Ce livre est une espèce d'anthologie. M. Laurentie a fait un choix des plus jolies pensées de Montaigne.

— *Du Courage civil, ou l'hôpital chez Montaigne*, par Prosper Faugère, discours qui a remporté le prix d'éloquence décerné par l'Académie française, le 11 août 1836, br. in-4.

— *Promenade d'amis au château de Montaigne*, par Charrière. Périgueux, 1838, in-12.

— *Les Essais de Michel de Montaigne*. Leçons inédites recueillies par un membre de l'Académie de Bordeaux. Paris, Techener, 1844, in-8.

— *Une lettre inédite de Montaigne à Henri IV*, par Ach. Jubinal. Paris, Didron, 1850, in-8.

— *Une lettre inédite de Montaigne accompagnée de quelques recherches à son sujet*, par A. Jubinal. Paris, 1850, in-8. Fac-simile.

Cette lettre est suivie de l'indication détaillée d'un grand nombre de soustractions et mutilations qu'a subies depuis un certain nombre d'années le département des manuscrits de la Bibliothèque nationale.

— *Observations du Conservatoire au ministre de l'instruction publique sur une brochure de M. Jubinal relative à un autographe de Montaigne, avec une réponse de M. Paulin Paris*. Paris, Panckouke, 1850, in-8.

— *Visite au château de Montaigne*, par M. Bertrand de Saint-Germain. Paris, Techener, 1850, br. in-12.

— *Réponse à une incroyable attaque de la Bibliothèque nationale touchant une lettre de Michel Montaigne*, par Feuillet de Conches. Paris, 1851, gr. in-8. Fac-simile.

— *Nouveaux documents inédits ou peu connus sur Montaigne*, publiés par le docteur Payen. Paris, Jannet, 1850, in-8. Fac-simile.

— *Documents inédits sur Montaigne*, recueillis et publiés par le docteur Payen. Paris, Jannet, 1855, in-8. 11 fac-simile.

Tiré à 100 exemplaires.

— *La Vie publique de Michel Montaigne, étude biographique* par A. Grün. Paris, 1855, in-8.

— *Recherches sur Montaigne*, documents inédits par J. F. Payen. Paris, 1856, in-8. 7 planches et 3 fac-simile.

— *Le César de Michel Montaigne* par Cuvillier-Fleury. Paris, Techener, 1856, br. in-8.

— *Recherches sur l'auteur des épitaphes de Montaigne, lettres à M. le docteur Payen*, par R. Dezeimeris. Paris, 1861, in-8. Fac-simile.

Tiré à petit nombre.

— *Montaigne chez lui; visite de deux amis à son château. Lettres à M. le docteur J.-F. Payen*, par le docteur E. Galy. Périgueux, 1861, in-8. Plan.

Tiré à petit nombre.

— *Le Fauteuil de Montaigne, suite à Montaigne chez lui*, par le docteur E. Galy. Périgueux, 1865, in-8. Planche.

— *Recherches sur la recension du texte posthume des Essais de Montaigne*, par Reinhold Dezeimeris. Bordeaux, Gounouilhou, 1866, br. in-8, suivi d'un spécimen d'une nouvelle édition de Montaigne en préparation.

— *Michel de Montaigne. Son origine. — Sa famille*, par Théophile Malvezin. Bordeaux, 1875, beau vol. in-8, avec carte, fac-simile des signatures de Michel de Montaigne, E. de La Boetie, Ant. de Loupes, etc.

— *Inventaire de la collection des ouvrages et documents sur Michel de Montaigne, réunis par le docteur J. F. Payen et conservés à la Bibliothèque nationale*, rédigé et précédé d'une notice par Gabriel Richou, archiviste paléographe. Bordeaux, Emile Crugy, 1877, in-8.

Dans le tome II des *Tablettes des Bibliophiles de Guyenne*.

— *Notice bibliographique sur Montaigne*, par le docteur Payen, 48 pages gr. in-8.

— *Appel aux érudits, citations, faits historiques, allusions, allégations, etc., qui se trouvent dans les œuvres de Montaigne et dont la source n'a point été indiquée par les éditeurs*, par le docteur Payen. Paris, Jouaust, br. in-12.

— *Opinion de Montaigne sur nos troubles*, par Ed. de Labarre-Duparcq. Paris, Ch. Tanera, in-12 de 23 pages.

Mémoire lu à l'Académie des Sciences morales et politiques.

Voir l'*Histoire des Moralistes et des Législateurs modernes*, t. I, in-12, article *Montaigne*, page I, portrait. 29 pages, par l'auteur de l'*Histoire des métaphysiciens modernes*. 17...

MONTAIGNE, curé de la Roquette, diocèse de Périgueux. — *Heures à l'usage des peuples de la campagne mêlés parmi les protestants*. Bergerac, J. B. Puynesge, 1777, in-8.

MONMONT, curé de Marnac. — *Souvenir du Pélerinage des Périgourdins à N. D. de Lourdes*. Périgueux, Cassard, 1872, br. in-18.

— *Pélerinage à Cadouin*.

MONTAN (Mathurin), de Périgueux, auteur du XVIIe siècle, médecin et jurisconsulte. — *Genialium dierum commentarii, etc.* in-f°. *Van der Linden de scriptor. medic.* (*Dictionnaire* de Moreri, t. IV, p. 271, édition de 1712).

MONTFAUCON (Bernard de), bénédictin. 1655—1741. — *Monuments de la Monarchie française*. 1729, 5 vol. in-f° avec figures.

— *L'Antiquité expliquée*, avec figures. 1719, 10 vol. in-f°. Supplément en 1724, de 5 vol. in-f°.

— *Bibliotheca bibliothecarum manuscriptorum nova*. 1739, 2 vol. in-f°.

Catalogue des pièces concernant le Périgord contenue dans cet ouvrage : (Notes dues à M. le docteur Machenaud).

1° *Bibliotheca regia Parisiensis*. Tables des titres et

autres actes tirés des archives du duché de Bretagne. — T. III. Procuration de Charles duc d'Orléans pour vendre la comté de Périgord, du 2 avril 1437. Arm. H. case B, inventorié 1, f° 81.

2. T. VIII. Traités d'alliance entre les ducs de Bretagne et les rois d'Angleterre, ducs de Bourgogne et autres. — Alliance faite par Archambaud, fils aîné du duc de Périgord avec le duc Jean de Bretagne, du 12 mars 1392. Arm. G, case F, invent. 4, sol. 29.

3. *Histoire étrangère*, petit in-fol. — Catalogue des pièces de MM. de la Chambre des Comptes, cot. 8406 de la Bibliothèque du roi, dont les uns sont en latin et les autres en vieux françois, fol. 32. — Interprétation d'une ordonnance de l'an 1325 pour les acquisitions faites dans les sénéchaussées de Xainctonge et de Périgord.

4. Catalogue des pièces du manuscrit de la Bibliothèque du roi, cot. 9459, sur les chambres de justice. Codex 9402, fol. 96, verso. — Le Parlement établit en 1327 quels doivent être les gages des procureurs du roi lorsqu'ils sont en voyage pour les affaires du roi; leurs gages ordinaires étaient de trois sols par jour et on y ajoutoit dix sols par jour quand ils étoient en marche; il fixe ainsi leurs journées : Le procureur du Poitou prend pour aller et pour venir douze journées; le procureur du Périgord, vingt journées.

5. Armoiries du comte de Périgord, cod. 4763 de la Bibl. Colbert, à la Bibl. du Roi : de gueules à trois lions d'or.

6. Catalogue des volumes de la Bibl. manuscrite de MM. Dupuis et de Thou au nombre de 607. Vol. 239 : Guyenne, Armagnac, Foix, Bazadois, Limosin, Périgord, Béarn.

7. Vol. 366-367. Inventaire des titres du roi concernant le comté de Périgord et vicomté de Limoges, qui étoient ci-devant au château de Nérac et à présent à celui de Pau.

8. Vol. 368-369-370. Inventaire des titres de la maison d'Albret, Nérac, etc. Rieux, Périgord et Limosin, Bergerac, Montagnac, Puynormand.

9. Bibliotheca Colbertina, in regia Parisiensi. — Le comte de Pierregort, Périgort : de gueules à trois lions d'or, d'argent au nile de sinople, au baston de gueules.

10. Bibliotheca Coisliniana in S. Germanensis à Pratis. — Table du contenu au vol. 922, cot. au dos 980 et plus bas 1340-937 : Inventaire des chartres du château de Montignac, concernant le Périgord et Limoges.

11. 943 Inventaire des titres d'Armagnac, Périgord et Vendôme.

12. 1429 Antiquitates in Pago Petragoricensi, è diocœsibus Petracoriorum et Sarelatensium benedictinæ à D. Claudio Estiennot et Fr. Renato Ducher. 1574, in-4 (Bibl. nat. manuscrit latin S. G. 556).

13. 1441 Fragmenta historiæ Aquitanicæ, par le même. 3 vol. in-4.

14. Bibliotheca Colbertina in regia Parisiensi. Cod. 2136. Recueil de divers titres concernant la maison d'Albret.

MONTESQUIOU (Jacques de), évêque de Sarlat. — *Règle et Constitution pour les Sœurs du Bon Pasteur de Sarlat*. Paris, Jacques Chenau, 1767.

MONTLUC (Blaise de). 1502—1577. — *Commentaires de Blaise de Montluc, maréchal de France*. 1592, in-folio.

Publié par les soins de Florimond de Raymond, conseiller au parlement de Bordeaux. Y voir plusieurs faits concernant les guerres de religion en Périgord.

MONZIE (Eugène de). — *Le Barreau d'autrefois*. Paris, Amyot, 1871, in-16.

Biographies de Barry, Loïs, Lavelle, Lacalprade, avocats à Sarlat.

— *La Journée de Reichshoffen*, carte. Paris, V. Palmé, 1876, in-12.

MONZIE-LASSERRE (Paul-Joseph-Henri de), né à Carlux en Périgord en 1828. — *L'Esprit et la Chair*. Paris, in-12. 5 éditions.

— *Le Treizième apôtre*. Paris, in-18. 6 éditions.

— *L'Evangile selon Renan*. Paris, 1864, in-32.

— *L'Auteur du Maudit*. Paris, 1864, in-32.

— *Les Etrennes*. Paris, sans date.

Pour la famille et les amis.

— *Les Serpents*. Paris, 1863, in-8. — Même édition, in-32.

— *La Pologne et la catholicité*. Paris, 1862. 2 éditions.

— *La Prusse et les Traités de Vienne*. Paris, 1861, gr. in-8.

— *Notre-Dame de Lourdes*. 1re édition. Paris, 1869, in-8. — Plus de 100 éditions in-8 et in-18 jésus. — Edition artistique et monumentale illustrée d'encadrements variés à chaque page et de chromolithographies; cartes, vues à vol d'oiseau, paysages, portraits, etc. Paris, Victor Palmé, 1877, in-4.

— *Mois de Marie de N.-D. de Lourdes*. 1870, in-18.

— *Les Guérisons miraculeuses*. 1870, in-18.

— Nombreux articles critiques dans le *Contemporain* et la *Revue du Monde catholique*.

MORÉRE (abbé), docteur en théologie. — *Thèse sur l'Eglise et le Protestantisme*. Paris, 1873, br. in-8.

— *Thèse de Doctorat*. Périgueux, Cassard, 1873, br. in-8.

— *Coup d'œil sur l'état actuel de la Société*. Périgueux, Cassard, 1870, br. in-8.

— *Les Parfums des Pères de l'Eglise*, en collaboration avec M. l'abbé Goyenéche. Périgueux, Bounet, 1873, in-8.

MORÉRI (Louis). 1643—1680. — *Dictionnaire*. 1678, in-f°. — 1718, 5 vol. in-f°. — 1732, 6 vol. in-f°. — Drouet en a donné une édition refondue, 1759, 10 vol. in-f°.

MORILHON (Hélie de). — *Le Persée françois, avec les mariages et entrée royale à Bourdeaus*. A Bourdeaus, par Gilbert Vernoy, 1616, in-12.

— *Le Pancraste d'Alcandre*. 1627.

N. B. Gilbert Vernoy avait précédemment été imprimeur à Bergerac.

MORTEYROL dit SOULELIE, ancien chef de bureau à la préfecture de la Dordogne. — *Epître à M. Graves, naturaliste, etc. de l'Oise*. 1827, brochure.

— *Marletout, lous rats de cavo e lous commis dè l'octroi dè la villo dè Périgueux en l'annado 1814*. Périgueux, Dupont, 1847, br. in-8.

— *Prumiéro Eiglogo de Virgilo, verseii perigourdino, suivant lou patois que parlen ô Excideuil et din sous environs*. Périgueux, s. d. in-8 de 8 pages.

— *Carte indicative de la situation des forges à bras, dites des Grands bois, qui dominent les plateaux situés entre l'Ille et l'Auvézère, près de Cubjac*.

— *Carte géographique servant à indiquer les routes et les forges gauloises situées dans la partie de l'ancien Périgord qui s'étend d'Escoire à Hautefort et d'Excideuil à Beauzen*.

— *Tracé de la route gauloise de Saint-Yrieix à Bergerac, et de celle de Périgueux à Excideuil et à Saint-Yrieix*.

— *Carte géographique du Périgord traversé par les routes gauloises allant de Vannes à Narbonne et à Marseille*.

— *Plan d'une butte en terre appelée La Mothe, près de Notre-Dame de Sanilhac*.

MOULIN (Jean). — *Dénonciation aux administrateurs du district de Périgueux, contre le ci-devant comité révolutionnaire de cette ville et divers particuliers prévenus de terrorisme*. S. l. n. d. 40 pages in-4.

MOURCIN (J.-Jos.-Théoph. de Meymi de Lanaugarie de), helléniste et archéologue, né à Périgueux en 1784, mort à Périgueux en 1850. — *Lexique grec-français*. Paris, Delalain, 1812, in-8.

— *Serments prêtés à Strasbourg, en 842, par Charles le Chauve, Louis le Germanique et leurs armées respectives*, traduit en françois avec des notes. Paris, 1815, in-8.

— *Notice sur les noms de quelques auteurs célèbres du Périgord*, br. in-8 de 12 pages.

— *Essai sur le Mécanisme des Langues*.

— *Franchises de la ville de La Linde en Périgord en 1249*.

MOURIÉ (J.-F.-H.), ancien conseiller de cour d'appel, né à Lordat (Ariége), en décembre 1810, a pris sa retraite à Périgueux. — *La Guyane française*. Paris, Dupont, 1874, in-12.

MURAT (J-A.) docteur-médecin de la Dordogne. — *Topographie physique et médicale du dictrict d'Aubin (Aveyron) et analyse des eaux minérales de Cransac*. Rodez, Carrère, an VIII (1805), in-8.

— *De l'influence de la nuit sur les maladies*. Bruxelles, 1806, br. in-8.

— *Mémoire : Déterminer les avantages et les inconvénients de la multiplicité des nomenclatures en médecine et en chirurgie*. 1807, in-8.

— *Des causes de l'origine et de l'établissement des hôpitaux civils et militaires, etc.* Montpellier, Tournel aîné, 1813, in-8.

— *Réflexions médico-légales sur les art. 209 et 411 du Code pénal*. Montpellier, 1817, in-8.

Tiré à 50 exemplaires.

— Plusieurs articles dans le *Dictionnaire des sciences médicales*, 1812 et suivantes.

NABUNAL (Elie de), né en Périgord au XIIIe siècle, patriarche de Jérusalem et cardinal, mort à Avignon le 4 octobre 1367. — *Commentaire sur les quatre livres de Pierre Lombard.*

— *Commentaire sur l'Apocalypse.*

— *Traité de la Vie contemplative.*

— *Recueil de Sermons.*

NADAUD (Auguste). — *Chansons d'Auguste Nadaud.* Périgueux, Baylé, 1848, in-8.

— *Chansons nouvelles.* Périgueux, Bounet, 1860, in-12.

— *Encore des Chansons.* Périgueux, Bounet, 1870, in-12.

NAVILLE (L.), ministre du Saint Evangile. — *De la Charité légale, de ses effets et de ses causes.* Périgueux, Faure et Rastouil, 1844, br. in-8.

Extrait de l'ouvrage publié en 1836 en deux volumes

**Notice biographique sur Mgr Jean Jacoupy, ancien évêque d'Agen*, par un prêtre du Périgord. Ribérac, Delecroix, 1868, br. in-8.

NOULENS (J.). — *Maisons historiques de Gascogne, Guyenne, Béarn, Languedoc et Périgord.* Paris, Aubry, 1865-1866, 2 vol. gr. in-8. Blasons.

— *Documents historiques sur la maison de Galard*, recueillis, annotés et publiés par J. Noulens. Paris, 1871-1874, 3 vol. gr. in-8. Planches.

Ouvrage très-rare qui n'a pas été mis dans le commerce, tiré seulement pour les membres de la famille.

**Nouveau Dictionnaire historique ou Histoire abrégée de tous les hommes qui se sont fait un nom par leurs vertus, leurs talents, etc.*, par une société de gens de lettres. 6e édition. A Caen, chez G. Le Roi, 1786, 8 vol. in-8.

Ouvrage recommandé par les détails qu'il donne et que les autres ouvrages de ce genre ont copiés, ou qu'ils n'ont pas reproduits.

Tome I. *Chronologie.* P. 147. Duché de La Force.

— P. 150. Duché de Biron. — Réunion du comté de Périgord au comté d'Albret sous Charles VII. 1460. — P. 156. Réunion des comtés de Périgord et d'Albret à la couronne sous Henri IV. 1589. — P. 156 et suiv. Article des Maréchaux de France. Voir les noms périgourdins des maréchaux morts depuis Henri IV.

T. II, p. 80. Article Baudot de Juilli (Nicolas). — P. 100. Beaumont (Christophe de). — P. 188 et suiv. Biron (Armant de Gontault, baron de). — Biron (Charles de Gontault, duc de). — P. 258. Bouchard (David vicomte d'Aubeterre). — P. 285. Bourdeilles (Pierre de). — P. 297. Bourlie. — P. 395. Calprenède (Gonthier de Costes, sieur de La), faussement indiqué comme né dans le diocèse de Cahors. — P. 518. Chalais (Henri de Talleyrand, prince de). — P. 591. Chat ou Chapt (Aymery) et suite.

T. III, p. 12. Cossé (Timoléon de), tué au siége de Mussidan en 1569. — Cyrano de Bergerac (Savinien). — P. 455. Fénelon (Bertrand de Salignac marquis de) et suite.

T. IV, p. 183. Lingendes (Jean de), évêque de Sarlat.

T. VI, p. 183. Montagne ou Montaigne (Michel de). — P. 220. Montluc (Blaise de). — P. 276 Mouvans (Paul Richiend).

T. VII, p. 391. Renaudie (Jean du Barry, sieur de La). — P. 554. Saint-Nectaire (Magdeleine de) veuve de Gui de Saint-Exupéri, sieur de Miremont — P. 579. Salvaison ou Salvazon (Jacques de).

Ordonnance de Monseigneur l'évêque d'Angoulême sur la Sainte Epine provenant de l'abbaye de Beaulieu dite de Sin de Douai en Flandres et conservée dans l'église de Saint Cyprien, du 8 février 1804, an XII de la République Française. A Limeuil, chez I.-B. Boyer, imprimeur. 2 feuillets.

PACOT (Antoine), jésuite, né à Périgueux au XVIe siècle, mort à Rome le 26 février 1629. — *Commentaire sur le Symbole*. Lyon, chez Ab. Eloquemin, 1608.

PAPIRE-MASSON (Jean), né en Forez en 1544, mort en 1611. — *Notitia Episcoporum Galliæ*, in-8.

PARIS (Louis), ancien bibliothécaire de la ville de Reims. — *L'Impôt du sang ou la Noblesse de France sur les champs de bataille*. Paris, Champion, 1875, 4 vol. in-8.

— *Le Cabinet historique*, revue mensuelle, etc., contenant le catalogue général des manuscrits que renferment les bibliothèques de Paris et des départements. Paris, 1855 à 1875, 50 vol. in-8.

PARROT (J.), docteur-médecin, professeur agrégé de la faculté de Paris. — *Note sur la Fièvre herpétique*. Paris, 1871, br. in-8.

— *Du Muguet gastrique*. Paris, br. in-8.

PARROT (Henri), docteur-médecin à Périgueux. — *De l'épidémie de suette miliaire*. Paris, Paul Dupont, 1833, in-8.

— *Leçons élémentaires d'hygiène*. Paris, 1875, in-8.

PARROT-LARIVIÈRE (A.). — *Mes Pérégrinations aux Antilles françaises et aux Etats-Unis d'Amérique*. Périgueux, Boucharie, 1868, in-8.

PASCHAL (Jean), médecin, né à Sarlat le 1 avril 1662, mort en 1744. — *Fermentation de la matière ou la nouvelle découverte et les effets admirables des ferments dans le corps humain*. Paris, 1681, in-12.

PAULIN de Périgueux, poète latin, mort en 476. — *Vie de Saint Martin de Tours*, en vers hexamètres.

— *Poëme sur la guérison miraculeuse de sa fille et de son petit-fils adressé à Saint Perpétue, archevêque de Tours*.

— *Œuvres, suivies du poëme de V. H. Cl. Fortunat sur la vie de Saint Martin.* Revues sur plusieurs manuscrits et traduites pour la première fois par E. Corpet. Paris, Panckouke, 1850, in-8.

PAVILLON (Jean-François du Cheyron du), major-général de la flotte du marquis de Vaudreuil, né à Périgueux en 1730, tué sur le *Triomphant* le 12 avril 1782. — *Traité de Tactique navale.* 1778.

PEIX (abbé). — *Observations sur les eaux d'un lac creusé aux environs de Périgueux, qui s'enflamment à l'approche d'une torche allumée*, lues à l'Académie de Bordeaux le 25 août 1755, par M. l'abbé Peix, ancien professeur de philosophie à Périgueux, supérieur du séminaire de Saint Raphaël à Bordeaux et de l'Académie de cette ville.

Ce manuscrit est conservé au dépôt de l'Académie de Bordeaux (Note due à M. le docteur Machenaud).

PERGOT (A. B.), curé de Terrasson. — *La Vie de Saint Sour, ermite et abbé de Terrasson.* Paris, 1857, in-8.

— *La Vie de Saint Front.* Périgueux, Auguste Boucharie, 1861, in-8.

— *Réponse de M. l'abbé Dion et de M. l'abbé Pergot à l'écrit de M. Dessalles ayant pour titre Etablissement du Christianisme en Périgord.* Périgueux, Lenteigne et Bounet, 1862, br. in-8.

— *La Vie de Saint Sacerdos, évêque de Limoges et patron de Sarlat.* Périgueux, 1865, in-8.

— *Pélerinage à Rome.* 1867.

— *Vie de la mère Marie-Angélique Lacoste.* Périgueux, 1872, in-8.

— *Le Passage de l'âme.* Périgueux, 1875, in-8.

PÉRIGORD, PÉRIGUEUX. — *Archives de Périgueux* (Bibliothèque publique) : *Le livre noir de 1360 à 1449.* — *Le livre jaune de 1446 à 1541.* — *Le livre vert de 1618 à 1716.* — *Le livre rouge de 1686 à 1750.*

On croit que le cinquième volume comblant la lacune de 1541 à 1618 et portant le titre de *Grand Livre noir* se trouve à Paris aux Archives nationales.

— *Archives départementales* (Préfecture de la Dordogne).

— *Archives de la Mairie de Périgueux* (à la Mairie).

— *Papier terrier de la seigneurie de Saint Maurice, appartenant à très haut et très puissant seigneur, Monseigneur Charles-Philippe, comte de Pons,* fait par MM. Pierre Laurent, Dejean de Fonroque, commissaire aux droits seigneuriaux, lieutenant-civil et criminel de la ville de Belvéz en Périgord. 1769 et 1770, gr. in-folio de 570 pages.

Manuscrit très important. Sur le titre étaient les armes des seigneurs de Pons qui ont été enlevées.

— *Livre-terrier de la seigneurie de Beauregard en Périgord,* manuscrit du XVIIIe siècle.

Se trouve à Cahors chez M. Greil, négociant et collectionneur.

— *Extrait de l'inventaire des archives du château de Pau par M. Raymond, archiviste des Basses-Pyrénées.*

Cet extrait fait par M. F. Villepelet, archiviste de la Dordogne, a été publié sous ce titre : *Inventaire sommaire* des pièces qui concernent le Périgord, dans le *Bulletin* de la Société archéologique et historique du Périgord, t. III, p. 260 et suiv. 1876.

— *Supplément du Catalogue de la Bibliothèque de Périgueux.*

Page 42 et suiv. article Périgord, Périgueux, où l'on trouvera la nomenclature d'un grand nombre de brochures. — Au même supplément, voir le catalogue de la bibliothèque Lapeyre.

— *Constitutiones synodales Ca-*

turcenses. Périgueux, Jean Carant, 1503, in-f°.

Ces constitutions synodales furent données par Antoine de Luzech, évêque de Cahors (1493-1509).

— *De l'accord et union des subjects du Roy soubs son obeissance, remonstrance faicte en la ville de Périgueux à l'ouverture de la Cour de Justice envoyée par le Roy en ses païs et duché de Guyenne le 4 juillet 1583*. Paris, Rob. Le Mangnier, 1583, in-8.

Pièce fort rare.

— *Priviléges, franchises et libertés de la vicomté de Turenne*. Paris, 1640, in-4.

On sait que la vicomté de Turenne s'étendait jusqu'au Périgord.

— *Tableau de l'archi-confrérie du Saint Scapulaire de Notre-Dame du Mont-Carmel*. Périgueux, J. Dalvy, 1646, in-32.

Rare.

— *Le Thresor spirituel des congregations de Notre-Dame*, par I. H. B. de la Société de Jésus. Périgueux, Jean Dalvy, s. d. pet. in-32.

Très-rare.

— *Declaration du roi de Navarre sur les calomnies publiées contre lui*. Ortés, 1585, pet. in-8 de 18 p.

Cette déclaration est datée de Bergerac le 10 juin 1585. Pièce très-rare.

— *Forme et destination de la valeur des mezures du bled, etc.* Périgueux, Dalvy, vers 1652.

— *Liquidation d'intérêts au denier dix*. Périgueux, Dalvy, vers 1652.

— *La défaite des troupes du marquis de Sauvebœuf, par celles de M. le Prince, sous la conduite du Sr Baltasar* (aux portes de Périgueux). Paris, 1652, pet. in-4.

— *Origine et droits de la seigneurie de la ville de Périgueux*, in-4.

Les plus anciennes chartes contenues dans ce volume sont de l'an 1204 (Communication de M. l'abbé Labat, chanoine de Saint-Front).

— *Privilèges, franchises, libertés de la ville, cité et banlieue de Périgueux*. Périgueux, de Forges, 1662, in-8, 32 pages.

Rare. — Se trouve aussi dans la *Bibliothèque historique de la France* du P. Lelong.

— *Lettres-patentes pour l'establissement de la chambre souveraine de la réformation de la justice ès provinces du Haut et Bas Limosin, Perigort, etc.* Paris, Antoine Fourmot, 1689, in-4 (Bibliothèque Lapeyre).

— *Les Delices de la France, ou description des provinces et villes capitales d'icelle*. Amsterdam, Pierre Mortier, M.DC.CXIX (1699), 2 vol. pet. in-12.

Articles Périgueux et Sarlat.

— *Pièces justificatives ou titres employés dans le mémoire pour les nobles habitants de Périgueux*. 1704, in-4.

— *Edits du Roy de 1714 à 1717 sur la suppression des offices de maire et autres officiers de ville*. (Bibliothèque Lapeyre).

— *Extrait d'une lettre sur le trou du Cluzeau en Périgord*, par M. D. C. N. D. S.

Mercure de France, décembre 1721.

— *Le Solitaire de Terrasson, histoire intéressante;* par Madame de ***. Paris, chez Pierre Huet, 1733, in-12.

— *Géographie moderne*, par l'abbé Nicolle de La Croix. Paris, Th. Hérissant, 1762, in-12.

Tome I, p. 210, article Périgord.

— *In laudem Eminentissimi sanctissimisque Eliæ de Bourdeilles, S. R. E. Cardinalis, Elogia authore Antonio Durroux, sacerdote*. Tutellæ, apud Petrum Chirac, solum regis D. D. Episcopi cleri verbis et collegii typographum et bibliopolam propè Palatium. M.DCC.LXIII, in-4 de 12 pages.

— *De la Comté-pairie de Périgord érigée en 1399.*

Dans l'*Histoire généalogique* du p. Simplicien, t. III, p. 238.

— *Recueil sommaire des titres qui établissent l'antiquité et l'authenticité des immunités dont jouissent les citoyens, bourgeois et habitants de Périgueux, choisis parmi ceux qui ont échappé aux guerres et aux malheurs des temps.* 1770, in-8.

— *Mémoire pour les nobles habitants de Périgueux contre le fermier des Domaines et droits de Franc-fiefs de la généralité de Bordeaux, etc.* Paris, Quillac, 1773, in-4 de 650 pages.

— *Mémoire sur la constitution politique de la ville et cité de Périgueux, où l'on développe l'origine, le caractère et les droits de la seigneurie qui lui appartient, et dont tous ses citoyens et bourgeois sont propriétaires par indivis.* Paris, Quillac, 1775, in-4 de 311 pages.

— *Recueil des titres et autres pièces justificatives employées dans le mémoire sur la constitution politique de la ville de Périgueux.* Paris, Quillac, 1775, in-4.

— *Mémoire responsif pour le scyndic du chapitre de l'église cathédrale Saint-Etienne Saint-Front de Périgueux, contre M. de Bertin, ministre secrétaire d'Etat, demandeur.* 1785, in-4 (Bibliothèque Lapeyre).

— *Mémoires sur la propriété de l'hôtel de la préfecture à Périgueux*, signés Magne, Chouri, Mérilhou, in-4 (Bibliothèque Lapeyre).

— *Mémoire pour la noblesse de Guyenne, du Périgord, etc.* en 1788 (Bibliothèque Lapeyre à la bibliothèque de Périgueux).

— *Prières à l'usage du petit-séminaire de Périgueux.* Limoges, Dalesme, 1789, in-32.

Rare.

— *Députés du Périgord aux Etats-généraux.* 1302-1789. — *Députés du département de la Dordogne aux assemblées législatives.* 1791-1855, notes manuscrites de M. Lapeyre (Bibliothèque Lapeyre).

— *Procès-verbal de ce qui s'est passé à l'assemblée tenue le 23 août 1789 dans l'église cathédrale de Saint-Front de Périgueux, etc.* br. in-4.

Publié en vertu de l'arrêté du conseil des communes dudit jour 23 août 1789, signé Pipaud des Granges, président, suivi de l'acte d'union souscrit par tous les citoyens de Périgueux et du Périgord.

— *Liste des noms des contribuables patriotiques* (dons patriotiques) *du 23 novembre 1789*, br. in-8 de 16 pages.

— *Discours prononcé par Jacques Malleville, président du département de la Dordogne à la réception des monuments formés des débris de la Bastille, extrait des registres du département de la Dordogne, séance du 26 novembre 1790*, br. in-4.

— THIVIERS. *Adresse à l'Assemblée nationale* (février 1790). S. l. n. d. in-8 (Bibliothèque nationale).

Réclamation de la ville de Thiviers contre l'établissement à Excideuil du chef-lieu du district.

— *A MM. de l'assemblée administrative de la Dordogne* (sur le même sujet). Paris, Crassart, 1790, in-8 (Bibliothèque nationale).

— *Mémoire pour la commune de Thiviers... sur le placement d'un tribunal de commerce, présenté aux deux conseils* (signé Ch. Foullière). S. l. n. d. in-8 (Bibl. nationale).

— *Tableau des valeurs successives de papier-monnaie dans la Dordogne.* 1791, in-18.

— *Calendrier pour la province du Périgord.* 1788, in-32.

Rare.

— *Adresse du Directoire de la Dordogne aux citoyens du même département.* Périgueux, Dubreuilh, s. d. in-4.

Réponse à une attaque du club de Oérigueux.

— *Observations des députés de la Dordogne sur le projet de répartement annexé à celui de la loi des finances de 1821.* Paris, Egron, s. d. in-4.

— *Rapport fait por le citoyen Prunis au nom du comité de l'instruction publique de la société populaire de Périgueux.* Périgueux, Dupont, s. d. in-4.

— *Journal patriotique du département de la Dordogne.* 1791, in-8 (Bibliothèque Lapeyre).

— *Département de la Dordogne, noms des communes.*

— *Pétition des habitants de Bergerac au Directoire exécutif.* Bergerac, 10 ventôse an V, br. in-4.

— *Instruction abrégée sur les mesures déduites de la grandeur de la terre, uniforme pour toute la République.* Périgueux, Dupont, in-8.

— *Instruction sur les mesures déduites sur la grandeur de la terre.* Périgueux, Dauriac, in-8.

— *Projet d'un établissement philanthropique présenté à la Société des amis de la liberté et de l'égalité,* par un de ses membres, br. in-8.

— *Principes élémentaires sur la minéralogie à l'école centrale du département de la Dordogne, le 3 fructidor an VII.* Périgueux, L. Canler, an VII, br. in-4.

— *Le Vœu patriotique d'un citoyen de la ville de Périgueux.* S. l. n. d. (fin du XVIIIe siècle).

— *Rapport fait par Godefroy Lanxade à la Société populaire de Périgueux dans la séance du 20 frimaire l'an IIe de la Republique.* Périgueux, Dupont, s. d. in-4.

— *Calendrier raisonné du département de la Dordogne.* Périgueux, Dubreuilh, 1792, in-32.

Rare.

— *Exercices littéraires des élèves du pensionnat de Périgueux.* Du 20 et 21 fructidor an X. Périgueux, Canler, 1801, br. in-4. — Des 16, 17 et 18 fructidor an XI. — De 1802.

— *Calendrier des corps administratifs et judiciaires du département de la Dordogne.* Périgueux, v[e] Dubreuilh, septembre 1803 à septembre 1804, in-32.

Rare.

— *Exercices littéraires des élèves de l'école du citoyen Bardon, 24 et 25 fructidor an XIII.* Périgueux, Dupont, 1803, br. in-4.

— *Monument triomphal voté par la ville de Périgueux* (à Napoléon). Extrait du registre des séances du conseil municipal, séance du 10 janvier 1806, brochure.

— *Notice historique sur les antiquités et monuments historiques de la cite de Vésone.* Périgueux, Dupont, 1806, br. in-4.

— *Histoire des évêques de Périgueux, depuis le Xe siècle à nos jours.* in-18.

— *Avis à la petite Eglise et aux ennemis de Pie VII, ou réflexions sur un écrit ayant pour titre : Rétractation publique du Concordat de 1801.*, par un ecclésiastique du département de la Dordogne (Binos). Périgueux, J. Danède, 1809, in-12 (Bibliothèque de Cahors).

— *Eloge de M. de Tourny, ancien intendant de la Guyenne*, discours couronné le 2 septembre 1808. Périgueux, Dupont, 1809, br. in-8.

— *Forme d'estimation de la valeur des mesures des bleds*. Périgueux, Jean Dalvy, imprimeur du roi et de la ville, in-12.

— *Bulletin de la Dordogne*. 1811 et suivantes, 9 vol. in-8.

— *Procès-verbal de la distribution des prix aux élèves de l'école centrale du département de la Dordogne*, br. in-4.

— *Lettre de M. Chaumel, habitant du faubourg de la Cité de Périgueux à un de ses amis, etc.* Périgueux, Ve Faure, 1820, br. in-4.

Contre M. Gonzalez, curé de la Cité.

— *Mémoire pour dame Marie Lamarque, veuve d'Annet Léonardon, contre Jacques Cézard-Dubois, juge au tribunal civil de Ribérac*. Périgueux, Dupont, 1823, br. in-4.

— Thienon (C.). *Choix de vues pittoresques, châteaux, monuments et lieux célèbres, recueillis dans le département de la Gironde et les départements voisins*, avec notes explicatives. Paris, Delpech, 1820, in-f° oblong.

Vues de Périgueux — Tour Barbecane.

— *De la surtaxe qu'éprouve en matière d'impot foncier le département de la Dordogne*. par les députés du département. Paris, Dupont, 1822, in-8.

— *Discours prononcé par M. le comte de Cintri, préfet du département de la Dordogne à l'ouverture de la session du conseil général en 1823* (impression votée par le conseil général). Périgueux, Dupont, 1823, br. in-4. — Périgueux, Dupont, 1825, br. in-8.

— *Discours de M. le Vicomte de Caux, président du collége électoral du département de la Dordogne en 1827*. Périgueux, J. P. Faure, 1827, 2 feuilles in-4 (Bibliothèque de Cahors).

— Wuillemin (N. X.). *Monuments français inédits pour servir à l'histoire des arts, des costumes, etc.*, rédigés et dessinés par lui. Paris, l'auteur, de 1806 à 1833, in-f°.

Deux planches sur Périgueux : 1° la cheminée de la maison de Saint-Aulaire, maintenant au Musée de Périgueux; 2° le tombeau de Jean d'Asside, à Saint-Etienne de la Cité. Wuillemin a dessiné plusieurs planches pour M. de Taillefer et M. de Mourcin.

— *Fragments religieux philosophiques et littéraires, etc.*, publication periodique. Périgueux, Lavertujon, in-8.

Le premier numéro de mai 1829.

— *Recueil littéraire*, paraissant deux fois par mois. Périgueux, Lavertujon et Desmoutières, in-8.

Le premier numéro d'avril 1829.

— *Tableau des distances de chaque commune aux chefs-lieux de canton, d'arrondissement et de département dans la Dordogne*. Périgueux, veuve Faure, 1832, br. in-4.

— *Manuel de la Salubrité publique* (à l'occasion du choléra). Périgueux, veuve Faure, avril 1832.

Quelques numéros.

— *Recueil de différentes pièces qui ont mérité une distinction particulière dans le cours de philosophie et de rhétorique au collège de Périgueux*. Périgueux, Dupont. 1826, br. in-8.

— *Histoire naturelle du département de la Dordogne*. Périgueux. Canler, an VIII de la République, br. in-4.

— *Tableau de la garde royale du Périgord, Quercy et Agenais*.

— *Discours dogmatique et politique sur l'origine, la nature, les prétendues immunités et la véritable destination des biens ecclésiastiques*, ouvrage posthume de Fra Paolo. Traduit de l'italien. Périgueux, J. Dauriac, imprimeur des amis de la Constitution, 1791, in-12.

— *De l'accord et union des subiects du roy sous son obeyssance, remontrance faicte en la ville de Périgueux à l'ouverture de la cour de justice envoyée par le roy en ses païs et duché de Guyenne le 4 juillet 1583.* Paris, Robert le Mangnier rue neufve Notre-Dame à l'image de Saint Jehan Baptiste, 1583, in-8 de 28 pages.

Remontrance très-sévère pour la ville de Périgueux qui a toujours été, dit l'auteur, une ville d'armes, de violence et de guerre.

— *Recueil* de Tortorel et Périssin, graveurs du XVIe siècle.

Planche VI : Entreprise d'Amboise découverte, mars 1560 (La Renaudie). — Planche VII : Exécution d'Amboise, 15 mars 1560 (Exécution de La Renaudie).

— *Etat de la France et des pilleries et voleries commises dans les guerres*, par Barnaud. 1582 (Catalogue des Archives départementales 682. G.).

Pays de Périgueux, extraits.

— *Histoire des Evesques de Périgueux*.

Extraits d'un manuscrit sans nom d'auteur, ni date, en parchemin, à la Bibliothèque de Périgueux.

— *Correspondance inédite du chevalier Daydie, suite aux Lettres de Mademoiselle Aïssé*, publiée sur les manuscrits autographes. Paris, in-12 (Archives départementales).

— *Les Anglais en Guyenne*, par D. Brissaud. Paris, J.-B. Dumoulin, 1875, in-8.

— *Quatre assassinats à Périgueux*. 1844, placards populaires illustrés.

— *Géographie physique agricole, industrielle, commerciale, historique, etc., du département de la Dordogne*. Périgueux, Bounet, 1872.

— *Victoire obtenue par M. le maréchal de Biron contre les perturbateurs de la Guienne, dont le Te Deum fut chanté en la grande Eglise Notre-Dame de Paris.* Lyon, Rigaud, 1580, in-8 de 15 pages.

— *Sur quelques antiquités de Périgueux*, in-4. Figures.

Extrait des Mémoires de l'Académie.

— *Débats sur le mariage des prêtres*. Périgueux, 1862, in-8 de 119 pages.

— *Rétablissement de la religion catholique, apostolique et romaine dans la ville de Bergerac, qui en avait été chassée il y a 40 ans par ceux de la R. P. R.* Saumur, par René Hernault, 1621, jouxte la copie imprimée à Paris.

— *Défense de la religion réformée sur les passages de l'Ecriture sainte.* A Bergerac, par Anthoine Vernoy, 1615, in-12.

Rare.

— *Traité de ce qui s'est passé au Conseil d'Etat contre le Marquis de La Force.* 1615, in-8 de 8 p.

— *La Prophétesse du Périgord.* Paris, Brulart, s. d. mai 1791, in-8.

Au sujet de Mademoiselle de Courcelle de la Brousse (Bib. nat. *Catalogue de l'hist. de France*, t. II, p. 600).

— *Notes d'un voyage archéologique dans le sud-ouest de la France*, par M. J. Marion. 1848.

Périgueux (*Bibliothèque de l'Ecole des Chartes*, t. IV, 1847).

— *La Dinde aux Truffes ou le don patriotique des Périgourdins à l'assemblée nationale.* S. l. n. d.

1790, in-8 (Bibl. nat. *Catalogue de l'histoire de France*, t. II, p. 584).

— *Les Profanations Mazariniques, ou le truchement de Saint-Denis, apportant des nouvelles de sa désolation*, par le Sr de la Campie, gentilhomme périgourdin. Paris, P. Targa, 1649, in-4 (Bib. nat. *Catal. de l'hist. de France*, t. II, p. 39).

— *Paroissien complet contenant l'office des dimanches et fêtes à l'usage du diocèse de Périgueux*. Périgueux, Dupont, 1836.

— *Bref du diocèse de Périgueux*. Périgueux, Lavertujon, 1841.

On y trouve la liste des prêtres du diocèse de Périgueux morts pour la foi de 1791 à 1800.

— *Budget de Périgueux pour* 1844. Périgueux, 1844, br. in-4.

— *Compte administratif de 1846. Budget supplémentaire de 1847 à Périgueux*. Périgueux, 1847, br. in-4.

— *Budget de Périgueux pour 1847*. Périgueux, 1847.

— *Calendrier du département de la Dordogne pour les années de 1840-1841*, 2 vol. in-12.

— *Refus de sépulture, etc.* Périgueux, Boucharie, 1847, petite brochure.

— *Admiration du temple de la gloire*, par un catholique (poésie). Périgueux, Faure et Rastouil, 1847, br. in-8.

— *Simple silhouette*, par M**. Périgueux, Faure et Rastouil, 1848, brochure.

— *Bulletin de la société d'encouragement de la race chevaline dans le département de la Dordogne*. Périgueux, Faure et Rastouil, 1846.

— *Un mot au peuple*, par un citoyen. Périgueux, Baylé, 1848, brochure.

— *Dialogue entre un bourgeois et un communiste icarien*. Périgueux, Faure et Rastouil, 1848, brochure.

— *Jean Chabrol, cultivateur aux paysans du Périgord*. Périgueux, Faure et Rastouil, 1849, petite brochure.

— *Almanach de Jacques Bonhomme pour le département de la Dordogne*. Périgueux, Faure et Rastouil, 1850.

— *Distribution solennelle des prix au lycée de Périgueux*. Périgueux, Dupont, 1850, br. in-8. — Périgueux, Dupont, 1851, br. in-8. — Périgueux, Dupont, 1860, br. in-8.

— *Inauguration de la statue du maréchal Bugeaud sur la place du Triangle à Périgueux le 5 septembre 1853*. Périgueux, Dupont, 1853, in-16.

— *Quelques mots sur un ouvrage d'un Périgourdin, et quelques mots sur l'histoire du Périgord* (par Leymarie). Périgueux, Dupont, 1854, br. in-8.

— *Circulaire électorale. Les comités de l'opposition à MM. les électeurs de l'arrondissement de Périgueux*. Périgueux, Faure et Rastouil, feuille imprimée.

— *Tableau des distances en myriamètres et kilomètres de chaque commune aux chefs-lieux de canton, de l'arrondissement et du département, dans la Dordogne*. Périgueux, Faure et Rastouil, 1846, br. in-8.

— *Tableau des distances de chaque commune aux chefs-lieux de canton, d'arrondissement, de département dans la Dordogne*. Périgueux, Faure et Rastouil, 1858, in-4.

— *Catalogue des ouvrages et notices publiés sur les monuments anciens qui se trouvent dans le Périgord*, par M. Lapeyre, bibliothécaire de Périgueux. 1858 (*Congrès archéologique de France*. XXVe session à Périgueux, p. 654).

— *La Gazette de Marsaneix*, Périgueux, Boucharie, 1857-1858. 4 pages in-4.

Quelques numéros.

— *Recueil des actes de la préfecture de la Dordogne*. 1838 à...... in-8.

— *Enclos des Arênes. Périgueux le 24 juin 1862;* signé Veysset. Périgueux, Dupont, in-4.

Proposition de vente à la ville pour en faire un jardin public.

— *Concours régional à Périgueux du samedi 14 au 22 mai 1864 (Liste des prix)*. Périgueux, Rastouil, 1864, br. in-8.

— *Bulletin de Périgueux*, journal hebdomadaire. 1864.

30 numéros seulement.

— *Tableau des communes de la Dordogne*. Périgueux, Dupont, 1870, br. in-8.

— *Périgueux ville noble et libre, etc.*, par A. Renouf, professeur au lycée. Périgueux, Rastouil, 1870, br. in-8.

— *Documents relatifs à l'acquisition des arênes de Périgueux*. Périgueux, Bounet, 1864, br. gr. in-4.

— *Historique du 3e bataillon de la garde mobile de la Dordogne (1870-1871)*. Périgueux, Bounet, 1872, br. in-8.

— *Le Conservateur républicain*, journal de la Dordogne quotidien. Périgueux, Bounet, imprimeur, 1873.

— *Le Progrès de Bergerac et de la Dordogne*, journal républicain. Bergerac, Rooy, imprimeur, 1873.

— *L'Avenir de la Dordogne*, journal républicain. Périgueux, Bounet, imprimeur.

— *Le Petit Courrier de la Dordogne*, journal royaliste. Périgueux, Cassard, imprimeur, 1877.

— *Le Messager*, journal impérialiste. Bergerac.

— *Le Périgord*. Périgueux, Cassard.

— *Echo de la Dordogne*. Périgueux, Dupont.

— *Ephémérides du Périgord*, périodique. Saint-Astier, I. de Valbrune, 1877.

— *Plan de l'ancienne ville de Périgueux*.

— *Projet de rues nouvelles entre le Pont-Vieux et le boulevard Michel-Montaigne*. Echelle de 0.005.

— *Projet d'élargissement de la rue Saint-Martin*. Echelle 0.002. 1858.

— *Projet de nouvelle rue du cours Tourny à la cathédrale de Saint-Front*. Echelle de 0.005.

— *Plan de la ville de Périgueux, de sa cité avec celui de l'emplacement qu'occupait l'ancienne Vésone jusqu'au Toulon*. Echelle de 500 toises de roy.

— *Projet d'ouverture de rues dans le jardin des Arênes, faubourg de la Cité et faubourg Saint-Ursule* (sur la même feuille). *Projet de squares et ouvertures de rues dans le jardin des arênes*. Echelle de 0.001.

— *Plan d'ensemble du projet d'amélioration de la voirie urbaine dans la ville de Périgueux*. Autographie Dupont.

— *Projet d'ouverture des rues dans le jardin des arènes, le quartier de la Cité, faubourg Sainte-Ursule, à Périgueux.* Lithographie Dupont.

— *Plan de la ville de Périgueux, de la Cité, avec celui de l'emplacement qu'occupait l'ancienne Vésone jusqu'au Toulon.*

— *Plan général du territoire de la ville de Périgueux et des communes limitrophes*, dressé par le délimitateur du département de la Dordogne.

— *Carte routière de la Dordogne.*

— SAINT FRONT, évêque de Périgueux. *Vita Sancti Frontonis*, auctore Gausberto, canonico Lemovicensi.

Cette vie est imprimée dans du Bosquet, part. 2 de son *Histoire des Églises*, p. 5, Parisiis, 1634, in-4. Saint Front a vécu au trois ou quatrième siècle et Gausbert au IXe. Ses actes sont insoutenables tant pour la composition que pour le fond. Un auteur du XIe siècle dit que c'est une fable composée par Gausbert, évêque de Limoges (*Bib. h. de la France*, par J. Le Long).

— *Vie de Saint Front*, par François Giry.

Cette vie est imprimée dans son recueil des vies des saints au 25 octobre.

— *Vie de Saint Front*, par Adrien Baillet.

Cette vie est imprimée dans son recueil des vies des saints au 25 octobre.

— *La Vie de Saint Front, premier apostre et evesque de Perigord, etc.* Bourdeaus, Simon Millanges, 1612, pet. in-32.

Sur les antiquités de Périgueux, voir le *Recueil des antiquités égyptiennes, grecques, romaines et gauloises* par le comte de Caylus. T. V, p. 368 et suiv. Paris. 1765. — T. VII, p. 303, Paris, 1767. — Ce qui a trait à la tour de Vesone dans le t. VII est signé par M. Jourdain de la Fayardie, écuyer, académicien de Bordeaux (Notes de M. Lapeyre, in-4. Bibl. Lapeyre).

— LETTRES DE PERSONNAGES QUI Y SONT NÉS OU S'Y RAPPORTENT. — *Augereaud* (Ch.), colonel d'artillerie, un des plus braves officiers de l'armée d'Afrique, né à Excideuil. L. a. s. à M. Félix-Drouin; Bougie, 1855, 2 p. in-8.

— *Ballois* (L.-J.-P.), savant écrivain sur la statistique, né à Périgueux. 4 let. aut. sig. au citoyen Gaudin, an 10, 7 p. in-f° ou in-4.

Relatives à ses Annales de statistique.

— *Bertin* (H.-Léonard), ministre de Louis XV, auquel on doit l'établissement du Dépôt général des Chartes, né dans le Périgord. Note aut. avec une pièce y relative. 2 p. in-4.

Intéressantes pièces relatives à des recherches dans la bibliothèque de Saint-Germain-des-Prés, sur Arnaud de Bourdeille, qualifié de chevalier sénéchal de Périgueux en 1420. — On a joint à ces pièces une let. aut. sig. de Bertin, adressée à l'ingénieur Perronnet en 1768, avec un beau cachet à ses armes.

— *Le même.* L. a. s. au lieutenant de police. 1 p. in-4.

Sur M. Louis de Taillefer auquel le roi avait ordonné de se retirer en Périgord dans sa famille. Ordre est donné par Sa Majesté de le renfermer à la Bastille pour le punir de sa désobéissance.

— *Le même.* L. a. s. au maréchal de Richelieu; 14 avril 1761, 1 p. in-4.

Lettre très intéressante sur les encouragements à accorder aux missionnaires en Chine, dont le P. Amiot est *le principal ouvrier*. Leur correspondance a déjà procuré onze à douze volumes curieux et utiles, et beaucoup de dessins pour la manufacture de porcelaine. « Nous ferions mieux, ajoute-t-il, si nous étions moins pauvres ».

— *Bugeaud*, maréchal de France, duc d'Isly, député de la Dordogne, L. s. au général Bourjolly; bivouac de l'Oued-E'lata, 19 juin 1843, 2 p. 1/2 in-f°.

Curieuses instructions sur les mesures à prendre pour la soumission des Flitas. Contrairement à l'opinion du général Bourjolly, il veut que l'on se serve des Arabes, qui sont très utiles à l'armée. « Reconnaissez enfin cette vérité, dit-il, que sans la soumission d'une partie des Arabes nous n'aurions jamais pu donner à la guerre l'extension que nous lui avons donnée... »

— *Le même.* L. s. au même; Gueleb el oued Rihou, 27 juin 1843, 3 p. in-f°.

Epître fort curieuse sur la soumission des Flitas

à laquelle doivent concourir le colonel Cavaignac et le général Lamoricière. Le général Bourjolly ayant lancé à Bugeaud une pointe sur sa confiance dans la fidélité des Arabes, le maréchal lui répond : « Quelque flatteuse que soit pour moi la citation d'Annibal, permettez-moi de ne pas la trouver parfaitement juste. Son général de cavalerie (allusion au général Bourjolly) ne lui disait pas qu'il ne savait pas gouverner les Romains, car il n'avait pas à les gouverner, pendant que j'ai à gouverner les Arabes, que ne gouvernait pas M. de Rovigo, qui n'avait pas poussé à plus de quatre lieues d'Alger. On se bornait à dire à Annibal qu'il n'avait pas su profiter de la victoire de Cannes, et qu'il aurait dû marcher sur Rome, tandis que vous me donniez à entendre que je ne sais pas conduire les Arabes. Ce qu'il y a de certain, c'est qu'ils m'obéissent, qu'ils m'accompagnent à la guerre, qu'ils font mes convois, qu'ils payent à peu près l'impôt... »

— *Le même.* L. s. au même; Alger, 21 oct. 1843, 2 p. in-f°.

Curieux détails sur les cadeaux à faire aux chefs indigènes soumis.

— *Chaulnes* (Paul de), évêque de Sarlat. L. s.; le Monteil, près Bergerac, 1715, 3 p. in-f°.

Relative à la réparation de l'église du Monteil, détruite autrefois par les hérétiques. Les habitants de cette paroisse, tous nouveaux catholiques et très aisés, s'empresseront de contribuer à relever la maison de Dieu détruite par leurs pères.

— *Dulau* (J.-M.), dernier archevêque d'Arles, né au château de la Coste, près de Périgueux, victime des massacres de septembre 1792. L. a. s. à l'archevêque de Toulouse; Paris, 10 juil. 1786, 1 p. pet. in-4.

— *Dusolier*, député de la Dordogne, commissaire du gouvernement provisoire dans ce département, né à Nontron. L. a. s. 1858, 1 p. in-4.

— *Fontaine* (Emile), publiciste et auteur dramatique contemporain, né près de Bergerac. L. a. s. 1 p. in-8.

— *Lamy* (le colonel), député de la Dordogne. Apostille sig. sur une lettre de M. Lafaye, curé de Nontron, à la reine Marie-Amélie. 1833, 3 p. in-4.

Demande d'un don pour compléter la dot d'une demoiselle qui doit entrer dans une maison de sœurs de charité. La reine a écrit de sa main : « Je prie M. Oudard de payer de ma part au colonel Lamy 500 fr. pour cette bonne œuvre ».

— *Lacoste* (Elie), célèbre conventionnel montagnard, représentant de la Dordogne. Arrêté aut. sig. comme membre du Comité de sûreté générale, aussi sig. de ses collègues *Voulland*, *Dumont* (André), *Louis*, *Bernard*, *Dubarran*; 21 therm. an 2, 1 p. in-f°.

Mise en liberté du citoyen Bonneaud, de la section du Contrat-Social.

— *Lascoux* (J.-B.), magistrat, conseiller d'état, né dans la Dordogne. L. a. s. 1843, 1 p. 1/4 in-8.

— *Latrade* (Louis Chassaignac de), ingénieur, commissaire du gouvernement provisoire dans la Dordogne, représentant du peuple aux assemblées constituante et législative, exilé après le 2 décembre, né à Sauvebœuf. L. a. s. à M. Bixio; Bruxelles, 1853, 2 p. in-8.

— *Le Boux* (Guillaume), évêque de Périgueux, célèbre prédicateur dont l'éloquence, pendant la Fronde, rallia beaucoup de mécontents au parti de Mazarin, né près de Saumur. L. a. s. (au cardinal de Bouillon); Périgueux, 23 oct. 1672, 2 p. in-4.

Curieuse épître au sujet de l'invitation qui lui est faite de prêcher devant le roi. « Ce qui a reçu quelques approbations dans les provinces, dit-il, ne sera peut estre pas du goust de la Cour ». L'évêque de Condom (Bossuet) l'y encourage, et il doit tant à ce digne prélat, qu'il ne peut refuser.

— *Lostanges* (Alexandre de), évêque de Périgueux, né en 1765, sacré en 1821. 1° L. s. 1825. 1 p. in-f°. 2° Apostille aut. sig. au bas d'une pétition au roi de Mme Cheylat, née de Corlieu, de Ribérac, pour obtenir des secours, 1825, 3 p. in-f°.

— *Luguet* (Henri), célèbre acteur de drame, né à Périgueux. L. a. s. Lille, 26 mai. 1 p. 1/2 in-8.

— *Macheco de Prémeaux* (J.-Chrétien), évêque de Périgueux, né à Dijon. L. a. s. à M. de Saint-Jullien; Périgueux, 1742, 1 p. in-4.

Les communautés de son diocèse ne pourront que

peu contribuer à l'emprunt du clergé, car la misère est extrême dans le pays.

— *Malleville* (le Marquis Jacques de), député de la Dordogne au Conseil des Anciens, sénateur, un des auteurs du Code civil, né à Domme. L. a. s. an 13, 1 p. in-4.

Demande de la justice de paix de Sainte-Aulaye, pour M. Bourdin, son parent.

— *Malleville* (Pierre-Joseph, marquis de), fils du précédent, député de la Dordogne, préfet de la Vendée, né à Domme, mort du choléra en 1832. L. a. s.; 24 octobre 1828, 1 p. in-f° relative aux inondations de la Dordogne.

— *Marcillac* (le comte de), député de la Dordogne. L. a. s. à l'intendant de la liste civile, 1839, 1 p. in-4.

— *Meynard* (F.), conventionnel, représentant de la Dordogne, puis député aux Cinq-Cents. L. a. s. au cit. Petiet; Ribérac, an 5, 1 p. in-4.

— *Montesquiou-Poilebon* (H.-J. de), évêque de Sarlat, né à Mirande, près d'Auch, en 1710, sacré en 1747. L. a. s.; Sarlat, 1770, 1 p. 1/2 in-4.

Relative à l'abbaye de Terrasson, dans son diocèse.

— *Paignon* (Eug.), jurisconsulte et économiste, né à Mussidan en 1812. L. a. s. 1 p. in-8.

— *Périn*, député de la Dordogne. L. a. s. 1 p. in-4; relative à son élection.

— *Peyssard*, conventionnel montagnard, député de la Dordogne, proscrit comme complice du mouvement populaire du 1er prairial. L. a s. comme représentant près l'Ecole de Mars, au Comité de sûreté générale; Camp des Sablons, 4 therm. an 2, 1 p. in-f°.

Il signale la *femme Montesson*, « si justement detenue comme suspecte, » et dont les biens sont sous le sequestre, comme entretenant des intelligences avec un homme de confiance qui lui envoie des provisions de sa maison de Neuilly. Il espère que l'on fera cesser un tel abus à l'sgard de cette femme et des autres ennemis de la Révolution.

— *Pons d'Albaret* (J.-Ant. de), évêque de Sarlat, né en 1736, sacré en 1778. L. a. s. à M. Desfranches; Paris, 1780, 2 p. in-4.

Relative à l'abbaye de Terrasson que vient de lui accorder le roi.

— *Roux-Fazillac* (Pierre), conventionnel montagnard, député de la Dordogne, littérateur. L. s. an 7, 1 p. in-4.

— *Salignac* (Louis de), évêque de Sarlat. Pièce sig. sur vélin, sig. aussi par les députés du diocèse de Sarlat, sur les décimes extraordinaires levés par le roi, 1582, in-8.

— *Sirey* (J.-B.), célèbre jurisconsulte, né à Sarlat. 1° L. a. s. 1807, 1 p. in-4, en partie déchirée en deux, mais facile à rétablir; 2° Pièce sig. signée aussi de sa femme née *Du Saillant*; plus deux autres pièces.

— *Verneilh-Puiraseau* (Joseph, baron de), célèbre député de la Dordogne, écrivain sur la statistique. L. a. s. Paris, 1819, 3 p. in-4. Curieuse pièce sur sa carrière judiciaire et politique.

— *Documents*. Nomination de maître *Joseph Martin*, par le roi Henry IV, à la place de conseiller au siége présidial de Périgueux, 1596, pièce sur vélin, double in-f°. — Trois quit. sig. sur vélin, de J. de *Montouzon*, conseiller en l'élection de Périgord, 1629; Pierre *Gaultier*, conseiller en l'élection de Périgueux, 1642; *Montagut* (Nic. de), cons. au présidial de Périgueux; plus 7 pièces : en tout 11 pièces.

Lettres et documents à rechercher.

— *Enquête agricole et industrielle* exécutée dans le département de la Dordogne en vertu du décret du gouvernement provisoire du 25 mars 1848. 1° 5 grands tableaux double in-f°, comprenant l'enquête des cantons d'Excideuil et de Montignac, signés par les agriculteurs et industriels chargés de ce travail; 2° 5 lettres de juges de paix du département relatives à l'enquête.

— *Extrait de l'inventaire de la collection Godefroy, à la Bibliothèque Mazarine à Paris*, par Ludovic Lalanne.

Edit de Loudun 1616, 6 mai. Premier et deuxième articles présentés par MM. de Sully et de La Force; pièces originales.

Caumont La Force à Villeroy, 1612, 29 janvier. Plaintes contre les Espagnols, en espagnol.

M. de Losse au roi Charles IX. 1567. Lettre sur la construction de la citadelle de Verdun.

Caumont La Force à Séguier, 1686, 6 nov. en faveur du sieur de Laudresse.

Traité de pacification signé à Bergerac le 17 septembre 1577, original signé par les députés des deux partis.

Instructions données par le Maréchal de Biron, au sieur de la Chevallerie qu'il envoyait au roi 26 février 1580, original publié dans les *Archives historiques de la Gironde*, t. IV, p. 125.

Traité du Fleix, 26 nov. 1580, signé par François d'Alençon et Henri de Navarre; original, p. 28 de l'inv.

Les gens du roi tenant les grands jours à Périgueux, à Charles IX; 11 août 1572. Compte-rendu de leurs opérations. — Id. 23 août 1572, id. — 7 sept. 1572 sur les mouvements des troupes.

Les membres des chambres des vacations de Bordeaux à Charles IX contre la prolongation des grands jours du Périgord, 2 octobre 1572.

Les commissaires tenant les grands jours à Périgueux, au roi, clôture des grands jours, 30 octobre 1572.

De Labarre, président de la commission des grands jours au roi, compte-rendu de la commission 7 novembre 1572.

H. de Mesmes et Verteuil au roi, procès en Périgord de quelques complices du duc de Bouillon, 17 novembre 1605, p. 130.

De Pontcarré à Villeroy, 24 juillet 1584, deniers levés pour l'imposition du Périgord, p. 102.

Alain de Solminihac, évêque de Cahors à Séguier. 26 novembre 1649, demande une évocation au parlement de Toulouse, p. 227. — Id. à Séguier, affaires de son diocèse, p. 230. — Id. à Philibert de Brandon, évêque de Périgueux, 27 mars 1646, p. 208. — Id. à Séguier 6 juillet 1649, p. 214. — Id. à Séguier, 6 juin 1651, il se plaint de l'insuffisance des revenus de son évêché, p. 219.

Billet de Biron, 1602, p. 121 de l'inv.

Haultefort? Lettre de Henri III à Janin.

PERREYVE (Henri), abbé, chanoine honoraire d'Orléans, professeur d'histoire ecclésiastique à la Sorbonne. — *Monseigneur Baudry, évêque de Périgueux et Sarlat.* Paris, Douniol, 1863, in-12.

PERRIER (Madame C.). — *Une première nuit de noces.* Périgueux, Dupont, 1870, in-18.

PETIGARS (docteur). — *Ce que doivent savoir les nouveaux époux le jour de leur mariage.* Périgueux, Rastouil, 1870, in-8.

PETITOT (Claude-Bernard). — *Mémoires relatifs à l'histoire de France, de Philippe-Auguste à Louis XV*, terminé en 1824.

PEUTINGER (Conrad), né à Augsbourg en 1465, mort en 1547. — *Tables de Peutinger ou carte de l'Empire romain sous Théodose-le-Grand.* Edit. in-f°, Vienne, 1753, par les soins de François-Christophe de Scheib, avec notes et dissertations.

PEYRARÈDE (Jean de), gentilhomme périgourdin, poète latin, né à Bergerac au XVIe siècle, mort en 1660, acheva les vers non terminés de Virgile. — *Remarques sur Térence, Florus, etc.*

PEYREBRUNE (G. de), pseudonyme. — *Les Vierges de feu.* Paris, 1876, br. in-8.

PEYROT (abbé), chanoine honoraire de Périgueux, directeur du prytanée d'Azerat, supérieur au petit-séminaire de Bergerac. — *Lettre aux catholiques sur la liberté de l'enseignement.* Brives, Joseph Lalande, 1845, in-8.

PEYROT (J.-J.), aide d'anatomie à la Faculté de médecine de Paris. — *Etude sur le thorax des pleurétiques.* Paris, Baillière, 1876, br. gr. in-8.

PICHARD (Jean-Baptiste), archidiacre et théologal de Saint-Front (XVIe siècle). — *La Première trompette de Hiérico.* Paris, 1620.

Contre le protestantisme.

PICHON (Ludovic). — *L'Amant de la morte*, roman. Paris, Sartorius, 1872, in-12. Gravure.

PIE (Mgr), évêque de Poitiers. — *Oraison funèbre de Mgr J.-B. A. George-Massonnais, évêque de Périgueux*, prononcée le 30 janvier 1861. Paris, V. Palmé; Poitiers, Oudin, 1861, br. gr. in-8.

PIGEARD. — *Description et synonymes des variétés de vignes.* Bergerac, Rooy, 1872, in-8.

PINOTEAU (baron A.), ancien sous-préfet. — *Réponse à quelques objections sur le régime cellulaire.* Paris, Lenormant, 1843, in-8 de 36 pages.

PINET (aîné, de Bergerac, conventionnel. — *La Solitude*, poème.

Fragments dans le *Mercure de France* d'avril 1753, p. 3 à 15.

PINONDEL DE LA BERTOCHE (H.). — *De la nécessité du reboisement des Landes et d'un meilleur régime forestier dans le département de la Dordogne.* Périgueux, Dupont, 1841, in-4 de 20 pages.

PLINE L'ANCIEN (C. Plinius secundus), naturaliste, littérateur, géographe, né à Vérone, mort en l'an 79, à 56 ans. — *Histoire naturelle*, en 37 livres. Les meilleures éditions sont celles de l'abbé Brotier, Paris, Barbou, 1779, 6 vol. in-12, et celle du P. Hardouin, 1723, 3 vol. in-f°.

**Poèmes en périgourdin; proverbes provençaux*, écriture du siècle dernier (parchemin) à la bibliothèque de Middlchild, Wortershire. — Library of sir Thomas Philipp, baroner.

PONCELET (dom), récollet à Sarlat, moine de l'abbaye de Terrasson, prédicateur. — *La Chimie du goût.* In-8.

— *Traité sur l'éducation de la noblesse française.* In-8.

— *Traité sur l'électricité du tonnerre.* In-8.

PONTE D'ALBARET (Joseph Luc de), évêque de Sarlat. — *Catéchisme ou abrégé de la doctrine chrétienne*, dressé et publié par Mgr. J. L. de Ponte d'Albaret. Sarlat, Robin, 1787.

PONTARD (P.), nommé à l'évêché du département de la Dordogne. — *Discours à MM. les Electeurs, assemblée tenante.* Périgueux, J. P. Dubreuilh, 1791.

— *Adresse de Pontard, évêque constitutionnel du département de la Dordogne, à ses collègues des 82 départements, par forme de consultation sur le cas qui est ici proposé : Précis de la vie de Suzette Labrousse du bourg de Vauxain.* S. l. n. d. in-8 de 48 p.

POPELINIÈRE (Lancelot Voësin de La), gentilhomme gascon, mort en 1608. — *Histoire de France de 1550 à 1577.* 4 vol. in-8.

Parle du Périgord.

PORT (Célestin), archiviste du département de Maine-et-Loire. — *De Paris à Agen.* Paris, Hachette, 1867, in-12. Gravures.

De la collection des *Guides-Joanne*. Voir de la p. 278 à la p. 304.

**Portefeuille (Le) périgourdin* (année 1832). Périgueux, Dupont père, 1832, br. in-8.

POUILLÉS. — *Grand Pouillé des bénéfices de la France, archevêchés, évêchés, abbayes, prieurés, etc., patrons, présentateurs avec des Annales.* 1626, vol. de 700 p.

— *Pouillé des archevêchés de Bordeaux, de Bourges et de leurs suffragants.* Paris, 1748, 2 vol. in-4.

— *Pouillé général des bénéfices de l'archevêché de Bordeaux et des évêchés d'Agen, Condom, Angoulême, Périgueux, Luçon, Maillezais, Poitiers, Saintes et Sarlat.* Paris, Alliot, 1648, in-4.

— *Pouillé des bénéfices du diocèse de Bordeaux*, par Jérome Lopes.

Il est imprimé avec son histoire de Saint-André de Bordeaux, 1668, in-4.

— *Pouillé général de tous les bénéfices du diocèse de Bordeaux*, par un chanoine de Saint-Seurin de Bordeaux, manuscrit de 1724, in-4.

Bien plus étendu et plus complet que celui de Lopes.

POUMEAU, docteur-médecin. — *Du rôle de l'inflammation dans le ramollissement cérébral.* Paris, Asselin, 1866, br. in-8.

POUMEAU DE LAFFOREST (L.), licencié-ès-sciences, officier d'académie et de l'université, inspecteur des écoles. — *Rapport général sur l'instruction primaire de la Dordogne pendant les années 1841-1843.* Périgueux, Faure et Rastouil, 1844, br. in-8.

— *Louis à sa sœur.* Périgueux, Faure et Rastouil, 1847, in-8.

— A publié plusieurs ouvrages d'instruction élémentaire, une arithmétique, un cours de lectures familières, etc.

POUMEAU-LAPOUYADE. — *Eloge de M. de Martignac.* Limoges, in-4

POUMIÈS DE LA SIBOUTIE, docteur-médecin. — *Les Moments perdus*, poésies. Paris, Cosse, 1855, br. in-18.

POUYADOU (Ferdinand). — *Etude sur les origines du théâtre en France.* Paris, 1873, in-18.

— *Profils de Poètes.*

PRESLES (J. de). — *La Culture du tabac.* Périgueux, Dupont, 1873, brochure.

**Procès-verbal de la commission d'enquête; Chemin de fer de Grolejac à Gourdon (5 février 1875).* Sarlat, Michelet, 1875.

PROCÈS. — *Mémoire pour Messire Jacques-Jean Chapt, chevalier, Marquis de Rastignac, demandeur en cassation.* 1756, br. in-4.

— *Pièces du procès de Henri de Tallerand, comte de Chalais, décapité en 1626.* Londres (Paris), 1781.

— *Factum du procès de Messire Jean de Vincenot, prêtre, archidiacre de l'église cathédrale Saint-Etienne Saint Front de Périgueux et scindic général du clergé, demandeur, contre Messire Jean d'Abzac, chevalier, seigneur de Montancès, etc., défendeur.* Périgueux, pet. in-f° (Fin du XVIIe siècle).

— *Factum pour Messire Henry-Joseph Deydie, seigneur de Ribérac, vicomte de Péluche, contre Messire Blaise Deydie, Marquis de Bernardière, défendeur.* Périgueux, pet. in-f° de 10 pages, avec un tableau généalogique annexé (Milieu du XVIIIe siècle).

— *Mémoire pour M. Lemoine de Serigny, défendeur, contre MM. de Puyferrat frères, demandeurs, et M. Dupont, etc.* Paris, 1831, in-4 de 66 pages.

— *Procès pour Antoine Dufraisse, maître architecte, intimé contre J. Plazanet et Jean Laborie, appelans d'une sentence du sénéchal de Périgueux.* 1737, pet. in-f°.

— *Manifeste apologétique et défi, etc., contre Jean Tamarelle ancien membre prêtre du ci-devant Institut des Jésuites.* 23 vendémiaire an 8.

— *Mémoire de M. Edouard d'Abzac de la Douse.* Périgueux, Lavertujon, 1847, br. in-8.

— *Mémoire pour dame Laulanie-Dugrezeau, etc., contre le sieur Léonard Boisseau fils de Tony Debellet, se disant Boisseuil, etc.* Périgueux, Faure, 1814 ou 1815, in-4.

— *Au roi en son conseil d'état. Mémoire ampliatif pour M. le comte Nicolas de La Roche-Aymon, appelant d'une décision de la commission d'indemnité du 28 novembre 1828.* Paris, Pihan-Delaforest, br. in-4.

— *Consultation pour les créanciers de M. Froidefond-Duchatenet.* 1837, A. Lévy, in-4. — *Plaidoyer pour Madame de Flageat, veuve de M. d'Artinsec de Verneuih contre M. Noël de Flageat et M. de Froidefond de Bellisle* (suite du même procès). Bordeaux, Lanefranque, mars 1839, in-4.

— *Affaire Mongenet. Cour d'assises de la Dordogne. Session d'octobre 1823.* Périgueux, Dupont, br. in-8.

— *Affaire Victorine Cumon, juillet 1840.* Périgueux, Dupont, br. in-8.

— *Procès intenté par le Conseil municipal de Bordeaux à l'auteur de la Tribune de la Gironde, relativement à la journée du 12 mars 1814.* Périgueux, F. Dupont, 1820, in-8 (Bibliothèque de Cahors).

PRUNER-BEY (docteur). — *Description sommaire des restes humains découverts dans les grottes de Cros-Magnon, près Les Eyzies (Dordogne)*, brochure.

PRUNIS (Joseph), chanoine régulier de Chancelade, né à Campagnac en Sarladais le 16 mai 1742, mort à Saint-Cyprien en 1816. — *Odes sur l'anniversaire de Crébillon, sur les dangers du luxe, sur la mort de Louis Racine.*

— *Lettres à M. de La Place.*

— *Observations sur les Etats du Périgord, et pièces justificatives.* 1788 (A la Bibliothèque Lapeyre).

— *Rapport fait au nom du comité d'instruction publique de la Société populaire de Périgueux.* Périgueux, Dupont, s. d. in-4.

Voir l'abbé Audierne, *Périgord illustré*, p. 174.

PTOLÉMÉE (Claude), né à Péluse, vivait vers l'an 138. — *Géographie.* 1re édition de Bologne, 1462, in-f°. — La meilleure est celle de Bertius, 1619, in-f° avec des tables de G. Mercator.

PUYGUILHEM (Amaury de), troubadour, né à Puyguilhem près Villars en Périgord, vivait au XIIIe siècle, a laissé plusieurs sirventes.

Voir le *Périgord illustré*, p. 82.

RABBE, BOISJOLIN et SAINTE-PREUVE. — *Biographie universelle des Contemporains, ou dictionnaire historique des hommes vivants de 1808 à nos jours*. 1834, 5 vol. in-8.

Ouvrage très-curieux sur les hommes de la révolution et de l'empire.

RABIRIUS. — *Junius Rabirius, apud Petragorios, Bergeraci causarum capitalium quæstor et præfectus regius. Hastarum et Auctorum origo, ratio ac solennia.* Lutetiæ, Car. Stephanus, 1554, pet. in-4.

Opuscule fort rare sur les ventes publiques aux enchères et leur origine.

RAMSAY (André-Michel de). 1686—1745. — *Histoire de la vie et des ouvrages de M. de Fénelon, archevêque de Cambrai*, in-12.

RANCONNET (Aymard de), seigneur d'Escoire et de Noyant, président des enquêtes au parlement de Paris, né en Périgord en 1498, mort en 1559 ou 1560. — Auteur du *Dictionnaire* de Charles Estienne, d'après Pithou.

— *Maximes du droit romain*, attribuées à Barnabé Brisson.

— *Trésor de la langue françoise tant ancienne que moderne*, augmenté par Jean Nicot. Paris, David Domen, 1606.

RASTIGNAC (Chapt de). — *Notice historique et généalogique sur la maison Chapt de Rastignac*, publiée par la famille. Paris, A. Wittersheim, 1858, in-12. Armes.

RAYMOND (Pierre). — *Iconographie des célébrités du Périgord*. Paris, Coste, 1863.

**Recueil d'antiquités du comte de Caylus*. Paris, Desaint et Saillant, 1752, 7 vol. in-4. Planches.

Très utile à consulter. Y voir : T. IV, planche 86 un cadenas antique de la collection Taillefer. — T. V, pl. 120, Deux ornements trouvés à Vésone. — T. VII, pl. 87. Plan de Périgueux et de ses environs.

**Réglement des droits des greffiers dans les justices royales et* *seigneuriales du ressort du siège présidial et sénéchal de Périgueux.* Périgueux, Julien Desforges, in-12.

**Réimpression de l'ancien Moniteur, seule histoire authentique et inaltérable de la Révolution française, depuis la réunion des États-généraux jusqu'au Consulat.* Paris, 1858-1863, 31 vol. gr. in-8.

RÉJOU (Louis). — *Ombre et rayon,* poésies. Périgueux, Dupont, 1870, in-12.

— *Nos Malheurs et leurs causes, justice!* Périgueux, Dupont, 1876, br. in-8.

RENNES, docteur-médecin, à Bergerac. — *Histoire du Protestantisme à Bergerac.* Bergerac, Faisandier, 1868, br. in-8.

REY (Jean), né au Bugue en Périgord au XVIe siècle, mort vers 1645. — *Essais sur la Chimie.* 1629. — Nouvelle édition en 1782.

— *Essais de Jean Rey sur la recherche de la cause pour laquelle l'estain et le plomb augm. de poids quand on le calcine;* nouv. édit. avec notes par Gobet. Paris, 1777, in-8. Figures.

Volume très-rare, avec les lettres du P. Mersenne et réponses de J. Rey, et la manière de rendre l'air visible, etc., et expériences de physique sur la nature de l'air invisible par Moitrel d'Element, etc.

REYNAUD (Jean). — *Réponse du Concile de Périgueux.* Paris, 1858, br. in-8 de 27 pages.

REYRAC (François-Philippe de Laurens de), chanoine régulier de Chancelade, censeur royal. 1734-1782. — *Hymne au Soleil.* 1777. — Paris, Lacombe, 1778, in-12. — Suivi de plusieurs morceaux du même genre. Nouvelle édition. Londres (édition de Cazin), 1790, in-18. Portrait.

— *Eloge de Reyrac,* par L.-P. Bérenger, membre de l'Institut. Paris, v^e Duchesne, 1783, in-8.

RIBAULD DE LAUGARDIÈRE. — *Notes historiques sur le Nontronnais.*

— *Légende de la vierge miraculeuse de Nontron.*

— *Notre-Dame des Clercs de Nontron.* Nontron, Ranvaud, 1873, br. in-8.

— *Recherches historiques sur la municipalité de Nontron.* Périgueux, 1878, br. in-8.

RIBIÈRE (abbé). — *Recueil de poésies patoises et françaises.*

RICHARD, avocat, docteur en droit. — *Recueil des usages locaux de l'arrondissement de Bergerac,* in-12 de 168 pages.

RINGUET, vétérinaire à Belvez. — *Du Mouton et de son avenir.* Périgueux, Dupont, in-8.

ROALDÈS (Alphonse). — *Patrie, Liberté.* Périgueux, Feytand, 1870.

ROCHE (Léonard), chanoine régulier de Chancelade, mort le 23 janvier 1723. — *Vie de Jean Garat, abbé de Chancelade.* Paris, Ch. Cabry, 1691, in-4.

ROMIEU (Auguste), ancien préfet de la Dordogne. — *Le Mousse,* roman (sous le pseudonyme d'Augusta Kernoc). Paris, Roret, 1835, in-8.

— *Fragments scientifiques.* Paris, Paulin, 1845, 1 volume.

— *Proverbes romantiques,* in-8.

— *De l'administration sous le régime républicain.* Paris, Plon, 1 volume.

— *L'Ere des Césars.* Paris, Ledoyen, 1850, in-18 jésus.

ROMME, représentant du peuple délégué dans la Dordogne. — *Calen-*

drier républicain. Périgueux, Canler, an I, an II, an III, 3 vol. in-8.

— *Proclamation aux citoyens de la Dordogne*. Du 1er quartidi de prairial, an 1er de la République française. Périgueux, 1793, 2 p.

ROSSIGNOL (Jean-Pierre), de Sarlat, membre de l'Académie des Inscriptions. — *Vita Scholastica*, poésies latines. Lutetiæ, 1836, in-4, avec notes et éclaircissements.

— *Des Artistes homériques, ou histoire critique des artistes qui figurent dans l'Iliade et dans l'Odyssée*. Paris, Durand, in-8 de 82 p.

ROUMEJOUX (Anatole de), né à Rossignol, commune de Chalagnac en Périgord, le 27 novembre 1832. Inspecteur de la Société Française d'Archéologie, membre de l'Institut des Provinces, vice-président de la Société archéologique et historique du Périgord. — Dans le *Chroniqueur du Limousin et du Périgord* : 1854. *Notice sur Cyrano de Bergerac*. — *Notice sur Marmontel*. — *Lagrange-Chancel*. — 1855. *Notice sur la famille de Fénelon*. — *Notice sur le V. Alain de Solminihac*. — *Siége de Sarlat en 1587* (extrait en partie des *Pièces fugitives* du Marquis d'Aubais). — *Révolte des citoyens de Limoges en 580* (extrait de Grégoire de Tours et d'Aimoin). — *La Guerre de la Fronde en Périgord* (extrait des mémoires de Balthazar). — 1856. *Visite à Aubeterre*, *1856*.

— Dans l'*Illustration du Midi* : 1864. *Note sur le château de Turenne*. — *Etude sur l'Exposition des Beaux-Arts à Périgueux en 1864*. — 1865. *Etude sur l'Exposition des Beaux-Arts à Cahors en 1865*.

— *Lettre au directeur de la Revue archéologique du Midi de la France, à l'occasion de l'inauguration du buste de Félix de Verneilh, le 29 novembre 1867*. Toulouse, 1866-1867. Vol. I, gr. in-4.

— Dans les *Annales de la Société d'agriculture de la Dordogne*, Périgueux, Dupont, in-8 : 1869. *Note sur un souterrain-refuge à Chalagnac*. Planche. — *Fouilles d'un tumulus à Chalagnac*. Planche. — 1871. *Notice sur le château de Grignols*. Plan.

— *Visite de l'Eglise Saint-Jacques à Reims*. Congrès Archéologique, 1861.

— *D'Albi à Lavaur* (Tarn). Congrès Archéologique, 1863, Rodez.

— *Description archéologique de l'église Saint-Urcisse de Cahors*, dans le *Courrier du Lot*, 1865.

— *Description archéologique de l'église de Duravel* (Lot). — *Note sur l'aqueduc gallo-romain de Cahors*. Congrès Archéologique, 1865, Cahors.

— *Visite aux maisons anciennes de Montpellier; séances générales tenues à Montpellier, décembre 1868*. Congrès archéologique, 1868.

— *Lettre à M. de Cougny, directeur de la Société Française d'Archéologie sur l'utilité des Musées*; 35e question du programme du Congrès archéologique, Châteauroux, 1874.

— *Découverte de peintures murales du XIVe siècle à la cathédrale de Cahors par M. Calmon, peintre (Rapport sur la)*. Congrès Archéologique, Toulouse, 1875. — Tirage à part; Tours, Bouserez, br. in-8. 2 chromolithographies.

— *Notice sur le château de Comarque*. Bulletin monumental 1861.

— *Notes archéologiques sur quelques monuments de la Haute-Vienne*. Bulletin monumental, 1865.

— *L'Eglise et l'abbaye de Silvanés (Aveyron).* Bulletin monumental, 1866.

— *Rapport à M. de Caumont sur une excursion archéologique en Quercy.* Bulletin monumental 1867 et 1873.

— *Périgueux en 1868.* Bulletin monumental, 1868.

— *Notes adressées à M. de Caumont sur un voyage à Montpellier, Nîmes, Arles, Saint-Gilles, Aigues-Mortes.* Bulletin monumental, 1871.

— Quelques notes dans le *Bulletin* de la Société des Etudes du Lot et dans le *Bulletin* de la Société Archéologique du Périgord.

ROUSSEAU. — *Plan proposé pour l'ornement du jardin de l'exposition.*

ROUSSEAU. — *L'Avenir de la République et le mandat impératif.* Bergerac, Faisandier, 1873, br. in-8.

ROUSSET (Pierre), prêtre de Sarlat, poète patois mort en 1689. — *Comédies* et une pièce de vers intitulée *Le Solitaire*, imprimées à Sarlat en 1676.

— *Œuvres de Pierre Rousset*, rééditées par M. J.-B. Lascoux. Sarlat, Dauriac, 1839, in-12.

— *Lou Jolous otropat ou los Omours de Floridor et d'Olympo, de Rozilon et d'Omelito et dé lo margui, coumedio, coumpouzado per lou siour Rousset, de Sorlat, l'an 1645.* Première édition, Sarlat, Colombet, 1676. — Deuxième édition, Sarlat, Robin, 1751.

Ces éditions sont fautives et incomplètes. — Voir à la p. 66 du *Recueil d'opuscules et fragments en vers patois, extraits d'ouvrages devenus rares*, par G. Brunet, Paris, Gayet et Lebrun, 1839, l'article relatif à Rousset (Bibliothèque Lapeyre).

ROUX (Eugène), rédacteur en chef de l'*Echo de Vesone.* — *Inauguration d'un monument commémoratif érigé au Lycée de Périgueux en l'honneur des élèves morts pendant la guerre de 1870-1871.*

Voir le *Calendrier de la Dordogne* de 1876, Périgueux, Dupont.

— *République et Monarchie.* Périgueux, Dupont, 1873, in-8, 144 pages.

ROUX-FAZILLAC, conventionnel, né à Excideuil, le 17 juillet 1746, mort en 1834. — *Histoire de la Guerre d'Allemagne pendant les années 1756 et suiv. etc.* 1803, 2 vol. in-8.

— *Recherches historiques et critiques sur l'homme au masque de fer, d'où résultent des notions certaines sur ce prisonnier.* Paris, an IX, in-8.

— *Pensées, anecdotes et portraits,* non publié.

ROYÈRE (Jean-Marc de), né au château de Badefol en Périgord en 1728, mort en 1802. — *Propre des saints du diocèse de Tréguier* dont il était évêque. 1766-1773.

— *Discours d'ouverture de l'assemblée du clergé.* 1772.

ROYÈRE (marquis de). — *Essai sur les avantages que le ministère de l'intérieur offre à l'Alsace par sa circulaire du 20 mars 1820 où elle dit :* « La France doit être divisée en contrées qui font naître les chevaux et en contrées qui doivent les élever, par le marquis de Royère, chef du Haras royal et de l'Ecole royale d'Equitation de Strasbourg. Strasbourg, 1821, in-4.

ROYIARD ou ROMIARD (Arnaud), né à Lisle sur Drône en Périgord vers la fin du XIIIe siècle mort le 30 novembre 1334, frère mineur, archevêque de Salerne, évêque de Sarlat 1330. — Wading, dans les *Annales* de son ordre parle d'un ouvrage de théologie qu'il présenta à Robert, roi de Sicile.

RUDEL (Elie) du Périgord, troubadour, vivait au XIIe siècle.

SAGETTE (abbé Jean), curé de la Madeleine de Bergerac, né à Villamblard le 21 octobre 1823. — *Le Rosaire de Mai*. 1849.

— *Essai sur l'art chrétien*. Périgueux, Boucharie.

— *Salutations à Marie*. Paris, Bray.

— *L'Eucharistie*. Paris, Bray, 4 volumes.

— *Sainte-Marie Madeleine*. Paris, Reishel.

— Plusieurs articles dans le *Chroniqueur du Périgord*, dans les *Annales archéologiques*, l'*Univers*, le *Monde*.

SAGETTE (abbé Jules-Jérome), frère du précédent, curé de Lanquais. — *La Voix du Bon Pasteur*, recueil de prédication qui a paru en brochure à Périgueux et à Paris pendant 8 ou 10 ans.

SAIL DE SCOLA, troubadour, né à Bergerac, a laissé deux sirventes.

SAINT-ALLAIS (Viton de). — *La France militaire sous les quatre dynasties, contenant la chronologie historique des Rois et Empereurs qui ont commandé leurs armées, celle des maires du palais, sénéchaux, connétables, ministres de la guerre, généraux en chef, colonels généraux, lieutenants généraux, généraux de brigade et de division, depuis l'institution de ces dignités jusqu'en 1812*. Paris, 1812, 2 vol. in-18.

Rare.

— *Nobiliaire universel de France*. Nouvelle édition, Paris, Bachelin-Deflorenne, de 18   à 1876, 20 vol. in-8.

d'Abzac, t. I, p. 190; t. VIII, p. 148; t. IX, p. 539; t. X, p. 469; t. XVII, p. 488
d'Alesme. II, 119; XII, 295
d'Aloigny. XI, 238
d'Aubusson. I, 113
de Bardon de Segonzac. X, 101
de Barrière. XI, 13
de Beaumond. XIV, 195 et 231
Beaupoil de St-Aulaire. IV, 272
de Bertin. XIV, 168

En cas d'erreur ou d'omission, consulter la table générale.

SAINTE-AULAIRE (François), sieur de la Renaudie, né à Périgueux. — *La Fauconnerie de François de Saincte-Aulaire, sieur de La Renodie en Périgord, gentilhomme Lymosin, divisée en huict parties, avec un bref discours sur la louange de la chasse et exhortation aux chasseurs. Dédiée à Monseigneur de Luynes.* A Paris, chez Robert Fovet, rue St-Jacques, au temps et à l'occasion devant les Mathurins. M.D.C.XIX. in-4.

Voir le *Périgord illustré*, p. 185.

SAINT-AULAIRE. — *Histoire genealogique de la maison de Saint Aulaire du nom de Beaupoil en Limousin, venue de Bretagne, depuis 1340 jusqu'à present*, par Messire Antoine de Saint-Aulaire. Paris, Sevestre, 1652, in-f°.

SAINTE-AULAIRE (Louis-Clair, comte de), pair de France, académicien, né le 9 avril 1778 à Saint-Méard de Dronne, mort à Paris le 12 novembre 1854. — *Réponse au Mémoire de M. Berryer pour le général Donnadieu.* Paris, 1820, in-8.

— *Théâtre allemand*, traduction, 1 volume.

Dans les *Chefs-d'œuvre des Théâtres étrangers*. Paris, 1820, in-8.

— *Histoire de la Fronde.* Paris, Baudoin, 1827, in-8. — Nouvelle édition. Paris, 1843, 2 vol. gr. in-8.

SAINTE-AULAIRE (Louis Marquis de), fils du précédent. — *Vie de Saint Front, premier évêque de Périgueux.* Périgueux, Bayle, 1846, br. in-4. Gravures.

— *Considérations sur la Démocratie.* Paris, Garnier, 1850, br. in-8.

— *Notice sur la famille d'Aydie.* Périgueux, Boucharie, 1852, brochure.

— *Les Derniers Valois, les Guise et Henri IV.* Paris, 1854, in-12.

— *Henri de Verthamon.* Périgueux, Cassard, 1877, in-12.

SAINTE-AULAIRE (Marquise de), née d'Estourmel. — *La Chanson d'Antioche*, composée au XIIe siècle par Richard le Pélerin, renouvelée par Graindor de Douai au XIIIe siècle, publiée par M. Paulin Paris et traduite par Madame la Marquise de Sainte-Aulaire. Paris, Didier, 1862.

SAINTE-BEUVE (C. A.) de l'Académie française. — *Causeries du Lundi.* Paris, Garnier frères, de 1857 à 1862, 15 vol. in-8.

Articles sur des Périgourdins : Montaigne, t. IV, p. 60-76. — Etienne de La Boëtie, t. IX, p. 112-118. — Fénelon, t. II, p. 1-17; t. X, p. 16-44. — Le duc de Lauzun, t. IV, p. 218-233. — De Féletz, etc., t. I, p. 293-308. — Maine de Biran, t. XIII, p. 249-264.

SAINT-CHAMANS (Vicomte Auguste de), né en Périgord en 1777, député de la Marne en 1824. — *Examen des fautes du dernier gouvernement.* 29 avril 1815.

— *Raoul de Valmin ou six mois de 1816*, roman historique. 1816, in-12.

— *L'Anti-romantique ou examen de quelques ouvrages nouveaux.* 1816, in-8.

— *De la Loi des Elections.* 1819.

— *Du système d'impôt fondé sur les principes de l'économie politique.* 1870, in-8.

— *De la Popularité.* 1821.

— *Le Petit-fils de l'homme aux quarante écus*, 1823.

— *Nouvel essai sur la richesse des nations*, 1824.

— *Du Croquemitaine de M. de Montlosier, de M. de Pradt et de bien d'autres*, 1826.

— *Causes et résultats de la révolution de 1830*, 1832.

— *Observations sur les bases de la constitution de 1848*, 1848.

— *Traité d'Economie politique avec un aperçu sur les finances de la France.* 1852, 3 vol. in-8.

SAINTESPÈS-LESCOT (E.), président du tribunal civil à Périgueux, officier de l'instruction publique. — *Des Donations entre vifs.* 2 vol. in-8.

— *Sous les Alpes*, chants patriotiques, publiés dans l'*Echo de Vésone* pendant la guerre d'Italie. Périgueux, Dupont, 1860, br. gr. in-8.

— *Les Fleurs de Mai ou Hymnes à Marie*, poésies. Périgueux, Cassard, in-12.

SAINT-EXUPÉRY (abbé de), vicaire-général de Saint-Front de Périgueux. — *Discours prononcé le 30 janvier 1868 dans l'église de Montignac à la cérémonie de la translation du corps de M. Arthur de Veaux, capitaine aux zouaves pontificaux, tué à la bataille de Mentana.* Périgueux, Bounet, 1868, br. in-8.

SAINT-MÉDARD (J.-B.-M. de). — *Voyage champêtre à Excideuil et dans ses environs* (stances sur la ville d'Excideuil). Périgueux, Dupont, 1829, br. in-8.

SAINT-OURS (Luc de). — *Le Siége de Sarlat en 1587*, poésie. Sarlat, Michelet, 1874, brochure.

SAINT-OURS (Eugène de) — *Réflexions sur le budget de la commune de Sarlat.* Sarlat, Michelet, 1871.

— *Quelques mots sur les affaires de la commune de Sarlat.* Sarlat, Michelet, 1874, in-8.

— *Etude sur le Sarladais*, mémoire lu à la séance de la Société d'agriculture de la Dordogne, le 31 août 1874. Périgueux, Dupont, 1874, in-8.

SAINT-PULGENT (de), ancien préfet, mort à Montbrison le 7 juillet 1875. — *De l'Irrigation dans le département de la Dordogne*. Périgueux, Dupont, 1873, in-8.

— *Conférences faites dans les 47 cantons. Extinction de la mendicité.* Périgueux, Dupont et Cᵉ, 12 brochures in-8.

SAINT-SIMON (Louis de Rouvroy duc de). 1675—1755. — *Mémoires*. Edition complète publiée par M. Chéruel. Paris, Hachette, 20 vol. in-8. Portrait.

Parle de Périgourdins célèbres.

SALIGNAC (Barthélemy de), baron dudit lieu. — Au retour d'un long voyage dans le Levant et la Terre Sainte en 1506, il aurait fait imprimer à Lyon un ouvrage intitulé : *Itinerarii Hierosolomitami et Terræ Sanctæ in ubique locorum et rerum clarissima descriptio per Bartholomeum de Saliniaco, sedis apostolicæ pronotarium, equestris ordinis et utriusque juris professorem.*

C'est la plus complète description de la Terre Sainte qui ait été faite avant lui et à laquelle Christianus Adrecomius s'est abondamment servi dans son livre : *Theatrum Terræ Sanctæ* (Note fournie par M. le marquis d'Abzac de Ladouze).

SALIGNAC (Géraud de), troubadour, était du Périgord.

SARLAT (Eymery de), troubadour, était de Sarlat en Périgord.

SARLAT, SARLADAIS. — *Le Siége de Sarlat en 1587 par l'armée huguenote, conduite par le vicomte de Turenne*, imprimée deux fois à Bordeaux en 1588 et 1688. — Elle se trouve dans le t. III des *Pièces fugitives* du marquis d'Aubais, Paris, 1759, in-4.

— *Relation de deux siéges soutenus par la ville de Sarlat en 1587 et 1652* (publiée par J.-B. Lascoux). Paris, Everat, 1832, br. gr. in-8.

— *Procès-verbal officiel du siége mis devant la ville de Sarlat en décembre 1587*, tiré des archives de M. de Gérard. Sarlat, Michelet, 1873, br. in-8.

— *Discours de la deffaicte des trouppes du Vicomte de Turaine au païs de Périgord, ensemble, le siége mis devant Sarlat, le 14 de ce mois.... avec le nombre des morts.* Paris, veuve F. Plumion, 1588, in-8.

— *Le Siége de Sarlat, l'an 1587 auquel l'armée huguennotte conduite par le vicomte de Turenne a este tellement ruinée que depuis elle n'ose attaquer la moindre bicoque de Périgord.* Jouxte la copie imprimée à Bordeaux par Simon Millanges en 1588, à Bordeaux, de l'imprimerie de Mathieu Chappuis, rue Saint James, près l'Hôtel de ville, à l'exergue des Quatre Evangelistes, M.DC.LXXXVIII, in-12 de 102 p.

Cet opuscule a été réédité par M. J. B. Lascoux sous ce titre : *Un canard au XVIᵉ siècle.*

— *Procès entre l'évêque de Sarlat et la ville de Domme.*

En 1728, Mgr Alexandre Le Blanc, évêque de Sarlat, fit assigner les consuls de Domme à lui rendre foi et hommage, etc. Le 17 mai 1732 le Parlement de Bordeaux donna gain de cause à l'évêque, mais le 31 mars 1738, un arrêt du Conseil d'État annula celui du Parlement (Bibliothèque Lapeyre. Notes de M. Lapeyre). — A ce sujet voir : *Documents historiques sur la ville de Domme*, par M. Lascoux. Paris, Everat, 1836. 2 lithographies.

— *Breviarium Sarlatense.* Poitiers, Joan. Faulcon, 1776.

— *Antiphonaire......* Poitiers, Faucon et Barbier, 1777.

— *Livre d'église à l'usage des fidèles du diocèse de Sarlat.* Poitiers, Faucon et Barbier, 1777.

— *Processional du diocèse de Sarlat*. Poitiers, Faucon et Barbier, 1777.

— *Rituel romain pour l'usage du diocèse de Sarlat*. Bordeaux, de la Court, 1729.

— *Proprium minorum Sarlatensis diocœsi*. Sarlat, J. Coulombet, 1700.

— *Edict du roi portant création d'un bailliage ou séneschaussée et siège présidial à Sarlat, du mois de décembre 1641*. Paris, Pierre Le Mur, dans la grand salle du Palais M.D.C.XLII. (1642).

— *L'Enfant de cinq mois ou le Pardon du Mari*, comédie-vaudeville en un acte et en vers, tirée d'une histoire véritable traduite de l'espagnol par un amateur de Madrid, etc. Sarlat, Ant. Dauriac, 1826, br. in-12 de 28 pages.

Rare.

— *Recueils d'opuscules et de fragments en vers patois, extraits devenus rares*, par G. Brunet. Paris, Gayet et Lebrun, 1839.

Voir la page 66 sur Rousset de Sarlat.

— *Eloge de Henri-Jacques de Montesquiou, évêque et baron de Sarlat*, par M. l'abbé La Reynie de la Bruyère; dédié à très haut et puissant seigneur Messire Anne Pierre de Montesquiou-Fezensac, marquis de Montesquiou.... commandeur des ordres du roi, maréchal de camp et armées, premier écuyer de Monsieur, frère du roi, etc. S. l. n. d. br. in-8 de 80 pages.

— *Instruction pastorale de Monseigneur l'évêque de Sarlat au clergé séculier et régulier et à tous les fidèles de son diocèse*. M.DCC. LXV. 112 p. pet in-f°.

Relative à la suppression des Jésuites; condamnée à être brûlée par les mains du bourreau, par arrêt du Parlement de Bordeaux, du 19 février 1766. Rare.

— *Histoire du Saint-Suaire et du sacré bandeau de Jésus-Christ.... transportés de l'Orient dans l'abbaye de Cadouin de l'ordre de Citeaux, au diocèse de Sarlat*, mise en lumière par les soins des prieur et religieux réformés de ladite abbaye. Paris, J. Bessin, 1644, in-8. — Paris, J. Bessin, s. d. in-4.

— *Procès-verbal de Monseigneur l'Illustrissime évêque de Sarlat* (Jean de Lingendes), *pour la vérification authentique du très saint et précieux suaire de Notre Sauveur Jésus-Christ, transporté dans l'abbaye de Cadouin..., et des choses mémorables qui se sont passées au sujet d'icelui, ès siècles passés*. Paris, J. Bessin, s. d. in-4.

— *Abrégé de l'histoire du très saint et précieux suaire de Notre Sauveur Jésus-Christ, transporté dans l'abbaye de Cadouin, avec le procès-verbal fait et dressé pour la vérification d'icelui par Monseigneur l'illustrissime évêque de Sarlat*. Bordeaux, de la Court, 1646, in-4.

— *Question scolastique : à savoir mon* (sic), *si les religieux réformés de l'étroite observance dits Récollets.... doivent être tirés du couvent dudit ordre de la ville de Sarlat pour y mettre les religieux du même ordre appelés Observants de la grand'manche?* 15 juin 1614, in-4.

— *Relation curieuse, véritable et remarquable de la mort et des désordres commis par une bête féroce aux environs de Sarlat en Périgord*. Paris, d'Houry, s. d. in-4.

L'approbation est datée d'août 1766.

— *Mémoire pour la ville de Sarlat*. Paris, Callau, s. d. in-8.

— *Institution de la confrairie de la vraie croix establie dans l'Esglise de MM. les pénitens blancs de la ville de Sarlat.* Sarlat, veuve Robin, 1691, pet. in-18.

— *Processional de la royale compagnie des pénitens blancs*, etc. Sarlat, veuve Robin, 1785.

— *Manuel contenant les offices, etc., de la vénérable confrérie de la Bienheureuse Vierge Marie du Confalon des Pénitents blancs de Sarlat.* Sarlat, C. E. Thouvenin, 1810, in-12. Gravure sur bois.

— *Cérémonies et translation de la Sainte couronne d'épines qui doit avoir lieu à Sarlat, avec un précis historique sur la Sainte couronne.* Périgueux, Faure, 1808, pet. in-18.

— *Mémoire concernant l'abonnement des tailles de la ville de Sarlat.* S. l. n. d. (1784), in-4 de 23 p.

SARLAT (François), né à Domme à la fin du XVIIe siècle, membre des académies de Bordeaux et de Toulouse, mort en 1768. — Plusieurs manuscrits dont le plus intéressant est celui dans lequel il expose ses vues sur les moyens de faciliter et d'améliorer la navigation de la Dordogne sont conservés dans les archives de l'Académie de Bordeaux.

— A laissé une *Histoire de Domme*, manuscrite (Bibliothèque nationale, fonds Périgord, vol. XIV, p. 116, note Leydet).

SARLAT (Ludovic). — *Prier, aimer, chanter*, poésies. Paris, Dupont, 1846, in-8.

— *Un Palais de Justice au XIXe siècle.* Sarlat, Dauriac aîné, 1869.

SAUVAGE, ancien magistrat. — *Pensées de Morale*, poésies. Paris, Plon, 1877.

SAUVEROCHE (Léonce), ancien proviseur et recteur, né à Périgueux en 1803, mort à Paris en 1868. — *Discours sur les célébrités du Périgord.* Périgueux, Dupont, 1833, in-18.

— *Discours à la distribution des prix du collége de Périgueux, 1838.* 1838, br. in-8.

SÉBALDE, évêque de Périgueux vers l'an 900, a écrit une *Vie de Saint Front.*

SEGUY (Raymond), pharmacien, né à Périgueux, mort à Périgueux le 5 février 1854 à 71 ans. — *Amores de un Francès en España.* Périgueux, Dupont, 1817, in-18.

Ecrit en espagnol. — Traduction française par M. Peyrot de Périgueux; gravures de Choquet. — Rare.

SÉGUY (Agnan), de Périgueux, docteur en médecine. — *Dissertation sur le rhumatisme articulaire*, à la faculté de médecine de Paris, le 9 juin 1824. Paris, Didot jeune, 1824, br. in-4.

**Semaine religieuse du diocèse de Périgueux*, hebdomadaire. Périgueux, Cassard, 1866-1876, in-8 (Se continue).

On ne trouve que là certains renseignements.

SERRE (Pierre), professeur de grammaire générale à l'école centrale de la Dordogne. — *Discours prononcé à Périgueux le jour de la fête de la Paix 18 brumaire an X (1801).*

— *Nouvelle Théorie sur les facultés de l'âme.* Périgueux et Paris, Heinrichs, 1804, in-8.

SERRES (Jean de) *(Seranus)*, protestant, mort en 1598. — *Mémoires de la troisième guerre civile et des derniers troubles de France sous Charles IX en IV livres*, 3 vol. in-8.

— *Recueil des choses memorables advenues en France sous Henri II, François II, Charles IX et Henri III*, ou Histoire des cinq rois parce qu'il a été continué sous le règne d'Henri IV jusqu'en 1597, in-8.

SEPTFOND (Léon). — *Essais littéraires*. Périgueux, Dupont, 1874.

SIDOINE APPOLLINAIRE (*Sidonius Apollinaris Caïus Solius*) né à Lyon vers 431, mort le 23 août 482. — Il reste de lui neuf livres d'Epitres et vingt-quatre pièces de poésie.

— *Œuvres complètes* publiées par J. Sauaron. Paris, 1609, in-8.

— *Œuvres complètes* publiées par le P. Sirmond. 1653.

Parle du Périgord.

SIREY (J.-Baptiste), jurisconsulte, né à Sarlat. 1762—1845. — *Du Tribunal révolutionnaire*. Paris, an III, 104 pages in-8.

Brochure véhémente contre ce tribunal.

— *Recueil général des lois et arrêts*. Paris, 1809-1876, in-4 (Se continue).

— *Code de procédure civile annoté*. Paris, 1818, in-4. — Nouv. édition, par Gilbert, Faustin et Cuson. Paris, Cosse et Lamotte, 1847, in-4. — Paris, Cosse, 1851, 2 vol. in-8.

— *Jurisprudence de la Cour de cassation*. Paris, Laporte, 4 vol. in-4.

— *Code de commerce annoté* par Sirey, Gilbert et autres. Paris, Cosse, 1852, in-8.

— *Supplément au Code Napoléon et de procédure civile*. Paris, Cosse et Marchal, 1866, gr. in-8.

SIREY (Joséphine de Lasteyrie du Saillant), épouse du précédent et nièce de Mirabeau. — *Louise et Cécile*, par M***. Paris, Niogret, Veret, 1812, 2 vol. in-12.

— *Marie de Courtenay*, par M***. Paris, Barba, Delaunay, 1818, in-12.

— *Conseils d'une Grand-Mère aux jeunes femmes. 1re partie*. Angers, Launay-Gagnot; Paris, Schwartz et Gagnot, 1838, in-12.

— *La Mère de Famille*, journal moral, religieux et littéraire, etc. Paris, Verdière, 1833 et 1834, in-8.

SOLMINIHAC (Alain de), évêque, baron, comte de Cahors de 1636 à 1659, né au château de Belet près Saint-Aquilin, en Périgord le 25 novembre 1593, mort en 1659. — *Panegyricus illustrissimi ac reverendissimi domini D. Alani de Solminihac, Epî, baronis ac comitis Cadurcensis*, authore Francisco Dubois, doctore theologo, rectore de Pescadoires, diocesis Cadurcensis, anno M.DC.LXXIII (1673).

Traduction latine de la *Vie du V. Alain de Solminihac*, par A. Dominico Bisselio, imprimée à Kempden (Campidona ou Campodunum, Souabe, autrefois ville libre et impériale : Typis ducalis monasterii Campidonensis, per Rodolphum Dreherr, M.DC. LXXIII. — A la Bibliothèque du Grand-Séminaire de Cahors).

SOUILLAC (Jean-Jacques de), évêque de Lodève en 1732, fut d'abord vicaire-général de l'évêque de Périgueux, mort en 1750. — On lui attribue les : *Conférences ecclésiastiques du diocèse de Lodève*. Paris, 1749, 4 vol. in-12.

SORBIER, conseiller à la cour de cassation. — *Méditations morales et Etudes historiques*. Paris, Vaton frères, 1872, in-8.

— *Biographie de Jean de la Vacquerie, Premier Président au Parlement de Paris*. Caen, 1846, in-8.

— *Biographie de Guillaume de Lamoignon*. Caen, 1846, in-8.

— *Dix ans de Magistrature en Corse*, in-8.

— *Esquisse de l'histoire et des mœurs de la Corse*, in-8.

SOULIER (abbé). — *Histoire de la naissance, du progrès, de la décadence et de la fin du Calvinisme.* Paris, 1636.

STRABON, philosophe et historien, né vers l'an 14 de J. C. — *Géographie* en 17 livres. — La plus ancienne édition est de 1472, in-f°. — Les meilleures sont de Paris, 1620, in-f°, et Amsterdam, 1707, 2 vol. in-f°.

Parle du Périgord.

SULLY (Maximilien de Bethune, baron de Rosny). 1559—1641. — *Œconomies ou Mémoires de Sully*, 1778, 10 vol. in-12.

Y voir plusieurs faits touchant les guerres de religion en Périgord.

SULPICE-SÉVÈRE, né vers 353 à Prémillac, près d'Excideuil en Périgord. — *Abrégé de l'histoire sacrée depuis la création du monde jusqu'à l'an 400 de J. C.* Traduction nouvelle, texte en regard, etc. par l'abbé Paul. Lyon, Tournachon, 1805, in-12.

— *Abrégé de l'Histoire sacrée de Sulpice Sévère* avec la continuation en latin et une interprétation française littérale (Wadelincourt, Bouillon et Verdu, Minden). 1779, 2 vol. pet. in-12 de 129 et 268 p.

— *La Vie de Saint Martin.*

— *Lettres au prêtre Eusèbe, au diacre Aurèle, à Bassula, sa mère, deux à Claudia, sa sœur, une à Saint Paulin.*

Cette dernière est la seule véritable des cinq qui sont imprimées dans le *Spicilège* de dom d'Achery.

— *Sulpitii Severi Sacræ Historiæ a mundi exordio ad sua usque tempora deductæ, lib. II, nunc primum lucem editi, cum præfatione Mulchiæ (Francowits) Flaccii Illyrici.* Basileæ, Oporinus, 1556, pet. in-8 de 192 p.

Première édition rare et très recherchée à cause du traité qui concerne les liturgies latines.

— *Opera.* Lugdun. Batav. (Leyde), ex offic. Elzeviriana, 1635, pet. in-12.

Belle édition.

— *Opera quæ exstant, etc.* Lugd. Batav. 1643, pet. in-12. — Autre édition en 1636.

Edition plus complète que la précédente.

— *Sulpicii Severi, Opera omnia cum lectissimis commentariis accurante Georg. Hormio.* Amstelod. ad Elzévir, 1665, in-8.

Bonne édition.

— *Opera cum notis Joan. Clerici, etc.* Lipsiæ, 1709, in-8.

Bonne édition plus complète que la précédente.

— *Opera emendata notisque observationibus et dissertat. illustrata studio Hieron. de Prato.* Veronæ, typis seminarii, 1741-1754, 2 vol. in-4.

Très bonne édition et très rare.

— Plusieurs éditions modernes. Brut, Michel, 1819, in-18. — Paris, Delalain, 1830, in-18. — Paris, Panckouke, 1848, in-8.

SURGUIER (abbé L.-J.), professeur au grand séminaire de Sarlat. — *Sancti Sulpitii Severi Opera. Nova editio cum notis cui accesserunt tria V. Hieronymi opera.* Sarlati, apud Ant. Dauriac typ. et bibliop., 1825.

SYRUEILH (François de), d'une famille éteinte à la fin du XVIe siècle, établie à Siorac dans le Sarladais depuis le XVe siècle, chanoine de Saint-André de Bordeaux, archidiacre de Blaye. La dernière trace que l'on trouve de lui est un codicille du 4 février 1588. — *Journal des faits qui se sont passés en Guyenne et en Gascogne de 1568 à 1585.* Bordeaux, Gounouilhou, 1873, br. gr. in-4.

Publié par M. Clément Simon. — 60 exemplaires seulement ont été mis dans le commerce.

TALPIN (Jean), chanoine de Périgueux, fut le premier ou le second principal du collége de Périgueux, mort le 18 juillet 1574. — *Institution d'un prince chrétien*. Paris, 1567.

— *La Police chrestienne. Livre tres-vtile et necessaire à toutes manieres de gens, de quel estat ou vocation qu'ils soyent. De la doctrine duquel aussi les curez et predicateurs se pourront seruir quand ils voudront aduertir chacun estat de son particulier devoir*. Paris, N. Chesneau, 1568, pet. in-8.

TAMIZEY DE LARROQUE. — *Document inédit relatif à l'enlèvement d'Anne de Caumont*, in-8.

Extrait du *Cabinet historique*, tiré à 50 exempl.

— *Vie des Poètes bordelais et périgourdins*.

— *Notice sur le président Ranconnet*. 1871, br. gr. in-8.

Tiré à 50 exemplaires.

TARDE (Jean) ou plutôt Jean DUPONT, sieur de TARDE, chanoine théologal de Sarlat, historien et géographe, né à Laroque-Gageac en Sarladais au XVIe siècle, mort au XVIIe siècle (1636?). — *Les Astres de Borbon et apologie pour le Soleil*, *monstrant et vérifiant que les apparences qui se voyent dans la face du soleil sont des planètes et non des taches*, *comme quelques Italiens et Allemans observateurs d'icelles l'ayant imposé etc*. Paris, J. Gesselin, 1623, in-4. Figures sur bois.

Ouvrage singulier et d'une grande rareté.

— *Histoire cronologique de Sarlat*, *diocèse et pays Sarladois*, *etc.* manuscrit à la bibliothèque de Toulouse. Il en existe plusieurs copies: une ancienne chez M. Tarde à Sarlat; une dans le fonds Baluze; une autre fonds Lespine; et quelques autres récentes : une au fonds Lapeyre à la bibliothèque de Périgueux, etc.

— *Description du pays de Quercy*, avec un plan de Cahors.

— *Potomographie de Garonne*, aux armes de Tarde. Jean le Clerc, 1628.

— *Description du diocèse de Sarlat et haut Périgord, avec une vue de Sarlat*, Joannes Tarde delineavit. Jean le Clerc, 1624, carte de 0,55 cent. sur 0,45.

Très-rare.

— *Diocesis Sarlatensis Vernacule*, Joanne Tardo canonicus ecclesiæ Sarlati delineabat. Amstelodami, apud Guillelmum Blaeu, sans date.

— *Evêché de Sarlat*. Paris, Tavernier, 1624. — Amstelodami, Honerius; Guillelmi Blaeu, in-f°.

— *Sarlatensis diocesis geographica delineatio vera et exacta*, auctore Joanne Tarde, canonico Theologo ecclesiæ cathedralis Sarlati, R^mo D. P. Ludovico de Salignac epô Sarlati, Johanne Tardo vicarius generalis diocesim sic deposuit et dedicavit anno 1594.

Aux armes de MMSS. de Montesquiou et de Salignac, ce qui place cette édition au milieu du XVIIIe siècle. Dans un angle de la carte se trouve la description du diocèse; dans un autre angle elle est marquée des initiales G. G.

TARDE (Jean), prestre, curé de Saint-Amans près Velver (Belvez), neveu du précédent. — *Le Crayon de l'art et de la science crayonné sur l'original de divers et grands autheurs*. A Tolose, A. Colomiez, 1616.

TELLIAC (Elie). — *L'Homme de la Lune*. Ribérac, C. Condon, 1872, in-8.

**Testomen d'au Rey Louis Sézé* (traduction en patois de Périgueux). Périgueux, v^e Faure, imprimeur de la préfecture et des tribunaux, s. d. 2 feuillets.

THOMAS (Pierre), patriarche de Constantinople, né à Lebrel, paroisse de Salles de Belvez en Périgord en 1305, mort le 6 janvier 1366. — Sa vie a été publiée par Philippe de Mézières son ami, et a été insérée par les Bollandistes dans leur recueil, par Luc Wading : *Vita B. Petri Thomæ, carmelitæ, patriarchæ Constantinopolitani*. Lyon, 1637. — L'abbé Lebeuf a signalé une autre *Vie de Saint Thomas*, manuscrit de la Bibliothèque du Roi, dans les *Mémoires de l'Académie des Inscriptions et Belles-Lettres de Toulouse*, t. XVI, p. 222.

THOU (Jacques-Auguste de), *Thuanus*. 1533—1617. — *Histoire universelle* en latin, en 138 livres, de 1545 à 1607. La meilleure édition est celle de Londres, 1753, en 7 vol. in-f°, avec la continuation jusqu'en 1612, par Rigault.

Cette édition a servi à la traduction française de l'abbé Desfontaines en 46 vol. in-4. Paris, 1749. — Parle du Périgord.

TOUCHEBŒUF-BEAUMONT (vicomte de). — *Mille et unième calomnie de la Contemporaine*. Paris, Everat, 1834, in-8 de 108 p.

TOUNENS (de), roi d'Araucanie, né à Cubas, mort en 1878. — *Orelie-Antoine Ier roi d'Araucanie et de Patagonie, son avènement au trône et sa captivité au Chili*, relation écrite par lui-même. Paris, 1863, in-8. Portrait sur acier.

— A publié deux journaux : *Les Pendus* et *La Couronne d'acier*.

TRÉLIER (Etienne). — *Traduction de latin en français des coutumes et statuts de la ville de Bergerac*, commentés par Lamothe. Bergerac, Puynesge, 1700, in-8.

TURENNE (Henri de La Tour, vicomte de), né le 28 septembre 1555, mort en 1623. — *Mémoires de 1560 à 1585*, publiés par Paul de Franc. Paris, 1666, in-12, 1re partie : le reste est manuscrit.

— *Vie du Vicomte de Turenne*, par Marsollier. Paris, 1719, in-12. — Paris, 1726, in-12.

On y trouve plusieurs faits concernant les guerres de religion en Périgord.

U***nivers pittoresque***, dictionnaire encyclopédique. — *France*, par Ph. Lebas. Paris, Firmin Didot, 1850, 14 vol. Gravures.

Grand nombre d'articles sur le Périgord.

VALBRUNE (J.-B. de), docteur-médecin, ~~né à Saint-Astier.~~ — *Notes historiques et critiques sur le pont de Saint-Astier.*

— *Emilie de Ribeyreix.*

VALBRUNE (Ivan de), né à Saint-Astier. — *Itinéraire de Périgueux à Coutras*, 1859.

— *Itinéraire de Périgueux à Brive*, 1875.

— *Relation des fêtes du Comice agricole de Saint-Astier en septembre 1875.*

— *Ephémérides de Saint-Astier*, publication périodique.

— *Ephémérides du Périgord.* Saint-Astier, 1877, publication périodique.

VALERY-MONTBARLET, avocat. — *La Vapeur.* Bergerac, Faisandier, 1869, in-8.

VALLETTE (François), notaire constitutionnel à Saint-Georges, près Périgueux. — *Traité de l'injustice des droits féodaux*, br. in-8 de 16 pages.

VASSAL (Amédée de), baron de Montviel. — *Abrégé chronologique, historique et biographique de l'Histoire universelle, du déluge à ce jour.* Tours, Lecesne, 1845, in-8.

VASSEUR (Charles), membre de la Société historique et archéologique du Périgord, de l'Institut des Provinces, etc. — *Le Souterrain de Carves.* Caen, Le Blanc-Hardel, 1872, br. in-8.

VÉDRENNE (abbé Prosper), curé de La Bachellerie. — *Vive le Roi!* Toulouse, Delboy père; Paris, Tolra, 1871, br. in-8.

— *Marie-Thérèse, comtesse de Chambord, etc.* Toulouse, Delboy père; Paris, Tolra, br. in-8 et sept éditions in-32.

— *Les Royalistes après la prorogation.* Toulouse, Delboy, 1873, br. in-8.

Ont paru sous le pseudonyme de A. My.

— *Blanco*. Paris, Vermot, 1858, in-12, avec quatre petites pièces de théâtre : *Constance Chlore*. — *Henri I roi de France*. — *Le Dauphin Charles* (Charles V). — *Une Farce à mon oncle*.

Elles ont été éditées à Bordeaux, chez Lafargue.

— *Vie de Charles X*. Paris, Lecoffre, 1878, 3 vol. in-8. Portraits.

— Dissertations pour la licence de théologie : *De beatæ Mariæ Virginis Immaculata conceptione*. — *Du Schisme d'Orient*. Ribérac, Delecroix, 1857.

VERNEILH-PUYRASEAU (Joseph, baron de), député de la Dordogne à sept législatures, préfet de la Corrèze et du Mont-Blanc, président à la cour royale de Limoges, etc., né à Nexon (Haute-Vienne) en 1756, mort à Limoges en 1839. — *Statistique du département du Mont Blanc*. Paris, imprimerie impériale, 1807, gr. in-4. Carte par de Belleyme.

Publié aux frais de l'Etat ; fut donné aux préfets de l'empire comme un modèle à suivre.

— *Projet de Code rural*. Paris, imprimerie royale, 1814, 4 vol. gr. in-4.

Publié aux frais de l'Etat.

— *Histoire d'Aquitaine*. Dédié au roi Louis XVIII. Paris, 1825, 3 vol. in-8. — Paris, librairie universelle, 1843, 3 vol. in-8. Gravures.

— *Mémoires sur la Fronde et sur la Révolution*. Paris, 1830, in-8.

— *Mes Souvenirs de 75 ans*. Limoges, Barbou, 1836, in-8.

— Une série de *Discours* prononcés dans les diverses assemblées dont il fut membre et publiés en brochures.

VERNEILH-PUYRASEAU (Joseph-Félix de), petit-fils du précédent, licencié en droit, membre de l'Institut des provinces, inspecteur divisionnaire de la Société française d'Archéologie, correspondant du ministre de l'instruction publique pour les travaux historiques. — *Feuilletons archéologiques* dans le journal l'*Univers*. 1840.

— *La Cathédrale de Cologne*, Annales archéologiques de Didron, 1848.

— *L'Architecture byzantine en France*, Paris, Claye et Didron, 1851, gr. in-4. Gravures.

— *Les Bastides de l'Aquitaine*, Annales archéologiques de Didron, 1853.

— *Les Influences byzantines*, Annales archéologiques de Didron, 1855.

— *Les Emaux d'Allemagne et les Emaux limousins*, Bulletin monumental, 1860.

— *Les Emaux français et les Emaux étrangers*, Bulletin monumental, 1860.

— *Le Style ogival en Angleterre et en Normandie*, Annales archéologiques de Didron, 1863.

— *Le Premier des Monuments gothiques*. Paris, 1864, in-4. Planches.

— *L'Art au Moyen-Age et les causes de sa décadence*, réponse à *M. Renan*, Annales archéologiques de Didron, 1862.

— Série d'articles sur l'*Architecture civile au Moyen-Age* de 1846 à 1848, Annales archéologiques de Didron.

— *Compte-rendu du grand ouvrage de M. le comte de Vogué sur les églises de Terre Sainte*, Annales archéologiques de Didron.

— Dans le *Bulletin monumental*: 1847. *Note sur les églises à coupole du Périgord*. — 1848. *Notice sur le château de Châlus et la mort de Richard Cœur de Lion*. — 1850. *Compte-rendu d'une visite à la Sainte-Chapelle*. — *Lettre à M. de Caumont sur la Statistique monumentale du Calvados*. — 1855. *Mémoire sur les origines de l'art ogival et de l'art roman*. — 1856. *Dissertation sur les dates précises des cathédrales de Périgueux et d'Angoulême*. — 1858. *Mémoire sur les fortifications romaines, byzantines et génoises de Constantinople*, avec planches et dessins. — 1861. *Articles sur la cathédrale de Trèves*.

— Dans le *Chroniqueur du Périgord et du Limousin* : 1853. *Colonie vénitienne à Limoges*. — *Les Bastides du Périgord*. — *Lettre à M. de Siorac sur les monuments de Périgueux*. — *Note sur divers objets découverts dans la restauration de Saint-Front*. — 1854. *Peintures murales du château de Rochechouart*. — 1855. *Des abords de Saint-Front*.

— Dans le *Bulletin de la Société archéologique du Limousin* : Tome XI. *Notice biographique sur M. l'abbé Texier*. — T. XIII. *Notice sur l'oppidum gaulois de Courbefy*.

— Série de *Rapports* dans les comptes-rendus des Congrès d'Angoulême, de Limoges, de Bordeaux, de Périgueux, de Cherbourg et de Saumur.

— Enfin F. de Verneilh a laissé un ouvrage posthume, qui est imprimé, *L'Architecture byzantine en Orient et en Italie*. Il n'a pas encore été publié, les gravures n'étant pas achevées.

VERNEILH-PUYRASEAU (Jean-Baptiste-Joseph-Jules, baron de), licencié en droit, membre de l'Institut des provinces, ancien Inspecteur de la Société française d'Archéologie, vice-président de la Société archéologique du Périgord, correspondant du Ministre de l'instruction publique, membre de l'Académie des belles-lettres, sciences et arts de Bordeaux, frere du précédent, né à Nontron (Dordogne), le 6 février 1823 — *Promenade archéologique en Périgord*, Chroniqueur du Périgord, 1853.

— *Rapport au Congrès de Périgueux sur l'excursion à Brantôme et à Bourdeilles et sur les châteaux périgourdins de la Renaissance*. 1858. Gravures.

— *Lettre à M. de Caumont sur une excursion en Sarladais et en Quercy*. Bulletin monumental, 1865 Gravures.

— *Notes historiques et archéologiques sur le Nontronnais*. Périgueux, Dupont, 1866.

Inséré dans les *Annales d'agriculture de la Dordogne* et le *Bulletin monumental*.

— *Les Fabriques du parc à l'exposition universelle*. Bulletin monumental, 1867.

— *Le Vieux Périgueux*, en collaboration avec M. Gaucherel. 1867, album in-f° de 20 gravures à l'eau-forte avec texte.

— *La Manie des nouvelles préfectures*. Bulletin monumental et Paris, Didron, 1867.

— *Rapports au Congrès de Carcassonne sur la visite de la Cité*. — *Sur les monuments de Perpignan*. — *Sur l'excursion à Elne et à Collioure*. — *Sur les anciennes maisons de Perpignan*. — *Sur la visite à la cathédrale de Béziers*. 1868. Compte-rendu du Congrès.

— *Etude critique sur le Dictionnaire raisonné de l'architecture française du XIe au XVIe siècle, par M. Viollet-Leduc*. Bulletin monumental, 1869.

— *Les Peintures murales de M. Savinien Petit à la cathédrale de Bordeaux*. Courrier de la Gironde, 1869.

— *Excursion à la Sainte-Baume et à Saint-Maximin*. Bulletin monumental, 1871.

— *Excursion archéologique en Nontronnais*. Annales de la Société d'agriculture. 1873.

— *Une Page d'administration paroissiale en 1704*. Annales de la Société d'agriculture. 1874.

— *Hôtels de la Renaissance à Toulouse*. Compte-rendu du Congrès, 1875.

— *Eloge de M. Guillaume-Henri Brochon, ancien maire de Bordeaux*, discours de réception à l'Académie de Bordeaux. Bordeaux, Bellier. 1876.

Extrait des Actes de l'Académie.

— Divers articles de critique d'art dans la *Guyenne* de Bordeaux, et autres journaux, et quelques mémoires avec gravures dans le *Bulletin de la Société Archéologique du Périgord*.

— *Lettre sur la Provence*. Bulletin monumental, 1870.

— *L'Eglise de Corgnac et le château de Laxion*. Bulletin monumental, 1870.

— *Notice sur les anciennes forges du Périgord et du Limousin* (Extrait de la *Revue des Sociétés savantes*, 6e série, t. IV, 1876).

VEYSSET, de Périgueux ou du Périgord. — *Un épisode de la Commune et du gouvernement de M. Thiers*. Bruxelles, 1873, in-18.

Détails précis et intéressants sur la corruption tentée par le gouvernement de M. Thiers sur les chefs de la Commune, corruption qui, d'après l'auteur qui joua un rôle assez important pendant la Commune, serait restée parfois impayée.

VEYSSIÉRE (docteur J.-B.), membre de plusieurs sociétés d'agriculture. — *Des Maladies transmissibles des animaux à l'homme, etc.* Paris, 1853, br. in-8.

— *L'Echo agricole*, revue agricole. Périgueux, Dupont; le premier numéro est du 10 août 1859.

VIDAL (Louis), pasteur à Bergerac. — *Choix de mélodies hébraïques ; Le Précurseur*, tragédie en cinq actes, etc. Bergerac, Faisandier, 1868, br. in-8.

— *Essai sur les causes de la dépopulation des campagnes*. Bergerac, Faisandier, 1869.

— *Quels sont les héritiers légitimes de la Réformation?* Bergerac, Faisandier, 1874, in-8.

— *L'Espérance de revenir*, sermons sur la certitude que nous nous reconnaîtrons dans la vie à venir. Paris, Cherbuliez, in-8 de 24 p.

— *Sermons pour quelques solennités chrétiennes*. Paris, Cherbuliez, 1839, in-8.

— *Des Caisses d'épargne*. Paris, Renouard, 1844, in-8 de 83 p.

— *De la répartition des richesses ou de la justice distributive en économie sociale*. Paris, Capelle, 1846, in-8.

Ouvrage contenant l'examen des théories des économistes ou des socialistes.

— *La Loi de Dieu méditée en dix-sept discours*. Paris, Capelle, 1848, in-8.

— *Vivre en travaillant, etc.* Paris, Capelle, gr. in-18.

— *Les Questions du jour : Liberté, Egalité, Fraternité, et le Règne de Dieu*, sermons. Paris, Cherbuliez, 1849, in-8.

— *L'Instruction considérée dans ses rapports avec la religion*. 1845, in-8.

— *Le Culte de famille ou la Paix et l'Epée. — Amour de Dieu pour le monde. — Le Préjugé du siècle*, 1839 gr. in-8.

— *Gratuité et conditionalité du salut*. 1843, in-8.

— *Le Salut par le Christ*. 1843, in-8.

— Beaucoup d'autres brochures.

VIEL-CASTEL (baron de). — *Le Manuscrit de Lady Maud*. Périgueux, Lavertujon, 1852.

— *L'Indépendant*, journal politique.

VILLEPELET (Ferdinand), archiviste du département de la Dordogne, né à Salbris (Loir-et-Cher), le 1er janvier 1839. — *Essai philologique*. Périgueux, Dupont, 1868, in-8.

— *Du Luxe des Vêtements au XVIe siècle*. Périgueux, Dupont, 1869, in-8.

— Divers articles dans le *Bulletin de la Société historique et archéologique du Périgord : Le Périgord au Musée des Archives Nationales. — Le Périgord aux archives des Basses-Pyrénées*.

— A réédité le *Voyage de M. Courtois en Périgord*. Sauveterre, J. Chollet, 1878, in-12. Gravure.

— A relevé dans le *Catalogue des actes de Philippe-Auguste* les documents suivants :

N° 19. 1181 du 5 avril au 31 octobre (Château neuf sur Loire apud castrum novum super Ligerim. a. 1181). — Philippe-Auguste prend sous sa protection l'église de Sarlat en Périgord.

N° 821, 1204, mai, devant Rouen (ante Rothomagum a. 1204 mense maio). Helie, comte de Périgord fait hommage à Philippe-Auguste du comté de Périgord.

N° 722, 1204, mai, devant Rouen (in castris ante Rothomagum a. 1204 m. maio). Philippe-Auguste s'engage à ne pas laisser sortir de ses mains le comté de Périgord.

N° 823. 1204, mai, devant Rouen (ante Rothomagum a. 1204 m. maio). La commune de Périgueux reconnait qu'elle doit faire serment de fidélité à Philippe-Auguste.

N° 823. 1204, mai, devant Rouen (ante Rothomagum a. 1204 m. maio). Philippe-Auguste s'engage à ne pas laisser sortir de ses mains la ville de Périgueux dont les habitants lui doivent faire serment de fidélité.

N° 1409. 1212, novembre. Nemours (apud Nemosium, a. 1212, m. novemb.). Philippe-Auguste reçoit l'hommage du comte Archambaud de Périgord et de Bertrand de Born; il s'engage à ne détacher de la couronne ni le comté de Périgord, ni la forteresse d'Hautefort.

— *Inventaire sommaire des archives de la Dordogne*. T. I en cours de publication.

VINCENT, de Lalinde. — *Dressage du chien d'arrêt*. Bergerac, Faisandier, 1874, in-8.

VIOLLET-LEDUC, architecte. — *Dictionnaire raisonné de l'Architecture française du XIe au XVIe siècle*. Paris, 10 vol. gr. in-8. Gravures.

Y rechercher les articles qui intéressent le Périgord; entr'autres, la description, le plan, etc. de la Tour Barbecane à Périgueux.

VIVANS (Geoffroy de), né à Castelnaud en Sarladais le 18 novembre 1543, mort en 1591 au siége de Villandraut. — *Mémoires de Vivans*. — Manuscrit par son fils Jean de Vivans; appartenant à M. de Laverrie de Vivans.

VIVIEN (Antoine), jésuite, né à Périgueux en 1546, mort à Toulouse en 1603. — *L'Excellence et bonheur de l'Estat de Virginité et continence, etc.*, traduction de l'italien de J. Dominique Candela. A Douay, Balthazard Belleu, 1622, in-12.

VIZERIE (Léonce), docteur-médecin. — *Lettre d'un laïque à M. le pasteur Corbière*. Bergerac, Faisandier, 1874, br. in-8.

WLGRIN DE TAILLEFER (comte), maréchal de camp, savant antiquaire, né à Villamblard le 23 avril 1761, mort à Périgueux le 2 février 1833. — *L'Architecture soumise au principe de la nature et des arts*. Périgueux, Canler, 1804, in-4. Planches.

— *Notice historique sur les antiquités et les monuments de la cité de Vesone*. Périgueux, F. Dupont, 1806, in-8.

— *Antiquités de Vesone, cité gauloise remplacée par la ville actuelle de Périgueux*. Périgueux, Dupont, 1821, 2 vol. in-f°. Planches.

YEMENIZ (N.), bibliophile lyonnais. — Extrait du *Catalogue des autographes précieux composant le cabinet de M. N. Yemeniz, etc.* Vente du 12 mai 1868. Paris, J. Charavay aîné, 1868, in-8 :

— Emigrés. *Etat général des pièces et mémoires relatifs aux émigrés, etc.* Paris, 30 janvier 1793, 18 p. in-f°.

Original. Document très important par le nombre de noms qui s'y trouvent.

— *Notes et généalogies mss. modernes concernant plusieurs familles, celle de Périgord entre autres, etc.* 20 p. in-4.

— Arnaud Deydie. *Factum pour Charles Antoine Arnaud Deydie, chevalier, marquis de Ribérac, contre Joseph Henri Deydie, comte de Ribérac*, pièce imprimée du XVIIIe siècle, 7 p. in-f°.

— Bardon de Segonzac. *Preuves de la noblesse de François Louis Bardon de Segonzac, présenté pour être page du roi dans sa grande écurie*, pièce signée de Charles d'Hozier, avec le blason colorié de la famille; Paris, 25 mai 1688, 4 p. in-f°.

A cette famille sont alliées celles de la Dausse, Fayard, Belcier, Vigier, Charbonnières et Fénelon.

— Boysseulh. *Pièce* signée par Raymond-Joachim, comte de Boysseulh, capitaine au régiment de Piémont, contenant ses états de service; Orléans, 11 mars 1790, 1 p. in-f°.

Cette pièce porte les signatures du duc de Sully, et du marquis de Ray.

— Champagnac. *Preuves de la noblesse de Pierre François de Champagnac, écuyer, et de Marie Françoise de Champagnac, sa sœur*, pièce mss. du XVIIIe siècle, 5 pag. in-f°.

A cette famille sont alliées celles de Tessières, Malet, Pourtent, Langlade, Fourichon, Lambert, etc.

— Damas. *Clauses du testament*

de Claudine Antoinette de Damas, du 22 prairial an XI, 10 p. 1|2 in-4.

Les héritiers sont Françoise Etienette, veuve de Clermont-Montoison, et Alphonse Louis de Mandelot.

— Dureclus. *Aveu et dénombrement fourni au bureau du domaine du roi en la généralité de Guyenne, par Elie Dureclus, chevalier, seigneur de Gageac, de la terre et seigneurie de Gageac, en Périgord*, pièce sur vélin du 5 mai 1766, 26 p. in-4.

— Fayolle de Mellet. *Instruction sommaire pour Antoine Joseph de Fayolle de Mellet, chevalier, seigneur de Neuvic, contre Jean Dabzac, chevalier, marquis de La Douze, Jean Dabzac, seigneur de Montancé, Jean Charles de David, comte de Lastours, etc.*, pièce imprimée du XVIIIe siècle, 14 p. in-4.

— Foucauld. *Généalogie mss et notes sur cette famille*, environ 50 p. in-4.

A cette famille sont alliées celles de Bonneval, Pot de Rhodes, Pierre-Buffière, Talleyrand, Villelume, Dampierre, etc.

— Lambertie. — *Pièce* signée par Marie d'Aydie, veuve de Jean François de Lambertie, au nom et comme donataire de défunte dame Marie de Nesmond, veuve de Jean de Rochechouart, marquis de Mortemart; 10 octobre 1686, 12 p. in-f°.

— Laporte de Puyferrat. *Deux factums pour Elisabeth de Laporte de Puiferrat, veuve d'Honoré de Calvimon et Jacques Henri de Durfort, comte de Civrac, contre Marie Thérèse de Calvimon et Henriette Garnier, veuve de Gabriel de Calvimon, etc.*, 2 pièces imprimées au XVIIIe siècle, 23 p. in-f°.

— Lasteyrie du Saillant. *Mémoires à consulter pour dame Constantine Fortunée Ghislain de Berghes, épouse du citoyen Annet-Victorin de Lasteyrie du Saillant*, 2 pièces mss. du 30 floréal an XII, 8 p. in-4.

Relatifs à la succession de Louis-Georges de Bessuéjouls de Roquelaure.

— Lostanges. *Neuf lettres autographes signées de la comtesse de Lostanges à M. Guilleau*, 1828, 11 p. in-8.

— Loyac. *Pièce* sur vélin du 31 décembre 1583 par laquelle Martial de Fénis, procureur du roi en l'élection du Bas-Limousin reconnaît avoir reçu de M. Antoine de Loyac, la somme de deux écus, in-8 oblong.

— Lubersac. *Plan figuratif des lieux dont est question au procès entre M. le marquis de Chapt, M. de Saint-Pierre et le chevalier de Lubersac*, 12 janvier 1771, in-f° oblong.

— Pardaillan. *Pièce* mss. du 30 décembre 1663, concernant Louise Octavie de Pardaillan de Gondrin, 3 pag. in-4.

— Picot. *Quittance* signée sur vélin, par Antoinette Picot, femme de François de Fayolle, chevalier, 26 janvier 1689, in-f° oblong.

— Pitard. *Factum pour Marie Duval, veuve de Joseph Pitard, avocat et Joachim Dubourg écuyer, contre Marguerite Baillet veuve de feu Ardouin de Fournel, écuyer, seigneur de Tayac*, pièce imprimée du XVIIIe siècle, 7 p. in-f°.

— Ribérac. *Premier, second et troisième mémoires pour Charles-Armand Odet d'Aydie, marquis de Ribérac et Antoine René de Ranconnet, comte de Noyan, contre dame Marie de Lambertie, veuve de Robert de Lenjobert, seigneur de Martignac*, trois pièces imprimées du XVIIIe siècle, 65 p. in-f°.

— Roffignac. *Deux lettres auto-*

graphes signées du comte de Roffignac, 27 février? 2 p. in-f°.

Intéressantes.

— Saint-Mayme. *Lettre autographe signée du comte de Saint-Mayme*, datée de Coullours en Champagne, 2 août 1727, 3 p. in-4.

— Taléran de Grignols. *Preuves de la noblesse de Gabriel de Taleran de Grignols et de François de Taléran, son frère, comte de Beauville, présentés pour être pages du roi dans sa grande écurie*, pièce originale signée par Charles d'Hozier, avec le blason colorié de la famille; Paris, 6 avril 1688, 7 p. 1/2 in-f°.

A cette famille sont alliées celles de Jaubert de Saint-Gelais, Corbon, Montluc, La Touche, Salignac La Tour de Turenne, Tranchelion, Bréban, Beynac et Chalais.

— Vayrac. *Factum pour Jacques de Veyrac, écuyer, contre Annet de Lestrade de Floirac, chevalier*, pièce imprimée du XVIII° siècle, 16 p. in-f°.

La famille de Lestrade de Floirac est la même que la famille de Lestrade de Contie, à Coulaures (Dordogne).

SUPPLÉMENT

AUTON (Jean d'), seigneur de Bernardières en Périgord, vivait au XVe siècle. — *Histoire de Louys XII roy de France, père du peuple, et des choses mémorables advenües en son règne, 1499, 1500, 1501*, nouuellement mises en lumière par Th. Godefroy. Paris, 1620, in-4.

— Autre édition d'après les manuscrits de la Bibliothèque royale, avec notice et notes par le bibliophile Jacob. Paris, Silvestre, 1835, 4 vol. in-8.

Tiré à petit nombre.

ARNAUD DANIEL, troubadour, né à Ribérac au XIIe siècle, auteur du roman de *Lancelot du Lac*; de *Renaud*. Il reste aussi de lui dix-sept pièces de vers.

Voir le *Discours sur les Célébrités du Périgord* par M. Sauveroche.

BELLEYME (de). — *Ordonnances sur requêtes et sur référés*. Paris, 1844, 2 vol. in-8.

BERTRANDY, inspecteur général des archives nationales. — *Etude sur les Chroniques de Froissart. — Guerre de Guienne (1345-1346)*. Bordeaux, A. de Lanefranque, 1870, in-8.

BOREAU (V.). — *La Renaudie, ou la Conjuration d'Amboise, chronique de 1560*. Paris, 1836, 2 vol. in-8.

BORIE (Arnault de La). — *Histoire des Indes*, traduite du latin de J. P. Maffei, par F. A de La Borie. Lyon, Pillehotte, 1603, 2 vol. in-8.

— *Antiquités du Périgord*, 1577.

Très-rare ou plutôt introuvable. Voir la *Bibliothèque historique de la France* du P. Lelong, édition Fontette, Paris, 1768, 5 vol. in-folio.

BOSREDON (Philippe de), ancien conseiller d'Etat, membre du conseil général, vice-président de la Société historique et archéologique du Périgord. — *Sur les biens des anciennes maladreries*. Paris, 1854, in-8.

— *Sigillographie du Périgord.* Périgueux, Dupont, 1880, gr. in-4. Planches gravées.

— Plusieurs articles dans le *Bulletin* de la Société historique et archéologique du Périgord.

BOUILLON (A.), architecte à Périgueux, fils de Pierre Bouillon. — *Paris moderne, ou choix de maisons, etc.*, dessinées par Bouillon, architecte, gravées par Normand fils. Paris, Bance fils, 1834-1835, in-4, a paru en 32 livraisons.

— *De la construction des maisons d'école primaire, etc.* Paris, Hachette, 1854, in-8 de 96 p. 12 planches.

— *Principes de dessin linéaire, etc.* Paris, Hachette, 1839, in-4 de 32 p. 24 planches.

— *Principes de Perspective linéaire, etc.* Paris, Hachette, 1841, in-4 oblong de 6 p. 24 planches.

BOURDEILLES (Pierre de), abbé de Brantôme. — *Manuscrit de Branthôme*, in-12 (Archives départementales, 751. G).

BOYER (Arnaud), jésuite et provincial d'Aquitaine, né à Périgueux au XVIe siècle, a écrit cinq livres d'*Elégies : Sur le Christ, la Sainte Vierge, les Martyrs, les larmes de Jérémie et le Théâtre de Persée.* Ses *Œuvres* ont été imprimées à Toulouse en 1618.

BRANDON (Philibert de), évêque de Périgueux (suite). — *Rituale Petrachoricense a Romani formam expressum authoritate, illustrissimi et reverendissimi in Christo patris D. D. Philibert de Brandon Petrachoricensis episcopi.* Petrachoræ, apud Petrum Dalvy, typographum et bibliopolam regis et huius diœcesis. M.DC.LI (1651) pet. in-4. Armes.

Rare.

BUGEAUD DE LA PICONNERIE (Thomas-Robert), d'une famille originaire du Périgord, maréchal de France, duc d'Isly, né à Limoges le 15 octobre 1784, mort du choléra à Paris le 10 juin 1849. — *Essai de quelques manœuvres d'infanterie, etc.* Lyon, 1814, in-12. Planches.

— *Mémoire sur l'impôt du sel et à nos collègues les députés de la France et à MM. les Ministres.* Paris, Guiraudet, 1831, in-4 de 8 pages.

— *Aperçus sur quelques détails de la guerre*, avec planches explicatives. Nouvelle édition imprimée par ordre de S. A. R. le duc d'Orléans. Paris, Duverger, in-12 de 120 pages.

— *De l'organisation unitaire de l'armée, avec l'infanterie partie détachée et partie cantonnée.* Paris, Everat, 1835, in-8 de 35 p.

— *Mémoire sur notre établissement dans la province d'Oran, par suite de la paix, juillet 1831.* Paris, Gaultier-Laguionie, 1838, in-8 de 64 p. avec plan.

— *De l'établissement de légions de colons militaires dans les possessions françaises au nord de l'Afrique, etc.* Paris, F. Didot, 1838, in-8 de 60 p.

— *De l'établissement des troupes à cheval dans les grandes fermes.* Paris, Brière, 1841, in-8 de 28 p.

— *L'Algérie. Des moyens de conserver et d'utiliser cette conquête.* Paris, Dentu, 1842, in-8 de 128 p.

— Plusieurs *Discours politiques :* 15 et 22 septembre 1831. — 10, 20 et 30 mars 1832. — 24 mars et 2 avril 1834.

— Plusieurs *Rapports militaires.* Voir les tables du *Moniteur*.

— Voir dans les *Débats* du 12 septembre 1839 : *Le Général Bugeaud à Excideuil.*

— Id. du 15 juin 1835 : *Réflexions sur l'état de la guerre en Biscaye et en Navarre.*

— Plusieurs articles dans le *Spectateur militaire* et dans l'*Akbar*.

— *Adresse au roi Louis XVIII* dans le *Moniteur* du 31 août 1814.

— *Relation de la bataille d'Isly*, dans la *Revue des Deux-Mondes*, premier trimestre 1849.

— Correspondance dans plusieurs journaux à l'occasion de sa mission auprès de Madame la duchesse de Berry.

CHAMPAGNAC (Jean de) *Addition.* — L'ouvrage cité à l'article *Champagnac* n'est que la seconde édition de la *Physique françoise*, imprimée à Bordeaux en 1595.

— Il est aussi l'auteur d'un *Traité sur l'immortalité de l'âme*, imprimé en 1595.

CHARRIÈRE (Auguste), suite. — *Combat des Trente-Neuf*, chronique du Périgord.

CHEVALIER (Joseph), sieur de Cablanc, etc. — *Histoire sommaire de Périgueux*, 3 vol.

Le troisième seulement a été conservé ; il comprend la période qui s'étend de 1601 à 1692. Elle est mentionnée dans la *Bibliothèque historique de la France* du P. Le Long avec cette note : « Ces trois volumes sont entre les mains de Nicolas Chevalier, seigneur de Cablanc, fils de l'auteur ».

N. B. Une autre Histoire du Périgord ou de Périgueux dont l'auteur serait Jean de Jay de Beaufort, sieur d'Ataux, composée en 1633, se trouverait à la Bibliothèque nationale, d'après Saint-Allais dans son Récit historique sur les Comtes de Périgord.

CŒUILHE (Etienne-Front), magistrat et moraliste, président à l'élection de Périgueux, né à Périgueux le 3 février 1697, mort le 7 avril 1749. — *Pensées diverses.* Paris, Mérigot, 1751, pet. in-12, avec dédicace à M. de Tourny, intendant de Guyenne.

Très-rare.

CŒUILHE (Jean-Baptiste), fils du précédent, bibliographe, fondateur de la bibliothèque de Périgueux, né à Périgueux le 11 septembre 1727, mort à Cavillac, commune de Trélissac, l'an X de la République. — On lui attribue : *La Liberté des Mers*, poëme. Paris, 1782, in-8 (*Bulletin du Bouquiniste* 1 mars 1875, n° 969. — Note de M. Dujarric-Descombes).

DELPIT (Jules). — *Le Prince ridicule*, mazarinade inédite composée en 1650, publiée et annotée par J. Delpit. Bordeaux, 1873, in-8.

— *Notice sur J. L. Dessales, ancien archiviste de la Dordogne.* Périgueux, 1879, in-8.

— *Réponse d'un Campagnard à un Parisien, ou réfutation du livre de M. Louis Veuillot : Le Droit du Seigneur.* Paris, 1857, in-8.

FOURGEAUD-LAGRÈZE, de Ribérac. — *Les Violons de Dalayrac.* 1856, br. in-8.

FRANCHEVILLE (Daniel de), né à Vannes dans le courant du XVIIe siècle, mort en 1702, évêque de Périgueux de 1693 à 1702. — *Discours et Méditations composés pour l'usage des retraites de son diocèse.* Paris, 1699, 2 vol. in-12.

— *Oraison funèbre de Mgr Daniel de Francheville*, par le P. Jean Dubois, de la compagnie de Jésus, docteur en théologie. Périgueux, Pierre Dalvy, imprimeur du roy, du diocèse et du collége, pet. in-4 de 39 p.

PÉRIGUEUX, PÉRIGORD. — *Protestation du marquis de Foucauld-Lardimalie, député de la noblesse du Périgord, sur le décret de l'Assemblée nationale rendu le 19 juin et rédigé le dimanche matin 20 juin* (22 juin 1790). S. l. n. d. pièce in-8.

— *Lettre à M. le baron de K.* (par le vicomte de la Cropte de Bourzac). S. l. 1791, in-8.

— *Montignac, le 23 brumaire, l'an III de la République française... Les membres de la Société populaire de Montignac sur Vézère à la Société populaire de Bergerac.* S. l. n. d. pièce in-4.

— *Epître à l'auteur de Némésis.* Périgueux, Lavertujon, 1832, br. in-8.

— *Traité élémentaire d'arithmétique à l'usage du collége de Sarlat.* Sarlat, Dauriac, 1833, pet. in-8.

— *Dialogue entre Napoléon et Louis XVIII*, par M. P. L. Périgueux, Dupont, 1833, br. in-8.

En vers alexandrins.

— *Traduction des 1re, 4me et 8me Satires de Juvénal en vers français suivie de plusieurs dialogues sur divers sujets*, par M. P. L. Périgueux, Dupont, 1833, in-8.

— *Nouvelle découverte pour reconnaître la première qualité des bœufs, veaux, vaches et cochons*, par Jean Doumen. Périgueux, Dupont, 1833, br. in-8.

— *Factum pour les habitans de la religion prétendue réformée de la ville de Salaignac en Périgord contre le syndic du diocèse de Cahors* (signé Loride-Degalesnières, av.). S. l. n. d. pièce in-4.

— *Factum pour le consistoire et les habitants de la ville d'Issigeac faisant profession de la religion prétendue réformée.... contre le sieur Evêque de Sarlat*..... S. l. n. d. pièce in-4.

— *Factum pour le syndic du diocèse de Sarlat, demandeur, contre les prétendus réformés de Lanquais et de Badefou, défendeurs.* S. l. n. d. pièce in-4.

— *Factum pour le syndic du diocèse de Périgueux, demandeur, contre les ministres de Pomport, de Mombazailhac, Lamonzie, de Gardonne et de Cours, défendeurs.* S. l. n. d. pièce in-4.

Le nom de Périgueux a été rayé à la main et remplacé par celui de Sarlat.

— *Arrêt de la Cour de parlement de Bordeaux portant condamnation à mort de plusieurs habitants de la ville d'Aymet faisant profession de la religion prétendue réformée, pour avoir fait une procession avec un âne habillé en prêtre et profané divers mystères du Saint Sacrifice de la Messe et du Saint Sacrement de l'autel.* 7 septembre 1660.

— *Requête servant de factum pour plusieurs habitants de la ville d'Aymet faisant profession de la religion prétendue réformée au roi et à nosseigneurs de son conseil* (signé Lorride avocat). S. l. 1661, pièce in-fo.

— *Lettre du roi à Mgr le Premier Président (de Verdun) touchant la véritable réduction des villes de Nérac et Bergerac en l'obéissance de S. M.* (11 juillet 1621). Paris, D. Langlois, 1621, pièce in-8.

— *La Seconde lettre*...... (même lettre que la précédente. — 11 juillet 1621). Paris, ibid.

— *Mandement de Mgr l'évêque de Périgueux* (de Lostanges) *pour le saint temps de carême.* 6 février 1828. Périgueux, Danède, 7 pages.

— *Ordonnance de Mgr l'évêque de Périgueux* (de Lostanges) *pour l'érection du chapitre de la collégiale.* 2 février 1822. Périgueux, Danède, 7 pages.

— *Statuts du Chapître de l'Eglise collégiale de Périgueux.* Périgueux, Danède, 10 pages.

— *Lettre pastorale de Mgr l'évêque de Périgueux* (de Lostanges) *à l'occasion de son installation.* 8 novembre 1821. Paris, Le Clère, 8 p.

— *Généalogie des Lespine de Leyfourcerie et de Linseul, recherchée et mise au jour par Pierre Lespine des Colombiers, l'an 1777.* Sans nom d'imprimeur.

— *Aperçu sur l'évacuation des militaires blessés et sur son utilité aux armées* présenté et soutenu, etc., par Bertrand Buisson, de Saintorne (Saint-Orse) (Dordogne), chevalier de la Légion d'honneur et de l'ordre de la Réunion, chirurgien aide-major au corps royal des chasseurs à pied de France. Strasbourg, Levrault, 1815, in-4.

— *Dissertation sur les hémorrhagies artérielles par causes externes*, présentée etc., par Jean Laville, de Montpont (Dordogne). Strasbourg, Levrault, 1815, in-4.

— *Observations des députés de la Dordogne au sujet du projet de repartement annexé à celui de la loi des finances de 1821.* 1821, br. in-4.

— *Réplique à l'auteur de la réponse aux observations sur le cadastre et les évaluations de revenu dans le département de la Dordogne* par l'auteur des *Observations.* Paris, Egron, 1821, in-8.

— *Edict dv Roy svr la redvction de la province de Perigord en son obeïssance, auec l'arrest de la Court de Parlement de Bourdeaus sur iceluy.* A Perigvevx, par Gilles Degoys.

POUYADOU (Ferdinand). — *Le Temps jadis*, poésies. Périgueux, Rastouil, 1864, pet. in-12.

Ne se trouve pas en librairie.

PROTESTANTS. — *La France protestante, ou Vies des Protestants français*, par MM. Haag, 10 vol. in-8.

Ouvrage très-important pour l'histoire du protestantisme; on y trouve un grand nombre de noms périgourdins.

— *Défiance de la religion réformée sur les passages de l'Ecriture sainte.* Bergerac, Anthoine Vernoy, 1615, pet. in-12.

RABIER *(Rabirius)* de Bergerac. — *De octo partium orationis constructione libellus de Erasmi Rot. cum Junii Rabirii commentariis.* Lugdunum, Ant. Vincentius, 1551, in-8.

En latin et en français. Très-rare.

Le Cabinet historique, revue mensuelle, contenant avec un texte et des pièces inédites, etc., le catalogue général des manuscrits que renferment les bibliothèques publiques de Paris et des départements, etc., sous la direction de M. Louis PARIS. Paris, 20 vol. in-8 (Le 1er volume est de 1855).

DÉPOUILLEMENT DES PIÈCES CONTENUES DANS LES DIVERS MANUSCRITS CATALOGUÉS DANS LE CABINET HISTORIQUE ET QUI CONCERNENT LE PÉRIGORD

TOME II

P. 130. — *Dépouillement des papiers de dom Vic et de dom Vaissette, dite : Collection du Languedoc* (Bibliothèque Nationale). — Tome LXXI de la collection no 2848 du C. Hist. Sénéchaux de Quercy depuis 1210 jusqu'aux diverses séparations faites ou leur union d'Agenois, de Périgord et conduits jusqu'en 1728, etc.

TOME III

P. 133 à 144. — *Dépouillement sommaire du Fonds Leydet et Prunis à la Bibliothèque nationale.*

A. — HISTOIRES, CHRONIQUES, CARTULAIRES ET PIÈCES ORIGINALES.

Recueil intitulé : Liber Chronicarum ecclesiæ S. Juniani, écrit de la main de M. Nadaud, curé de Teyjat, suivi de l'histoire du chapitre de Saint-Junien (Fontette, 5137; Mss. Prunis, no 1A).

Extraits de vieux papiers du consulat de Périgueux, écrits en périgourdin, touchant les horribles et détestables maux commis et perpétrés par Archambaud Taleyrand, comte de Périgord (id. 2A), copie.

Registre original des assemblées de jurade et délibérations faites à la maison de ville de Périgueux, en 1677 et 1678 (id. 3A).

Histoire du Périgord, par M. de la Grange-Chancel (auteur des *Philippiques*), écrite et apostillée de sa main avec une épître dédicatoire adressée à M. de Premeaux, évêque de Périgueux. 1re partie s'étendant depuis la conquête des Romains jusqu'en 865 (id. 4A).

Extraits de la deuxième partie de la même histoire, depuis le IXe siècle jusqu'à la confiscation du comté de Périgord en 1399 (id. 5A).

Ces extraits ont été faits par M. Leydet lui-même.

Histoire du Périgord, depuis la conquête des Romains jusqu'à l'an 1264, par Joseph Chevalier, seigneur de Cablanc de Saint-Maime (id. 6A).

Citée dans la Bibliothèque historique de la France, t. III, p. 511, no 37572.

Histoire de la partie du Périgord connue sous le nom de Sarladois par Jean Tarde, chanoine de Sarlat, auteur d'une carte du Sarladois, 1624, de laquelle il est fait mention dans la Bibliothèque historique de la France, t. I, p. 76, n° 1744 (id. 7A).

Il y a deux exemplaires de cette histoire, dont le deuxième qui est de 176 pages a été augmenté et continué jusqu'en 1724; 2 volumes.

Recueil original de M. le chevalier de Fayolle, contenant des pensées sur les belles-lettres, la morale, etc. (id. 8A).

Relation en prose et en vers du voyage de Mme la marquise de*** à son retour de Caseneuve à Théobon, le 22 janvier 1681 (id. 9A).

Extraits des Essais du sieur de Malleville sur le pays de Quercy (id. 10A).

Relation de la mort de M. de Montmorency à Toulouse en 1632 (id. 11A).

Copie du Cartulaire de Chancelade, première partie (id. 12A).

Procès-verbaux des assemblées synodales du diocèse de Périgueux, ès années 1640 et 1641, etc., et des assemblées extraordinaires des vicaires généraux du même diocèse en 1646, le siége épiscopal étant vacant (id. 13A).

Recueil de plusieurs titres originaux tels que : Les priviléges de la ville de Bergerac de l'an 1322. — Les demandes que Raymond de Turenne fit au pape, 1400. — Lettres patentes du roi Charles IX de l'an 1572. — Certificat du Maréchal de Montluc, de l'an 1575, pour constater l'incendie et le pillage de plusieurs églises et monastères de la Bigorre lors du passage de M. le comte de Montgommery. — Passeport accordé par M. le comte de Tende, amiral de France et lieutenant général de Guyenne, l'an 1579 à Mme de Sallegourde. — Lettre originale de M. de la Filhoulie à M. de Beynac (vide infrà. — id. 14A).

Mémoires et instructions aux députés de la province de Bordeaux envoyés à l'assemblée générale du clergé de France en 1594. — Arrêt du Grand Conseil servant de règlement au siége présidial de Périgueux, etc. (suite du n° 14A).

Copies de plusieurs anciens titres tels que le procès-verbal d'un commissaire du roi Saint Louis, envoyé à Périgueux en 1246. — Partage de la vicomté de Turenne, fait par la médiation de la reine Blanche, mère de Saint Louis en 1251. — Lettres du roi Charles VII, par lesquelles il ordonne une levée de deniers pour faire le siége de la forteresse de Thenon en Périgord, l'an 1439. — Relation de l'entrée et prise de possession de la charge de sénéchal et gouverneur de Périgord, par Philibert de Pompadour, en 1678. — Réception de M. le maréchal de Richelieu à son entrée à Bordeaux en 1758, etc. (id. 15A).

B. — MÉMOIRES MILITAIRES. RELATIONS DE SIÉGES ET PRISES DE VILLES.

Recueil intitulé : Histoire du premier duc et maréchal de la Force, Jacques Nompar de Caumont; — Troubles de Guyenne; — Siége de Montauban et la paix de Sainte-Foy (Mss. Prunis, 1B).

Recueil coté : Ceci sert pour l'histoire du premier maréchal de la Force, Jacques Nompar de Caumont. — Guerre de Lorraine (id. 2B).

Recueil sur Jacques Nompar de Caumont, duc de la Force, pair et maréchal de France, commençant par la relation de ce qui se passa à la Saint Barthélemy et se termine après les troubles de 1614 (id. 3B).

Recueil sur le même J. Nompar de Caumont, duc de La Force (id. 4B).

Mémoires sur la vie de Geofroi de Vivans, seigneur de Doyssac en Sarladois, capitaine de 50 hommes d'armes des ordonnances du roi, son conseiller en ses conseils d'Etat et privé, gouverneur du Périgord et du Limousin, tirés des originaux conservés dans les archives de Doyssac, avec la copie des lettres des rois, princes, seigneurs et autres écrites à M. de Vivans, et autres pièces relatives à l'histoire de la Guyenne durant les troubles du XVIe siècle, tirées des archives de M. Leydet en 1769 (id. 5B).

Mémoires du président de Chastillon, intitulés *Mémoires de notre temps :* ils s'étendent de 1585 à 1649 (id. 6B).

Ne sont pas publiés.

Extraits des Mémoires de Gaspard, comte de Chavagnac, maréchal des camps et armées du Roy, général de l'artillerie, contenant ce qui s'est passé de plus mémorable dans la province de Guyenne, durant les troubles de la Fronde (id. 7B).

Extraits de divers actes originaux et en forme, concernant la guerre de la Fronde en Périgord, en 1651, 1652 et 1653, communiqués par M. d'Ambois, seigneur de Boriebrut, ancien maire de Périgueux (id. 8B).

Journal de la campagne de Mahon, par l'escadre de M. le marquis de la Galissonnière, lieutenant général des armées navales (id. 9B).

Relation de la prise de la ville de Périgueux par les Huguenots en 1575, et de sa reprise en 1581 (id. 10B).

Les mémoires de M. Dartensec de 1614 à 1688 se trouvent dans le Recueil d'extraits faits au château de Biron.

C. — LETTRES ÉCRITES PAR LES ROIS, REINES, MINISTRES, GÉNÉRAUX, ETC. AUX SEIGNEURS DE CAUMONT LA FORCE, COPIÉES PAR M. PRUNIS SUR LES ORIGINAUX CONSERVÉS AUTREFOIS DANS LES ARCHIVES DU CHATEAU DE LA FORCE.

Lettre de Henri IV adressée au capitaine de Caumont en 1557 (ib. C. 1).

Trois lettres écrites par Catherine de Médicis, en 1561, 1561 et 15... Les deux premières contresignées Laubespine, la troisième Fizes (ib. 2).

Trois lettres de Charles IX de 1560, 1561, 1567 (ib. 3).

Une lettre de Henri III de 1574 (ib. 4).

Une lettre de Henri d'Albret, roi de Navarre, de 1553 (ib. 5).

Deux lettres d'Antoine, roi de Navarre, père de Henri IV, une de 1557, la deuxième de 1559 (ib. 6).

Seize lettres de Jehanne d'Albret, reine de Navarre, de 1563 à 1571, plusieurs sans date (ib. 7).

Les lettres de Jehanne d'Albret se rencontrent rarement dans les collections historiques; celles-ci sont inédites.

Une lettre du Cardinal d'Albret (ib. 8).

Trois lettres de Henri, roi de Navarre, depuis Henri IV en 1569 et 1571 (ib. 9).

Soixante et une lettres de la main de Henri IV à Jacques Nompar de Caumont, de l'an 1596 jusqu'en 1609 (ib. 10).

Soixante-cinq autres lettres du même au même, de 1586 à 1609. Les unes contresignées Neuville, les autres Forget, Potier, Revol de Vicose et de Loménie (ib. 11).

Recueil de soixante-dix-neuf lettres écrites par la reine Marie de Médicis au s[r] de la Force, de 1604 à 1630. Les unes contresignées Phelippeaux, les autres de Loménie (ib. 12).

Trois lettres de Marguerite de Navarre à Mademoiselle de Caumont la Force (ib. 13).

Lettre de Marie de Navarre à M. de Caumont (ib. 14).

Cinq lettres écrites à M. de La Force, par Catherine, duchesse de Bar, sœur d'Henri IV. La première est de 1603 (ib. 15).

Trois lettres d'Henri I de Bourbon, prince de Condé, 1630-1635 (id. 16).

Lettre de M. de Burie, lieutenant général en Guyenne, en l'absence du roy de Navarre, de 1560 (ib. 17).

Quinze lettres de M. de Rosny, duc de Sully, à M. de la Force, capitaine des gardes de 1605 à 1621 (ib. 18).

Lettre de Sully, adressée aux pasteurs et anciens des églises réformées de Poitou en 1606 (ib. 19).

Deux lettres de Louis XIII, l'une de 1613, la deuxième de 1635 (ib. 20).

Quatre-vingts lettres de Louis XIII, contresignées Lomenie de 1610 à 1619, écrites à M. de la Force (ib. 21).

Quatre-cent-quatre-vingt-sept lettres, écrites par Louis XIII à M. de la Force, depuis 16... jusqu'en 1638, contresignées les unes Servien, les autres Bouthillier; quelques-unes en chiffres (ib. 22).

Deux lettres de Mons. Concino, de l'an 1610 (ib. 23).

Recueil de cent-quarante-sept lettres écrites à M. de La Force par M. le cardinal de Richelieu de 1617 à 1639 (ib. 24).

Deux-cent-quatre-vingt-huit lettres écrites par M. de Loménie à M. de la Force, de 1595 à 1620 (ib. 25).

Une lettre de M. de Schomberg, 1610 (ib. 26).

Onze lettres de Louis XIV, contresig. Le Tellier et Phelippeaux, de 1650 à 1671 (ib. 27).

Six lettres du grand Condé à M. le marquis de Castelnau de 1652 à 1660 (ib. 28).

Deux lettres de la princesse de Bourbon-Condé à M. le marquis et à M. le duc de la Force, sans date (ib. 29).

Trois lettres de Charlotte de Bourbon à Mlle de Caumont (ib. 30).

D. — ARCHIVES DE PAU ET DE NÉRAC.

Recueil contenant les copies ou extraits de titres qui étoient conservés autrefois dans les archives des rois de Navarre au château de Pau en Béarn, et qui concernent les ci-devant provinces de Béarn, de Guyenne, de Gascogne, de Périgord, Limousin, et les seigneuries d'Albret, de Foix, d'Armagnac, Lomagne, etc. (Mss. Prunis 1).

Ces extraits qui ont été faits sur les originaux par l'abbé Leydet, chanoine régulier de l'abbaye de Chancelade, contiennent un grand nombre de faits curieux et de pièces inédites sur l'histoire de France etc. en 8 cahiers in-f° avec index.

Extrait des archives du château de Nérac, contenant des copies ou extraits de plusieurs titres originaux concernant le Périgord et le Limousin, faits par M. Leydet (id. 2D).

E. — TRÉSOR DES CHARTES, CHAMBRE DES COMPTES ET BIBLIOTHÈQUES DE PARIS, REGISTRES DU PARLEMENT DE BORDEAUX.

Extraits du Trésor des Chartes, par M. Prunis (Mss. Prunis 1E).

Extraits des registres et titres de la chambre des comptes de Paris, par le même, avec une table (ib. 2E).

Extraits des livres imprimés et manuscrits des bibliothèques ci-devant royales de Saint-Germain des Prés, concernant l'histoire du Périgord et d'une partie de la Guyenne (ib. 3).

Extraits des recueils sur la Guyenne et la Gascogne faits par M. de Bréquigny à la Tour de Londres (ib. 4).

Extraits des registres secrets et autres du Parlement de Bordeaux depuis l'établissement de cette cour jusqu'à nos jours, contenant un grand nombre de faits curieux et intéressants sur la Ligue et la Fronde (id. 5).

F. — ARCHIVES DES ÉVÊCHÉS, CHAPITRES, ABBAYES ET COUVENTS DU PÉRIGORD.

Extrait des archives des évêchés de Périgueux et de Sarlat, et des chapitres, abbayes, prieurés et couvent de Sarlat, Montpasier, La Rochebeaucourt, Saint-Astier, St-Amand de Coly, Cadoin, Chancelade, Sainte-Claire, Saint-Cyprien, Fontaines, Fontgaufier, Saint-Pardoux la Rivière, les Minimes de Plaignac, Terrasson, Vauclaire, etc. (Mss. Prunis, F).

Les extraits faits au Bugue et aux Cordeliers de Montignac sont parmi ceux du château de Sainte-Alvère, à l'article des villes et châteaux.

G. — REGISTRES ET TITRES DE LA MAISON DE VILLE DE PÉRIGUEUX.

Extraits des registres des élections et délibérations de la ville de Périgueux, contenant les annales consulaires, les événements militaires et les principaux faits qui sont arrivés à Périgueux et en plusieurs lieux de Périgord, depuis le commencement du XIVe siècle jusqu'à la fin du XVIIe, avec les copies et extraits des titres originaux qui étoient autrefois conservés dans les archives de la maison de ville et dont les plus anciens remontoient au règne de Philippe-Auguste, et des copies de lettres de priviléges et immunités accordées par les rois de France aux bourgeois de Périgueux (Mss. Prunis, G).

Le tout transcrit sur les originaux par MM. Leydet et Prunis. On y a ajouté quelques tables, un factum, un mémoire important pour la ville de Périgueux imprimé en 1755, et un inventaire des titres de la chambre du conseil de Périgueux dressé en 1589.

H. — ARCHIVES DES VILLES, BOURGS, CHATEAUX DU PÉRIGORD.

Extraits des registres de la maison et ville de Bergerac contenant des détails curieux sur la province de Périgord, dans le temps des guerres des Anglois aux XIVe et XVe siècle écrits dans l'idiôme périgourdin. — Un grand nombre de faits relatifs aux troubles de la Ligue et à la révolte des paysans connus sous le nom de Croquants et un recueil considérable de lettres écrites par les rois Henri IV, Louis XIII et par MM. de Turenne, de Duras, de la Tour, de Biron, de la Force, de Roquelaure, Daubeterre, de Bourdeille, etc., et par plusieurs ministres protestants. — Un mémoire historique sur Bergerac, etc. (Mss. Prunis, 1).

Mémoire sur les priviléges de la ville de Sarlat (id. 2H).

Mémoire pour servir à l'histoire de la ville de Domme (id. 3H).

Coutumes de plusieurs villes et bourgs, telles que celles de Morlas, en Bearn, accordées en 1200, de Verng en Périgord, en 1285, de Moliéres, en 1286; de l'Isle en 1309 (id. 4H).

Celles de Beauregard sont dans le recueil de Bergerac et celles de Saussignac dans le recueil de ce nom.

Extraits faits dans les archives des villes ou châteaux de Beynac, de Biron, de Berbiguières, de Cardou, de Doyssac, de la Force, de Hautefort, de la Roque, de Sainte-Alvére, de Saussignac, de Sablou, de Sermet, etc. (id. 5H)

Le recueil sur la ville de Belvés est avec Fongaufier, et ceux qui ont été faits dans les archives de Losse, de Martèl, de Pazayac, de Peyraux et de la Serre, sont avec Saint-Amand de Coly.

I. — GÉNÉALOGIES DE LA NOBLESSE DU PÉRIGORD.

Catalogue d'une partie des vrais et faux nobles de Périgord, commencé sous M. Pellot, intendant de Guyenne en 1665 (Prunis, généal. 1).

Histoire généalogique de la maison de Bourdeille, composée sur les titres originaux et tirée du cabinet de M. Clairembault (Périg. 16, fol. 42 à 217). Suivie de : Etat et mémoire de la grandeur illustre et ancienne issue des ascendants et descendants de la maison de Bourdeille, l'une des plus illustres maisons d'Aquitaine, et qui ont tenu rang de premier baron du pays de Périgord et des grandes alliances de cette maison (id. I2).

Histoire généalogique de la maison d'Abzac de la Douze et de ses alliances, composée dans le XVIe siècle, par M. Lacoste (Mss. Prunis, généal. I3).

Don fait par Charles duc d'Orléans, à Archambaud d'Abzac, écuyer, de 300 livres de pension, et de la terre d'Auberoche dont ce dernier lui fait hommage, en 1411 (Périg. 16, fol. 268 à ..).

Généalogie des seigneurs de Beauregard du nom d'Aubusson (Périg. 16, f° 289).

Généalogie de la maison Bardon de Segonzac (Périg. 16, f° 302).

Extraits de titres sur la maison de Bideran, 1471-1736 (Périg. 16, f° 303).

Aperçu de la généalogie de la maison de Charlus de la Borde, à Bassignac (Pér. 16, f° 309 à 313).

Extrait des archives de Cadouin sur le nom de Cugnat (Périg. 16, f° 312 à 319).

Extraits de plusieurs anciens titres sur la maison de Gontaut, le premier date de 1202 (Périg. 16, f° 319 à 322).

Extraits du Cartulaire de Chancelade, concernant la maison de la Cropte (Périg. 16, f° 322 à 327).

Notes sur la maison de Lubersac (Périg. 16, f° 327).

Recueil des titres de la maison de Solminiac de Bellet (Périg. 16, f° 337 à 340).

Mémoire à joindre aux titres de la maison de Talleyrand (Périg. 16, f° 340 à 359).

Ce cahier renferme la copie de deux actes précieux pour la Chartreuse de Vauclaire, dont l'un de 1328, l'autre de 1335.

J. — EXTRAITS D'OUVRAGES IMPRIMÉS SUR L'HISTOIRE DU PÉRIGORD.

Recueil contenant un grand nombre d'extraits pour servir à l'histoire du Périgord, tirés de divers ouvrages imprimés, tels que la collection de Baluze, Martenne, Rymer, les Ordonnances du Louvre, les rôles gascons, les ouvrages d'Adrien de Valois, Belleforest, Brussel, Baillet, Dominicy, D. Vaissette, de Lurbe, Dupuy, les Mémoires de Castelnau, Lenet, etc. (Mss. Prunis, 1).

K. — RECUEIL SUR LES TROUBADOURS.

Recueil sur la vie et les poésies des Troubadours du Périgord, Limousin et extraits des Mss. de la Bibliothèque nationale, du Vatican, de Saint-Laurent, de Florence, de Modène, Barberine, d'Urfé, de Chigi, de Saibante à Vérone, du chanoine Ricardi, du marquis de Caumont, etc., 3 vol. (K1 et suppl. fr., 3364).

Copies d'actes tirés des registres des chartes du trésor du roi (K2, et suppl. fr., 3365).

Mélanges historiques et littéraires contenant plusieurs mémoires et dissertations sur la vie et les ouvrages de plusieurs savants et hommes célèbres du Périgord et des provinces voisines (K2).

Extraits de divers livres imprimés sur l'histoire générale et les belles-lettres, par M. Leydet (K2).

L. — MATHÉMATIQUES.

Traités de géométrie, trigonométrie, algèbre, physique, chimie, astronomie, histoire naturelle, par M. Leydet.

TOME III

Fonds Doat à la Bibliothèque Nationale.

Voir à la page 27 les premiers numéros du catalogue qui ont trait à l'histoire générale des ordres monastiques et de la guerre des Albigeois, mais où l'on trouve des renseignements sur le Périgord (A chercher).

TOME IV

Fonds Doat.

Dépouillement du vol. CXVIII, page 194, nos 33, 34, 35. ; — page 197, les nos 48, 49, 50, 51 ; — page 198, le no 56.

Ces articles où le Périgord est seulement nommé concernent spécialement le Quercy.

Les extraits qui suivent sont tirés d'un extrait fait pour le Quercy et où se trouvent les pièces suivantes sur le Périgord (On ne les trouve pas dans le Cabinet historique) :

Vol. XVI du Fonds Doat, fo 243. — 23 décembre 1350. Accord entre les religieux du couvent des frères prêcheurs de Cahors d'une part et plusieurs évêques ou cardinaux parmi lesquels Talayrand, évêque d'Albano (Albanensis) cardinal, etc. au sujet de 100 livres de rente qui leur avaient été léguées.

Vol. CXIX, fol. 223. — 1364. Lettres de l'official de Cahors par lesquelles il prie l'official de Sarlat d'absoudre Gisbert de Dome, chevalier, de l'excommunication qu'il avoit lâchée contre lui à l'instance des consuls.

Vol. CXXII, fo 82. — 1 décembre 1362. Lettre de Talayrand évêque d'Albano par laquelle il déclare devoir à Raymond et Hugues Pelegrini, frères, la somme de 4240 florins d'or qu'ils lui avaient prêtée, laquelle il leur donne pouvoir de prendre sur les bénéfices qu'il avait eus en Angleterre.

Id. fo 113. — 10 mai 1406. Lettres du gardien du couvent des Frères Mineurs de Montinhac, par lesquelles il promet à Guillaume de Sancto-claro, chanoine de Cahors et d'Alby de célébrer tous les ans deux anniversaires pour l'âme de Hugues Pelegrini, son père, en reconnaissance du don de 30 livres que ledit Guillaume avait fait audit couvent.

Vol. CXXIII, fo 367. — 31 décembre 1597. Brevet du roi Henri IV par lequel il permet à Antoinette de Beaumont, prieure de l'hôpital de Beaulieu de l'ordre de Saint Jean de Jérusalem de résigner ledit prieuré en faveur d'Antoinette de Vassal ou de quelqu'autre personne qu'elle jugeroit capable.

Id. p. 374. — 30 juin 1618. Brevet du roi Louis XIII, par lequel il donne à Antoinette de Vassal le prieuré des Fieux, dépendant de l'hôpital de Beaulieu, vacant par le décès de Galiote de Genouilhac.

Id. p. 376. — Septembre 1618. Lettre du roi Louis XIII au Pape pour faire admettre la résignation de ladite Antoinette de Beaumont en faveur d'Antoinette de Vassal, sous la réserve de 1000 livres annuelles.

Id. fo 378. — Même date. Brevet du même roi par lequel il approuve et ratifie la même résignation.

Id. fo 389. — 3 avril 1634. Résignation faite par Antoinette de Saint Ignace de Vassal, prieure dudit hôpital de Beaulieu, du consentement des religieuses en faveur de Galiote de Vaillac.

TOME VI

P. 101. CLXXe vol. fol. 99 à 101. — En langage gascon. Accord fait entre Elie Rudel et Gaston de... par l'entremise des srs de Blancabart et de Caumont, par lequel ledit Gaston reconnoit tenir à foy et hommage dudit Elie Rudel le chasteau de Biron; du 10e die exitus maii 1239.

Le n° 32 du f° 101 au f° 104 est la traduction en français de la pièce précédente.

TOME IV

P. 145. *Fonds Gaignières, à la Bibliothèque Nationale*. — Dépouillement du tome CII² du Fonds Gaignières qui concerne spécialement le Périgord et le Languedoc.

N° 2 du catal. Nouvelles du temps. Pendant les troubles un parti surprit le bourg de Conzac, y logea et prit au commis à la recette 3000 écus. Ils perdirent quinze ou dix-huit hommes et sept ou huit faits prisonniers : ils firent des ravages autour des Biards et enlevèrent à mademoiselle Catherine de Narbonne deux juments. M. Descars ayant une lettre de sauvegarde, on n'osa toucher à sa maison ny à ses terres.

N° 3. Mémoire pour Esther de Larmandie, mère et tutrice de ses enfants, et de feu Jean Roux, escuyer, seigneur de Campanhac demandant désaveu de M. le duc de Mayenne du pillage de la maison et homicide dudit sieur de Campagnac, fait par le capitaine Belcaire... et par l'archidiacre de Pillebézy, contre les réglements faits pendant les troubles, fol. 7.

N° 13. Publication et exécution de l'Edit du roy portant création et établissement d'un présidial à Bragerac en 1552. Signifié aux habitants de Sarlat et à l'abbé de Saint-Amand, dont le procureur a fait réponse que ledit sieur abbé étoit absent, étant en cour au service du roy, fol. 51.

N° 14. Impôt et taxe de 10,988 liv. sur le clergé du diocèse de Sarlat pour sa part et contribution au don gratuit demandé par le roy au clergé de France, équivalant à 4 décimes, pour les besoins pressants de l'Etat, par lettres-patentes données à Fontainebleau le 23 janvier 1549, fol. 55.

N° 10. Lettre de M. de Marzac à M. du Peschier son cousin, à qui il envoye un dénombrement des rentes de Marzac et de Bastit, afin que l'on vérifie son mémoire sur les lieux, 26 mars 1597, fol. 91.

TOME V

P. 84. *Dépouillement du Recueil Conrart à la Bibliothèque de l'Arsenal*. 22 vol. pet. in-4 et 18 vol. in-f° (Le Dépouillement commence par les 18 vol. in-f°).

T. II, n° 22. Actes de l'assemblée généralle des Eglises réformées de France, tenue à Saincte-Foy, le seiziesme jour de décembre 1601 et jours suivants par permission de Sa Majesté, suivant le brevet qui en a esté represente en ladite assemblée, dont la teneur en suit; fol. 709 : *aujourd'huy 7e jour de juillet*.

N° 23. Réglement pour les depputez des Eglises réformées de France par Sa Majesté, arresté en l'assemblée généralle de Saincte-Foy le 15 octobre 1601. Fol. 726. *Les depputez des Eglises*.

P. 134. — T. V, n° 4. Ordre du roy Louis XIII pour faire le procès au sieur de Chalays et autres. *Nantes le 10e jour d'aoust 1626*. — P. 11.

TOME VI

T. X du *Recueil Conrart*, n° 9. Extrait des actes du Synode provincial des églises réformées de Xainctonge, Angoumois et Aunis, assemblé par permission du Roy à Jarnac-Charante, le 30 de may et jours suivants en l'année 1663. — P. 45.

Le sieur Berthoule pasteur de l'église de Duras, appelant d'un jugement du dernier synode de la Basse-Guyenne, tenu à Bergerac....

N° 11. Lettre de M. le Prince à M. de la Calprenède; de Bruxelles le 17 février 1637. — P. 51.

Je receus dès il y a trois ans les deux tomes de Cléopâtre que vous m'envoyastes....

Nº 15. Lettre signée Barraquant à Made de Senecey, contenant la relation de l'assassinat de Mlle de Neufvic en Périgord. — P. 79.

J'ay pris la liberté de vous écrire de Périgueux en date du 25 avril....

Page 193. — T. XI, nº 159. Lettre de Louis XIV touchant le mariage de Mlle de Montpensier avec le comte de Lauzun; du ... janvier 1671. — P. 949.

Comme ce qui s'est passé depuis cinq ou six jours....

TOME VIII

Recueil Conrart. Mélanges de vers et de prose, in-fº.

Page 9. — Nº 36. Lettre de M. Pellisson à M. de Peyrarède; du 10 mars 1635. — P. 259-265.

Monsieur, je feray plus que je ne vous ay promis....

TOME IX

P. 147. — *Recueil Conrart*, t. IV, nº 19. Dépêche baillée au sr de Bourdeilles pour commander en Périgord; — Mémoire servant d'instruction, du 9 novembre 1592.

TOME X

P. 93. — *Recueil Conrart*, nº 45. Information d'office faite par M. Samuel de la Marnie, conseiller du roy, etc. au faict des noms de messire de Nompar de Caumont, Mareschal de France, etc., juillet 1637. — P. 569-576.

Nº 47. Réception de M. le Mareschal de la Force en la dignité de Duc et Pair de France. — P. 583-590.

TOME XIII

Page 103. — *Recueil Conrart* (suite). Nº 197. De Mlle de Neufvic estant malade à Paris à Mlle d'Atichy qui estoit à Tours avec la Reyne. — P. 885-888.

Paris est plus désert que l'Ecosse sauvage,
Par la rue on ne voit seigneur, laquais ni page....

De la même demoiselle de Neufvic, voir nº 198, p. 889; nº 199, p. 890; nº 203, p. 901-904 du rec.

TOME VI

P. 74. *Auvergne et Poitou. Inventaire des titres et pièces du Trésor des Chartes.*

Nº 5391 du C. H. p. 79. Liasse contenant les roolles de l'an 1316 : Nº 16. La Sénéchaussée de Périgort et Caoursin. — Nº 20. Roolle de plusieurs baillies et sénéchaussées non expresses. Bernard, sire de La Tour, faict hommage du chastel de Besse.

P. 255. — Nº 51. Don par Pierre Peitanin (ou Peitavin) des bailliages de Cordoue et de Cansac, et de Châteauneuf et lesquels il avoit acquis de Elie de Talerant, comte de Périgord en l'an 1304 (Thoulouze, 9e sac nº 56).

P. 257. — Nº 61. 355 procurations d'archevêques, évêques, abbés, prieurs, chapitres, communautés des villes, bourgs, châteaux, à aucun d'entre eux y dénommés, pour se trouver à Tours ou autre lieu en l'assignation à eux donnée par le roy pour adviser au fait des Templiers. Et sont des moys de may et juin 1308, scellées et signées (Templiers nº 1).

Nº 62. Liasse contenant plusieurs procurations de quelques seigneurs, aux mêmes fins que les précédentes, de même date et scellées : entre autres de Elie de Tallerand, comte de Périgord, etc. (Templiers, id.).

TOME VII

P. 158. Nº 6. Lieutenance générale à Jean comte de Poictou, ès pays de Poictou et Xainctonge, Angoumois, Périgord, Berry, Auvergne, Limousin, Gascogne, baillée par le roi Jean son père. Juin 1356; et nos suivants.

TOME V

P. 275. *Noblesse. — Dépouillement du vol. CXV du fonds Decamps. — Registres du Trésor des Chartes.*

N° 5. Nobilitatio concessa Guillielmo dicto de Bar, burgensi de Sarlaco. Janvier 1324 (Reg. 62 fol. 182).

N° 17. Nobilitatio Stephani de Plaissiaco, major villæ et civitatis Petragorensis. Fév. 1340 (Reg. 73, acte 232).

?N° 36. Nobilitatio Johannis Hamelin. Février 1360 (Reg. 97, acte 111).

?N° 45. Nobilitatio pro Fremino Flamengi. Fév. 1387 (Reg. 132, acte 70).

TOME VII

P. 145 et 178. *Guyenne.* — Documents pour servir à l'histoire de cette province. Extraits de fonds divers; presque tout à consulter pour le Périgord, spécialement le n° *6.462*. Mémoires de Vignolles. Affaires de Guyenne (imprimé) Paris, 1759, in-4.

6.463. Plusieurs mémoires touchant la révolte des croquants en Guyenne (Dup. 473).

6.466. Histoire de la Guerre de Guyenne, par Baltazar, 1651 à 1653. Recueil de pièces fugitives. Paris, 1759, in-4, Chaubert et Hérissant, t. III, p. 9.

6.467. Histoire de la Guerre de Guyenne, commencée à la fin de 1651 et continuée jusqu'à l'année 1653. Cologne, Corneille Egmont. — ib. in-4. Font. T. 354. P. 1.

P. 236. *Armoires de Baluze à la Bibliothèque nationale.*

1re armoire, n° 41. Portefeuille contenant les titres de Montpellier, Narbonne, Valmagne, d'Acqs, Marmande, Tartas, Libourne, la Réole, Saintes, Saint-Jean d'Angély, Villeneuve d'Agenois, Port Sainte-Marie, Saint-Emilion, Agen, *Périgueux*, *Sarlat*, Condom, Limoges.

TOME VIII

P. 35. — 1re armoire, n° 5. Charte de donation de 200 livres faite par le roi Charles V, à Guy, sieur de Roffignac, écuyer (latin), anno 1369. — T. XV, p. 15, v°

P. 39. — T. XVI, p. 303. 1re armoire, n° 7. Donation faite par Jean II à Arnault de Cervole du château de Châteauneuf sur Charente, en considération de ses exploits contre les Anglois (latin) anno 1353.

N° 16. Lettres de grâce accordées à Arnaud de Cervole et ses compagnons, coupables de rebellion, pillage, etc., en considération de ses anciens services, etc., par Jean II, an. 1360. — Lettres de réconciliation entre le même Arnaud de Cervole et le comte de Flandres anno 1360. — P. 349.

N° 27 Donation d'une terre de trois mille livres de rente en faveur de Talleran de Périgord (Charles V latin) an. 1370. — P. 401.

?P. 55. — N° 19. Ordinatio terrarum Petragoricensis, Lemovicensis, et Cadurcensis ab Eduardo rege Angliæ. — Notes diverses et extraicts d'actes concernant le Limousin, etc. — P. 91 du t. XVII.

N° 21. Lettres patentes d'Edouard roi d'Angleterre, en faveur de Marguerite de Turenne, dame de Bergerac (1250). — Lettre de la commune de Bergerac. — Lettre d'excuse de Marguerite de Turenne. — Autre lettre d'hommage, etc., 1260. — P. 95, id.

N° 22. Lettres et actes divers concernant la domination d'Edouard d'Angleterre en Aquitaine (1250 à 1290) latin. — P. 97, id.

P. 85. — Tome XVIII, n° 101. Deux chartes du comte de Périgord transportant plusieurs domaines au roi de France, an. 1296-1309. — P. 332.

N° 102. Supplique de l'évêque de Périgueux et des abbés de son diocèse, pour demander au roi de France qu'il envoie un sénéchal pour gouverner la province. — P. 334.

N° 104..... Trois chartes concernant Bozon, sr de Bourdeilles, anno 1257. — P. 347.

1re armoire, t. XX, n° 8. Translation des reliques de Saint Fronton, faite par l'evêque de Périgueux an. 1464. — P. 34.

1re armoire, t. XXII, n° 6. Contrat de vente du château et terre de Carluce, faite à Guillaume Rogier, vicomte de Turenne, par Bernard, comte de Ventadour et Montpensier. 1351. — P. 62.

1re armoire, t. XXIII, n° 44. Transaction dans un procès entre Marguerite de Montault et la famille de Beaufort. 1448. — P. 251.

N° 45. Testament de Marg. de Montault, femme de Jean de Lymeuilh an. 1348, etc. — P. 255.

Les Beaufort étaient seigneurs de Limeuil (voir dans les armoires de Baluze tout ce qui a trait à cette famille et dont les numéros 44 et 45 ne sont qu'un extrait).

N° 54. Notes archéologiques concernant la famille de Harpedanne et de Mussidan. — P. 285.

1re armoire, t. XXIV, n° 20. Compositio, sive pax dudum facta inter dominos abbatem, monasti Sarlatensis, et consules communitatis de Sarlat, præsente Philippo pulchro. 1299. — P. 279.

P. 158. — T. XLIV, n° 16. Fragmentum de episcopis Petragoricensibus.

TOME X

P. 170. — *Armoires de Baluze*, t. LIX, n° 22. Généalogie de la maison de Bourdeilles : d'or à deux pattes de griffon de gueules armées et onglées d'azur. P. 105.

N° 38. Généalogie de la maison de Lauzun.

N° 39. Généalogie de la maison de Caumont. P. 131 à 134.

N° 52. Généalogie de la maison Bouchard d'Aubeterre.

P. 181. — Vol. LXI des *Armoires de Baluze. — Layettes du Trésor des Chartes*. Sept chartes sur l'Angoumois et le Périgord. — P. 97-13 .

TOME XI

P. 16. — Tome LXIII. *Armoires de Baluze*. Histoire provençale de Bertrand de Born, sa généalogie ; quelques unes de ses poésies. — P. 175.

P. 18. — T. LXV, n° 11. Chartes concernant un accord entre le comte de Périgord et les habitants de Périgueux et du Puy Saint Front en 1247. — P. 77.

2. t. XV, 7. Arrêt du Parlement de Toulouse contre l'évêque de Sarlat qui avait prêché contre le pape, 1475.

P. 21. — N° 54. Chartes concernant la Marche, le Limousin et le Périgord. — P. 351.

TOME XII

P. 149. — *Armoires de Baluze*, t. XCII. 10648. Vie de Bernard de la Guyonnie, évêque de Lodève, écrite en latin (XIIIe siècle). — P. 101.

10649. Catalogue des œuvres de Bernard de La Guyonnie. P. 45.

TOME VIII

P. 158. *Fonds Dupuy à la Bibliothèque nationale*.

6.773. Terres unies au domaine

par l'advénement à la couronne de France de Henri IV. Vol. 52.

6.946. p. 247. Guyenne, Armagnac, Foix, Bazadois, Limosin, Périgord, Bearn. Vol. 219.

6.247. Guyenne et Languedoc. Vol. 220.

TOME IX

P. 119. — N° 7.147. Inventaire des titres du roi concernant le comté de Périgord et la vicomté de Limoges qui étoient ci-devant au château de Nérac et à présent au château de Pau. Vol. 366-367.

7.148. Inventaire des titres de la Maison d'Albret, Nérac,.... Périgord, Limosin, Bragerac, Montagnac, Puinormand. Vol. 368-369-370.

TOME XIII

P. 2. — *Fonds Dupuy. Inventaire de la Bibliothèque Mazarine.*

T. I, n° 20. Acte de foy et hommage de Hélie Rudel au roy pour Braierac, Gensac, Castillon, etc., et honorem turris, 1224.

N° 38. Arrest pour la fortification du chasteau de Biron, 1308. Voir aussi le n° 50.

T. II, n° 2. Erection de la duché-pairie de Biron, 1597.

TOME VI

P. 123. — *Preuves de noblesse de diverses familles pour les hommes de cour, etc. de 1755 à 1780.* (Archives nationales. Recueil coté MM. 810).

T. I, n° 18. *Béarn* (de Galard de). Ecartelé au 1er et 4e d'or à trois corneilles de sable, membrées et becquées de gueules, qui est de Galard, et au 2e et 3e d'or à deux vaches de gueules accornées, accolées et clarinées d'azur, qui est de Béarn. P. 213.

19. *Beaumont* (de). De gueules à une fasce d'argent chargée de 3 fleurs de lys d'azur; devise : Impavidum ferient ruinæ. P. 221.

31. *Boisse*, seigneur de la Farge de la Bachelerie, de Murat, d'Eygaux, de la Faye, en Limousin et Poitou, appelé marquis et comte de Boisse. Fascé d'argent et de gueules de 6 pièces; les fasces d'argent chargées chacune de 3 mouchetures d'hermines de sable. P. 297.

66. *Chauveron* (de), seigneurs de Laurière, de Dussac, etc. D'argent à un pal bandé d'or et de sable (24 mai 1777). P. 557.

84. Abrégé de la généalogie de la maison de *Damas*. D'or à une croix ancrée de gueules (du 4 septembre 1774). P. 657.

105. *Foucauld de Lardimalie*, en Périgord. D'or à un lion de gueules. — Certif. Baujon, 9 avril 1765. Fol. 57.

117. *Gontaut* Saint-Geniez en Périgord, seigneurs de Badefol, de Saint-Geniez, de la Chapelle Albareils, de Campagnac de Ruffen, de la Serre, de Bellet, etc. L'écu en bannière, escartelé d'or et de gueules. Fol. 143.

158. *La Roche-Aymon*, en Bourbonnais et en Périgord. De sable semé d'étoiles d'or au lion de même, armé et compassé de gueules, 6 juin 1769. Fol. 417.

?184. *Malet-Graville*. De gueules à 3 fermeaux d'or posés 2 et 1; du 17 mai 1777. Fol. 571. — D'où vient la famille de Malet en Périgord.

192. *Mellet* en Périgord. D'azur à trois ruches d'argent qui est de Mellet; écartelé d'azur au lion d'or couronné de gueules qui est de Fayolle. Fol. 625.

TOME X

P. 57. — *Preuves de noblesse* (Archives nationales, coté MM. 812).

243. *Roffignac* en Limousin. D'azur au lion de gueules (20 décembre 17...). Baujon, fol. 239.

252. *Saint-Chamand*, Périgord et Limousin. De sinople à 3 fasces d'argent, 29 août 1761. Baujon, fol. 293.

253. *Saint-Exupéri*, seigneur du Fraisse, de la Montpellerie, de la Salvazie, etc., en Périgord et en Limousin, appelés comtes de Saint-Exupéri. D'azur à une épée d'argent posée en pal, la garde et la poignée d'or, qui semblent être les armes des Du Fraisse, escartelé d'or au lion de gueules qui est de Saint-Exupéri de Miremont, 17 mars 1761. Baujon, fol. 307.

TOME XII

P. 32 et suiv. *Angoumois.*

N° 9.989 du C. H. Lettre de Raymond, évêque de Périgueux à Pierre Titimond, touchant Saint-Amand de Boisse, 1146. — Fonds Gaign. t. 245, fol. 27, v°.

9.990. Lettre de Pierre Titimond, abbé de Saint-Amand de Boisse, à Guillaume, évêque de Périgueux, vers 1160. — Fonds Gaign. t. 245.

10046. Hommage fait au comte d'Angoulême par Gaston de Gontaut pour son château de Badafol, 1232. — Arch. nat. 721, f° 19.

10047. Aveu fait au comte d'Angoulême par Aymery de Mareuil en 1235. — Arch. nat. v. 720, f° 4.

10051. Hommage fait au comte d'Angoulême par Hélie de Mareuil pour des biens siués aux Granges, etc. 1248. — Arch. nat. vol. 721, fol. 1.

10064. Hommage au comte d'Angoulême par Pierre de La Tour seigneur en partie de la Tour Blanche, 1260. — Arch. nat. vol. 721, f° 5.

10067. Aveu fait à Hugues de Lusignan, comte de la Marche et d'Angoulême par Guy, seigneur de La Tour Blanche, 1263. — Arch. nat. vol. 721, f° 6.

10069. Hommage fait à Guy de Lusignan par G. Gaubert de Mareuil, 1263. — Id. f° 31.

10070. Aveu fait à Hugues comte d'Angoulême par Hélie de Mareuil pour son manoir de Haute-Corne et dépendances, 1263. — Arch. nat. vol. 721, f° 14.

10071. Vidimus d'un aveu fait par Guy de La Tour-Blanche pour des biens à Verteillac, etc. 1263. — Arch. nat. v. 721, f° 11.

10081. Aveu fait à la comtesse d'Angoulême par Pierre Le Rouge pour des terres à La Chapelle, Grézignac, etc. 1272. — Arch. nat. v. 720 f° 5.

TOME XVI

P. 31. *Procès sous Henri IV et Louis XIII.*

1292. Lettres-patentes de Henri IV au Parlement de Paris pour faire le procès du Maréchal de Biron, 17 février 1602 (Fonds Bèthune, vol. coté 8956, f° 74).

1293. Procès criminel fait à Messire Charles de Gontaut, duc de Biron, Maréchal de France (Fonds Brienne, 188).

1394. Procès criminel du Maréchal de Biron avec son testament, 1. vol. in-f°. 8454. ?

1395. Procès criminel du Maréchal de Biron, 1602 (Bouh. 88).

1396. Recueil de ce qui s'est passé en la prononciation de l'arrest de deffunt M. le Mareschal de Biron et exécution d'iceluy, 1602 (Fonds Colbert, vol. coté 16, f° 405).

1397. Discours en forme de lettre missive sur l'exécution à mort du Maréchal de Biron, 1602 (Fonds Colbert, v. 500, p. 14, 15 et 16).

1398. Relation de la mort de M.

le Maréchal de Biron, 26 juillet 1602 (Fonds Colbert, v. 252, n. f. p. 505).

1399. Procès criminel fait contre Charles de Gontaut-Biron, duc, pair et maréchal de France. Arrest de mort, contre ledit maréchal et l'exécution, 1602 (Fonds Dupuy, v. 308).

Page 68 et suiv. — N° 1680. Commission donnée par le roy pour faire le procès criminel du sieur de Chalais, maître de la garde robe du roy, accusé du crime de leze-majesté, 10 aoust 1626 (Fonds Brienne, v. 200, f° 203). Arrest de mort contre le sieur de Chalais le 13 aoust 1626, etc. (Id. fol. 213).

1681. Relation de ce qui s'est passé au procès du s[r] de Chalais fait à Nantes, 1626 (Fonds Dupuy, v. 480).

1683. Relation de l'affaire du comte de Chalais, décapité à Nantes. (Mém. d'Artigny, in-12, t. VI, p. 203).

1686. Actes et lettres sur le procès du comte de Chalais. Relation de son exécution le 18 août 1626 (Fonds Dupuy, v. 93).

TOME XVII

P. 41. *Bibliothèque universelle de l'abbé N. Drouyn.*

Sommaire récit sur la vie de Michel, seigneur de Montaigne, extrait de ses propres écrits, 4 feuilles.

Page 154 du Catalogue. *Papiers de la Maison de Bouillon. Dépouillement du carton M, 301.*

18. Bulle de Léon X pourvoyant Gilles de La Tour de la cure de Saint-Eustache (diocèse de Sarlat) 5 des ides d'octobre 1519, parchemin, 1 pièce.

19. Bulle de Léon X pourvoyant Gilles de La Tour du prieuré de Saint-Serilhat en Limousin, 1519, parchemin, 2 pièces.

26. Sentence du Sénéchal de Guyenne contre Jean d'Abzat et David de Faubournet, 1446, papier, 1 pièce.

TOME XVIII

P. 11. *Carton M 302, des Papiers de la Maison de Bouillon.*

59. Donation de la baronie de Limeuil à Gilles de La Tour par Antoine de La Tour, vicomte de Turenne, baron dudit Limeuil, 18 avril 1527.

P. 281. *Dépouillement du carton M, 309.*

16. Procès-verbal et enquête des preuves de noblesse faites pour recevoir chevalier de Saint-Jean de Jérusalem, Antoine de La Tour, chevalier, fils de Gilles de La Tour et de Marguerite de La Cropte, 1557, 1 cahier pap. et 1 pièce parchemin.

22. Testament de Pierre de Beaufort, vicomte de Turenne, seigneur de Limeuil, instituant pour héritière universelle Anne de Beaufort, sa fille aînée, 3 juillet 1644, parch. 1 pièce.

30. Antoine de La Tour, vicomte de Turenne, seigneur d'Oliergues, donne à son fils Gilles de La Tour la baronie de Limeuil au diocèse de Périgueux, 18 avril 1527, papier, 1 cahier.

31. Attestation que François, fils d'Antoine de La Tour et d'Antoinette de Pons est né le 8 juillet 1497 à Limeuil et a été baptisé à l'église Saint-Pierre de Limeuil, 23 mars 1551, papier 1 pièce.

TOME XIX

Page 193 du catalogue. — 18. Curatelle de François de La Tour, vicomte de Turenne, fils d'Antoine de la Tour, baron d'Oliergues, Limeuil, etc. 1510.

19. Emancipation faite par Antoine I, vicomte de Turenne, de François II de La Tour et donation à lui faite, 27 mars 1510, parchemin.

20. François II, vicomte de Turenne, seigneur de Limeuil, reconnoit devoir 687 livres 17 sols 11 deniers tournois à des marchands de Lyon pour des draps, 8 novembre 1514.

TOME XX

P. 12. *Dépouillement du carton M, 326.*

1. Comment de Gontaut fut mis en la possession de Bedafol (Badefol sur la Dordogne).

2. Neuf pièces sur parchemin relatives à la procédure entre le vicomte de Turenne et de Gontaut, 1473 à 1474, suivie d'une enquête sur l'affaire Bedafol.

3. Advertissement pour Me Agnet de La Tour, chevalier, vicomte de Turenne contre Richard de Barnabé, soy disant de Gontaut, défendeur. S. D.

5. Dix-sept pièces sur parchemin portant cette désignation : Procédure Badefol, 1345 à 1479.

6. Cédule pour noble et puissant seigr Mese Agne de La Tour, chevalier, vicomte de Turenne, demandeur. S. D. (Procédure Badefol).

9. Inventaire de production pour le vicomte de Turenne contre Marguerite de Salignac, fin du XVe siècle (vers 1474).

10. Extrait des registres du Parlement de Bordeaux pour le vicomte de Turenne, contre Patrix, Foucar et le soy disant Gontaut de Saint-Geniez, 20 mai 1474, parchemin.

11. Procédure pour Badefol, 30 pièces, 1345-1479, plus sept pièces de 1474 à 1510.

TOME XVIII

P. 234. *Documents pour servir à l'histoire du protestantisme, aux Archives nationales, classés sous la double lettre T.T., section domaniale. — Dordogne.*

No 2.842. Histoire de la prise de Périgueux par les Huguenots l'an 1575 par le sieur de Langoiran, lequel garda six ans moins onze jours et fut reprise par le sieur Deffieux en l'an 1581 le jour de Sainte-Anne. Périg. Leydet et Prunis, 5, fol. 316.

2.843. Périgord. Etats des biens et suppression des consistoires, 1600-1689. — 235-287.

2.844. Le Breuilh, diocèse de Périgueux, canton de Vergt, arrondissement de Périgueux. 1688. — 315.

2.845. Salagnac, diocèse de Cahors, canton d'Excideuil, arrondissement de Périgueux. Consistoire, 1580-1683. — 242.

2.846. Aymet, diocèse de Périgueux, poursuites contre le ministre, 1671-1678. — 259.

2.847. Clarens, diocèse de Périgueux. — 313.

2.854. Bergerac. Synodes, 1596-1677. Lettres du duc de La Force et autres pièces, 1700-1702. — 330.

2.855. Nomination par le consistoire de Bourniquel, de deux députés à Paris pour prier Sa Majesté de s'opposer au projet du Parlement de Toulouse qui était sur le point disoit-on d'ordonner la démolition du temple de Bourniquel, 1685. — 124-287, no 40.

2.856. Issigeac, diocèse de Périgueux, Consistoires et Synodes, 1570-1666. — 238.

2.857. Lanquais, diocèse de Sarlat, canton de La Linde, arrondissement de Bergerac, 1596-1668. — 323.

2.858. Limeuil, diocèse de Sarlat, canton de La Linde, arrondissement de Bergerac, 1663-1668. — 256.

2.859. Ponchapt, diocèse de Périgueux, commune de Vélines, arrondissement de Bergerac, baptêmes, etc. 1619-1667. — 285.

2.860. Extrait des registres de baptêmes des enfants de l'église réformée de Ponchapt, pour montrer la continuation sans interruption de ladite église depuis l'année 1620 jusque en l'année dernière 1667 pour lesdits ministres, antiens et habitants de ladite R. P. R. dudit Ponchapt, contre le sieur sindiq du diocèse de Périgueux, demandeur sur requeste. — Partage au sujet de l'exercice de la R. P. R. audit lieu de Ponchapt du 9 avril 1668. — 122, 285, n° 5.

2.861. Pomport, diocèse de Sarlat, 1688; entre autres pièces de cette liasse nous distinguons le n° 10 qui suit :

2.862. Partage intervenu entre MM. les commissaires au sujet des contestations d'entre le syndic au clergé du diocèse de Sarlat et les habitants de la R. P. R. des lieux de Pomport et de la Calinic au sujet de l'exercice de leur religion, 1688. — 258 liasse 122.

2.863. Razac, diocèse de Sarlat, canton de Sigoulés, 1688. — 258.

2.864. Saint-Jean de Gardonne, canton de Sigoulés, arrondissement de Bergerac, synodes, colloques, 1667-1677. — 254.

2.865. Saint-Antoine, canton de Vélines, arrondissement de Bergerac, diocèse de Périgueux. 1668. — 315.

2.866. Saussignac, diocèse de Sarlat, consistoire, 1577-1683. — 239.

2.867. Villefranche en Périgord, arrondissement de Bergerac. 1668. — 288.

2.868. Chalais, diocèse de Périgueux, canton de Jumilhac le grand, arrondissement de Nontron, 1664. — 321.

2.869. Mussidan en Périgord, chef-lieu de canton, arrondissement de Ribérac, affaires diverses. — 264.

2.870. La Roche-Chalais, canton de Sainte-Aulaye, arrondissement de Ribérac, colloques, 1626-1664. — 261.

2.871. Sainte-Aulaye, chef-lieu de canton, arrondissement de Ribérac, 1668. — 315.

2.872. Histoire chronologique de l'Eglise de Sarlat, diocèse et pays Sarladois, montrant le nom, vie et suite des prélats qui s'y sont succédés, sous quelle religion et forme d'état on y a vécu, qui et quels ont été les princes et seigneurs qui y ont commandé avec la fondation des Eglises et villes, siéges, prises et d'icelle et autres divers accidents que le pays a souffert jusqu'à présent. — Supp. f° 1310.

Curieux surtout pour l'histoire des guerres de religion.

2.873. Sarlat, ville et diocèse : biens des consistoires. — 235, 242.

2.874. Le Siége de Sarlat en l'an 1587, fait partie du précédent article, parait imprimé à Bordeaux par Simon Millanges en 1588, et réimprimé en 1688. — Supp. f° 1310.

2.875. Le Bugue, diocèse de Périgueux, chef-lieu de canton, arrondissement de Sarlat. — 287.

2.876. Castelnau de Millandes, canton de Domme, arrondissement de Sarlat, diocèse de Sarlat, 1625-1655. — 317.

2.877. Siorac, diocèse de Sarlat, canton de Belvéz, arrondissement de Sarlat, 1688. — 284.

2.878. Mémoire de la despense que le curé de Saint-Amand dit avoir faite pour la nourriture des soldats qui ont gardé l'abbaye et le fort de Saint-Amand, dont M. l'abbé doit le rembourser du tiers (à l'archev.) 22 décembre 1585. — Fonds Gaign. 2739² fol. 136.

« On craignait quelque surprise de la part de M. de Chavagnac qui estoit tout auprès avec sa compagnie.... »

2.879. Mémoire pour Esther de Larmandie, mère et tutrice de ses enfants et de feu Jean Roux, escuyer, seigneur de Campanhac, demandant désaveu de M. le duc de Mayenne du pillage de sa maison et homicide dudit sr de Campanhac fait par le capitaine Belcaïre et par l'archidiacre de Pellebezy, contre les réglements faits pendant les troubles (F. Gaign. 102² fo 7).

2.880. Mémoire concernant les contestations d'entre le syndic du clergé du diocèse de Sarlat et le sr de Belcastel, sr de Siourac par rapport à l'exercice personnel qu'il prétend avoir dans son château. — Extrait du partage d'avis entre les commissaires, 1668. — 284 no 10.

TOME XIX

Page 206. *Fonds Saint-Esprit. — Recueil de documents pour servir à l'histoire de l'ordre du Saint-Esprit*, 118 vol. in-fo.

T. X, no 4. Charles de Gontaut, duc de Biron, pair, mareschal et amiral de France, chevalier des ordres du roy mareschal général de ses camps et armées, gouverneur de Bourgogne et de Bresse, mort le 31 juillet 1602, portrait gravé, aux armes, s. n. de graveur, fol. 3.

5. Quittances, extraits et pièces diverses concernant la maison de Biron. — Fol. 4.

6. Deux quittances ou reçus d'Armand de Biron du 6 janvier 1547 et du mois d'août 1554, fol. 4; signé A. de Biron.

7. Extraits de lettres relatives à M. de Biron, des années 1548, 1549 et 1553 (Armand de Biron); un reçu du même de 1549 avec la reproduction du scel. — Fo 6, vo.

8. Deux quittances de Jehan de Gontaut, chevalier, seigneur de Biron, comme lieutenant de la compagnie de 40 puis de 100 lances, des 26 avril 1550 et janvier 1555, signées et scellées, original sur parchemin. — Notice sur la mort de M. de Biron, extrait d'une lettre de M. de Lisle a M. l'évêque d'Acqs du 25 août 1558. — Fo 7.

10. La Conspiration, prison, jugement et mort du duc de M. de Biron *(sic)*. — Fo 10 à 40. Imprimé in-8.

Voir le vol. coté 9129 où sont plusieurs pièces sur le procès du maréchal de Biron.

15. Quittance donnée par Jehan de Gontaut de Saint-Genyés vicomte de Touzel et guidon de la compagnie de 30 lances des ordonnances du roy à M. Benoist-Milois, original sur parchemin, signé de Saint-Genyés, 22 may 1572. — Fo 60.

16. Extraits, quittances et pièces relatives à différents membres de la maison de Biron. — Fo 61 et suiv. avec sceaux.

21. Oraison funèbre de feu haut et puissant seigneur, Messire François de Biron de Salaignac, seigneur et baron dudit lieu, gentilhomme de la chambre, décédé à l'âge de 24 ans et 7 mois, prononcée le 6 février 1624, jour de son enterrement, par un Père de la Cie de Jésus, 1624. Fo 76; imprimé, Cahors, J. Dalvy, 1624, in-8 de 46 pages.

22. Copie et extraits de lettres relatives aux Biron. — Fo 99.

24. Transaction entre Jean Gontaut de Biron et Armand de Gontaut de Biron, 25 février 1615. Copie, collation. par les notaires du Châtelet, Goupil-Gallet. — Fo 101.

25. Mémoire des services rendus au roy par M. le Maréchal de Biron, duc de Biron, pour satisfaire à l'article 24 des statuts des Ordres du Roy. — Fos 104-105.

26. Extrait des titres produits par haut et puissant seigneur Me Charles-Armand-Dominique de Gontaut duc de Biron, pair et Marechal de France, gouverneur de Landau, etc. 6 janvier 1737. Copie et collation. — Fos 104 bis et 142.

27, Transaction entre Madame la Mareschalle de Biron et M. son fils, 11 octobre 1603. — Fo 120.

28. Contrat de mariage de Messe Jean de Gontaut de Biron et de demoiselle Marthe-Françoise de Noailles, 1617. — Fo 124.

29. Lettres de Conseiller d'Etat pour le sr de Biron, du 19 janvier 1655. — Fo 130.

30. Provision de Séneschal et gouverneur du pays de Périgord en faveur de M. de Biron, par la défection de M. de Bourdeilles, 28 novembre 1651. — Fo 132.

31. Erection de la baronie de Biron et autres en duché-pairie, février 1723. — Fo 136.

Table des familles du Périgord dont les généalogies sont contenues dans l'*Histoire généalogique et héraldique des Pairs de France*, *etc.*, par le chevalier de Courcelles. Paris, A. Bertrand, 1822, 12 vol. in-4°.

Tome I. De Ségur. — De la Valette.

Tome II. De Beaupoil de Saint-Aulaire. — De Damas. — De Gontaud-Biron, et ses diverses branches. — De Hautefort et ses branches. — Du Pouget de Nadaillac.

Tome III. De Castillon. — De Montaut.

Tome IV. De Laurière. — De Turenne.

Tome V. De Barrière. — De Comarque. — De Lur-Saluces. — De Montferrand.

Tome VI. De Bergerac. — De Sanzillon.

Tome VIII. De La Rochefoucauld.

Tome IX. D'Abzac. — De Chabans. — De Foucauld. — De Vassinhac.

Tome X. De Constantin. — De Gironde. — De Lestrade de La Coupe.

Tome XI. De Boysseuilh. — De Grimouard vr généal. de Taillefer. — De Lestrade, additions. — Comtes de Penthiévre et du Périgord. — De Roussille. — De Taillefer.

Tome XII. De Montalembert. Additions : de Chastenet, d'Abzac de Ladouze, de Montalembert.

Voir aux tomes VI, VII et VIII, les notices sur les Pairs, et au tome XII la table génerale de tous les noms contenus dans les généalogies; il est indispensable de la consulter.

PREMIER LIVRE CONNU IMPRIMÉ A PÉRIGUEUX

Resolutionem dubiorum circà celebrationem Missarum per Patrem Joh. de Lapide, doctorem. Petragore, Joh. Caraut, 1498, pet. in-8°, gothique.

ERRATA

—

ALCIATOR. — *Ajouter* né à Périgueux.
ALBRET. — *Au lieu de* titeris *lire* tituli.
BEAUPUY. — *Ajouter* mort en 1796.
BEAUVEAU. — *Au lieu de* suprè *lire* suprà.
BELZUNCE. — *Au lieu de* le 4 décembre 1691 *lire* le 21 décembre 1670.
BIRON. — Certificat, *ajouter* acheté à la vente Mourcin pour M. Lefebvre, libraire à Bordeaux.
CAYET (Palma). — *Au lieu de* 1578 *lire* 1598.
LA BORIE. — *Au lieu de* Moréri de 1750 *lire* Moréri de 1759.
FAURE-LAPOUYADE. — Voir colonne 125, LAPOUYADE (J.-F.).
LA GRANGE-CHANCEL. — Article Athénaïs, *au lieu de* 1790 *lire* 1700.
LATOUR (Tenant de). — *Au lieu de* Mad. de Rancé... *lire* Me de Ranc..
LE LABOUREUR. — *Ajouter :* Parle du Périgord.
MALTE-BRUN. — Id.
MÉYERAI. — Id.
PAPIRE MASSON. — Id.
~~PÉRIGORD. — Colonne 169, *au lieu de* J. Curant, *lire* J. Caraut.~~
PTOLÉMÉE. — *Ajouter* Parle du Périgord.
SARLAT. — Col. 215, *au lieu de* Ve Sobin *lire* Ve Robin.

www.ingramcontent.com/pod-product-compliance
Ingram Content Group UK Ltd.
Pitfield, Milton Keynes, MK11 3LW, UK
UKHW022111260726
13993UKWH00001B/443

9 782329 140926